Die Elbchaussee

Für Barbara
und
meine Eltern

Katrin Schmersahl

Die Elbchaussee

Die Geschichte der Familien,
Landhäuser und Parks

Ellert & Richter Verlag

In einem Garten
ging das Paradies verloren,
in einem Garten
wird es wiedergefunden.
Blaise Pascal

Hamburg als Gartenstadt: eine Einführung

Von der Fischauktionshalle zum Altonaer Balkon

Parkanlagen zwischen Altona und Neumühlen

Auf dem Weg von Neumühlen nach Teufelsbrück

Alle wahren Muster des Geschmacks sind in der Natur.
Jean-Jacques Rousseau (1712–1778)

Hamburg als Gartenstadt: eine Einführung

Der von Johann Georg Haeselich um 1844 ins Bild gesetzte Tippenhauer'sche Garten in Billwerder gehörte zu den frühen barocken Gärten im Osten Hamburgs. Benannt ist der Garten nach dem Gastwirt Tippenhauer, der hier seit 1825 eine Wirtschaft betrieb. Landhaus und Garten mussten 1913 einem Zinkhüttenbetrieb weichen.

Hamburg war schon früh eine Gartenstadt. Der Pfarrer Johann Balthasar Schupp (1610–1661) schwärmte: „Ich weiß mich nicht zu besinnen, daß ich eine Stadt in Deutschland gesehen habe, welche so viele schöne Lustgärten hat als Hamburg."

Die Beschäftigung mit Gartenbau und Pflanzen gehörte bereits im 17. Jahrhundert zu den gesellschaftlich wichtigen Themen, kunstvolle Florilegien spiegelten das botanische und ästhetische Interesse der Zeitgenossen. Darüber hinaus lockte das Renommee, das mit der Anlage eines privaten Gartens zu erlangen war, galt ein solcher doch – so die Einschätzung des Hamburger Dichters Hans Leip (1893–1983) – „als ebenso gültiger Maßstab für die Kreditfähigkeit eines Mannes wie sein Warenlager oder seine Geschäftsverbindungen".

In der zweiten Hälfte des 17. Jahrhunderts entstanden vornehmlich im Osten Hamburgs – in Billwerder und Horn – erste Gartenanlagen außerhalb der Stadtmauern. Die Stadt war immerhin von bis zu neun Meter hohen Wällen umgeben, die sechs Stadttore waren nur für acht Stunden am Tag geöffnet und von Militär bewacht. Wer Vermögen und Grundbesitz in der Stadt besaß und überdies lutherisch war, gehörte zu der kleinen privilegierten Minderheit derjenigen, die das Bürgerrecht in der Stadtrepublik Hamburg besaßen. Doch auch sie entgingen nicht dem Gestank, der von den Fleeten und engen Straßen ausging, in denen der gesamte Unrat der Stadt landete. Nachts musste man gar befürchten, in den „Gassensümpfen" zu versinken.

Vor allem reiche Kaufleute konnten es sich leisten, im Sommer der stickigen und übel riechenden Stadt zu entrinnen: Sie erwarben Sommersitze im flachen Marschland, das die Anlage von weiträumigen Gärten im damals üblichen symmetrischen niederländisch-französischen Stil ermöglichte. Erhalten ist von diesen barocken Gärten kein einziger. Viele wurden bereits zu Beginn des 19. Jahrhunderts während der französischen Besatzungszeit zerstört, andere fielen der Industrialisierung im Laufe des 19. Jahrhunderts zum Opfer.

Ein berühmter Garten der Barockzeit war der sogenannte Roß, heute Besenbinderhof 52–54, nahe dem Hamburger Hauptbahnhof, den der Hamburger Kaufmann, Ratsherr und Dichter Barthold Hinrich Brockes (1680–1747) angelegt hatte. Der Sohn eines wohlhabenden Hamburger Kaufmanns leitete jedoch gleichzeitig bereits den Wandel im Gartengeschmack ein: In seinem neunbändigen Werk „Irdisches Vergnügen in Gott" beschrieb er detailgenau in Versform die Schönheiten der Natur.

Bei Brockes zeigt sich, dass der Beginn der Aufklärung auch in Hamburg mit einem neuen Verständnis von Natur eng verknüpft ist. Seine Gedichte zeugen von einem tiefen Wandel des Naturgefühls: Die Natur wurde Brockes zum Medium der Gotteserfahrung. Damit stand er nicht allein. Viele Protagonisten der Frühaufklärung waren Anhänger des Deismus, einer Art Natur-Religion, deren Vertretern zufolge Gott zwar einmal die Welt geschaffen, sich jedoch dann aus dem Geschehen zurückgezogen habe. Diese klare Absage an jede Form einer Offenbarungsreligion und die strikte Zurückweisung der von der Kirche beanspruchten absoluten Deutungsmacht war gekoppelt an einen neuen Naturbegriff, der wiederum unlösbar mit dem Freiheitsgedanken der Aufklärung verbunden war.

Man sollte Autoritäten fortan nicht mehr blind glauben und folgen, sondern vielmehr alles auf den Prüfstand heben und die Natur der Dinge entdecken. Freiheit und Natur standen in einem doppelten Verweiszusammenhang: Einerseits wurde die angestrebte Freiheit mit dem Naturrecht legitimiert, andererseits konnte die Natur zum Symbol für Freiheit werden. Dort, wo Natur sich selbst entfremdet war wie im barocken Garten, galt sie den Aufklärern nun als Symbol politischer Unterdrückung und Willkür.

Natur wurde zudem erstmals als schön empfunden: Mitte des 18. Jahrhunderts schilderte Jean-Jacques Rousseau (1712–1778) dem Publikum die Schweizer Seen- und Gebirgslandschaft und vermittelte ihm die Reize und Stimmungen der bisher kaum beachteten Natur. Diese als ästhetisch wahrzunehmen scheint uns heute zwar selbstverständlich, ist jedoch zu dieser Zeit etwas historisch Neues. So hat beispielsweise ein Zeitgenosse von Rousseau, Samuel Johnson, die Berge noch als „Auswüchse und unnatürliche Beulen auf der Erdoberfläche" bezeichnet.

Diese Vorstellungen von Natur als ästhetisch schön und als Garant einer „natürlichen", das heißt freien Entwicklung finden sich im Konzept des englischen Landschaftsgartens wieder. In England wurde es seit 1720 als Gegenmodell zum französischen Garten entwickelt und brachte die Sehnsucht nach kulturellem und politischem Wandel zum Ausdruck. Da Gärten seit alters zutiefst mit den Vorstellungen der Menschen vom Paradies verbunden sind, konnte der englische Landschaftsgarten zum Symbol einer neuen, liberalen Para-

Das Pflanzen von sogenannten Solitären (französisch „solitaire" für „Einzelgänger"), also einzeln stehenden Bäumen, sowie von sogenannten Clumps, das heißt von Baumgruppen auf weiten Grünflächen, sind typische Stilmittel der Gartenkunst bei der Anlage eines englischen Landschaftsgartens.

diesvorstellung werden, die vom aufsteigenden Bürgertum und Teilen des Adels getragen wurde.

Als ästhetischer Ausdruck der Ideale der Aufklärung avancierte der englische Landschaftsgarten zu einer gepflanzten Kritik absolutistischer Herrschaft: In dem streng formal gegliederten französischen Garten würden die Pflanzen genauso beschnitten und gestutzt wie die Individuen im absolutistischen Ständestaat. „Die Natur pflanzt nichts nach der Schnur", ließ Rousseau Julie dozieren, die Heldin seines 1761 erschienenen Romans „Julie ou La Nouvelle Héloïse". Die neue Gartenkunst ruhte nicht mehr auf den Prinzipien von Beherrschung und mathematischer Rationalität, sondern auf dem Prinzip der Freiheit.

Von Rousseau stammt auch jenes berühmte „Zurück zur Natur", das als Motto über den neuen Gärten stehen könnte. In freiem Wuchs sollten Mensch und Natur sich entwickeln. Die Natur sollte vom Gärtner nur veredelt werden. Der frei wachsende Baum-Solitär galt nunmehr als Symbol des sich frei entfaltenden Menschen jenseits der einengenden Ständeordnung.

Auch die Wege dienten nicht länger als Mittel der Rasterung geometrischer Flächen, sondern führten den Spaziergänger auf geschwungenen Pfaden in hügeliger Landschaft zu immer neuen Landschaftsbildern. Die unregelmäßig geführten Wege standen für eine neue Denkweise, welche die einzelnen Bilder nicht mit *einem* triumphierenden Blick, sondern bei ihrer Erwanderung schrittweise erfassen wollte.

Im deutschsprachigen Raum fand die neue Gartenauffassung in dem Kieler Universitätsprofessor Christian Cay Lorenz Hirschfeld (1742–1792), dessen Werk „Theorie der Gartenkunst" von 1779 bis 1785 in fünf Bänden erschien, ihren Verfechter. Der Garten sollte nicht mehr den prunkhaften Rahmen für große festliche Gesellschaften abgeben, sondern ein Aufenthaltsort sein, der „der Erholung von der Mühe" diente und „den süßen Genuß der Freyheit, der Aussichten, der Spaziergänge, der Luft, der Kühlung, des Wohlgeruchs mit ihren Vortheilen für den Geist und die Gesundheit" bot. Die Natur sei vorbildlich, man müsse lediglich „Bestandteile der Natur nach den Kriterien von Einbildungskraft und Empfindung auswählen und sie mit dem Ziel größerer Wirkung neu vereinen".

Schnell fand der neue Stil Aufnahme auch in Hamburg: In den 1770er-Jahren entdeckten Hamburger und Altonaer Kaufleute das Hohe Elbufer zwischen Altona und Blankenese für die Anlage dieser neuen Art von Gärten. Altona und die westlich gelegenen Dörfer am Geesthang gehörten damals zwar noch zu Dänemark. Doch die Voraussetzungen waren geschaffen: Das lange Zeit angespannte Verhältnis zwischen Hamburg und Dänemark hatte sich seit dem Gottorfer Vergleich von 1768, in dem Dänemark die Unabhängigkeit Hamburgs nach jahrhundertelangem Streit aner-

Christian Cay Lorenz Hirschfeld (1742–1792) war der bedeutendste Theoretiker der Gartenkunst im letzten Viertel des 18. Jahrhunderts. Er propagierte den Landschaftsgarten als neues Ideal der Gartengestaltung und erhob diese gleichzeitig zu einer eigenen Kunstgattung.

kannte, positiv entwickelt. Und die im Dänischen durchgeführte Agrarreform bot die rechtlichen Voraussetzungen dafür, dass reiche Hamburger zwischen Ottensen und Blankenese landwirtschaftliche Flächen aufkaufen und in Parkanlagen verwandeln konnten.

Die politischen Implikationen der modernen Gartenkultur können auch für Hamburg gezeigt werden: Es sind die „Außenseiter", Immigranten in der ersten oder zweiten Generation, erfolgreiche und vermögende, aber nichtlutherische Kaufleute, durch die die Moderne Einzug hielt. Als andersgläubige Immigranten hatten sie in dem lutherisch verfassten Stadtstaat Hamburg keinerlei politische Mitbestimmungsrechte. Zu ihnen gehörten Reformierte, Anglikaner und Mennoniten sowie Juden wie Salomon Heine. Ihre Vorfahren (oder sie selbst) stammten zum Beispiel aus England (wie Blacker, Thornton, Parish, Sloman), den Niederlanden (Roosen, de Voss, van der Smissen und Brandt) oder aus Frankreich (Rainville, Jacob und Godeffroy). Die traditionsreichen Hamburger Kaufmannsfamilien dagegen legten ihre weiterhin formal gestalteten Gärten wie bisher im Osten Hamburgs an, in den Niederungen von Bille und Elbe.

Die Ausnahmen von der Regel bilden nur zwei Hamburger Kaufleute: Caspar Voght und Georg Heinrich Sieveking haben in Klein Flottbek und Neumühlen englische Landschaftsgärten angelegt, obwohl beide lutherisch waren und Voghts Vater zudem bereits als Senator für Hamburg tätig war. Umso deutlicher tritt uns allerdings der Garten als Ort politischer Utopie entgegen. Beide galten nämlich als ausgesprochene Freigeister, und Sieveking war so manchem Hamburger als glühender Anhänger der Französischen Revolution mehr als suspekt.

Viele der Gärten am Elbufer wurden von dem Architekten und Landschaftsgärtner Joseph Jacques Ramée (1764–1842)

angelegt. 1790 hatte er noch an der Ausgestaltung der offiziellen Feierlichkeiten zu Ehren der Französischen Revolution auf dem Pariser Marsfeld mitgewirkt, wenig später
musste er vor der sich radikalisierenden Revolution fliehen.
Zum englischen Landschaftsgarten kam eine neue, aufge-
klärte Architektur: Vor allem Christian Frederik Hansen
(1756–1845), königlich-dänischer Landbaumeister, schuf palladianische Villen in Variationen entlang der Elbchaussee.
Die Elbchaussee wiederum wurde ab den 1770er-Jahren als
Privatweg für eben jene Hamburger und Altonaer Kaufleute
angelegt, die im Westen Hamburgs ihre Sommerfrische verbrachten.
Waren es zunächst die Zugezogenen, die sich am Geesthang
westlich von Altona niederließen, so galt die Gegend bereits
in den Dreißigerjahren des 19. Jahrhunderts als teuerste und
vornehmste Landhausgegend. Jetzt fanden sich hier die Namen derjenigen, die aus alteingesessenen protestantischen
Hamburger Senatoren- und Bürgermeisterfamilien stammten oder selbst Posten übernahmen. Auch die Gärten und
die Architektur veränderten sich zu dieser Zeit: Man pflanzte
jetzt seltene Bäume, züchtete exotische Pflanzen und baute
konservativ im Stil der Neugotik.
Doch erst zum Ende des 19. Jahrhunderts wurde der englische Landschaftsgarten (zumindest teilweise) durch neue
Formen der Gartenkunst abgelöst. Der Römische Garten in
Blankenese, ein Stück Italien in Hamburg, wurde ab 1913 als
formaler Architekturgarten angelegt, ein moderner Garten
voller Zitate aus der Gartengeschichte. Auch Ferdinand
Tutenberg (1874–1956), der 1913 Gartendirektor der preußischen Stadt Altona wurde, um hier 1914 die Deutsche Gartenbauausstellung zu organisieren, und der gleichzeitig damit begann, den Altonaer Volkspark anzulegen, folgte in
seinen Gartengestaltungen zeitgenössischen Auffassungen.

In der Zeit der Weimarer Republik drohte vielen privaten Landsitzen die Parzellierung und Bebauung. Es ist der Landgemeinde Blankenese und dem Engagement des damaligen Altonaer Oberbürgermeisters Max Brauer (1887–1973) zu verdanken, dass Parkflächen gerettet wurden, indem sie von der Stadt gekauft oder gepachtet und der Öffentlichkeit gewidmet wurden. Max Brauer, der in Ottensen als Sohn eines Glasbläsers in ärmlichen Verhältnissen aufgewachsen war und während seiner Zeit als Altonaer Oberbürgermeister 1927 durch das Groß-Altona-Gesetz die Elbdörfer in die Stadt Altona eingemeindete, entwickelte gemeinsam mit dem Architekten und Stadtplaner Gustav Oelsner (1879–1956) Altona zu einer modernen, sozialen und grünen Stadt.

Hamburg besitzt mit seinen Gärten entlang der Elbchaussee zwischen Altona und Blankenese, verbunden durch den Elbewanderweg, eine einzigartige Parklandschaft, die es zu schützen gilt.

Max Brauer (1887–1973) wurde 1924 Oberbürgermeister von Altona. Nach der Machtübernahme der Nationalsozialisten musste er ins Exil gehen. 1946 kehrte er zurück und wurde zum Ersten Bürgermeister Hamburgs gewählt.

Wenn überhaupt die Aufklärung im Heiligen Römischen Reich irgendwo einen Ort gefunden hatte, so waren es Hamburg als freie Stadtrepublik und seine Nachbarstadt Altona innerhalb des gleichfalls höchst modernen dänischen Gesamtstaates.

Hermann Hipp (geb. 1944)

Von der Fischauktionshalle zum Altonaer Balkon

Altona, eine Stadt der Einwanderer

Altona entstand zu Beginn des 16. Jahrhunderts als kleine Fischer- und Handwerkersiedlung zwischen der Hamburger Westgrenze und dem Kirchdorf Ottensen. Die Grenze zwischen holsteinischem und hamburgischem Gebiet bildete der Pepermölenbek, ein Bach, der im Bereich des Fischmarkts in die Elbe mündete. Die neue Ansiedlung war den Hamburgern allerdings „all to nah" (niederdeutsch: allzu nah), zumal das Bier dort zu erheblich günstigeren Preisen ausgeschenkt wurde und immer mehr Hamburger ins benachbarte Altona pilgerten, um dort preiswert einzukaufen. Hergestellt wurden die Waren von all jenen, die in Hamburg aufgrund der rigiden Zunftordnungen keinem Gewerbe nachgehen durften und sich bei Zuwiderhandlungen drastischen Verfolgungen ausgesetzt sahen: Von diesen sogenannten Bönhasen („Bön" = Dachboden), die wie die Hasen über die Dachböden gejagt wurden, flüchteten viele in das zunftfreie Altona. Obwohl nicht abschließend geklärt – der Name „Altona" könnte auch aus dem Flurnamen „all ten au", also „bei dem Bach", entstanden sein –, spricht viel für die etymologische Herleitung aus „all to nah", nicht zuletzt die über Jahrhunderte anhaltende Rivalität zwischen den beiden Hafenstädten.

Auf diese verweist auch ein Denkmal in der Nähe des Altonaer Bahnhofs, nämlich der im Jahr 1900 aufgestellte Stuhlmannbrunnen: Hier kämpfen zwei gewaltige Zentauren, halb Mensch, halb Pferd, um einen im Netz zappelnden Fisch. Der Brunnen ist übrigens nicht – wie man vielleicht vermuten könnte – nach seinem Künstler benannt, nämlich dem Berliner Bildhauer Paul Türpe, sondern nach einem wohlhabenden Altonaer Bürger, der testamentarisch die Errichtung eines öffentlichen monumentalen Springbrunnens verfügt hatte und sich auf diese Art und Weise verewigte.

Die Fischauktionshalle von 1895/96 ist in ihrer Eisen-Glas-Konstruktion ein eindrucksvolles Beispiel für die Schönheit gründerzeitlicher Industriebauten. Darüber hinaus zeugt auch sie von dem langen Konkurrenzkampf zwischen Hamburg und Altona. Erst 1937 wurde Altona (gemeinsam mit Wandsbek und Harburg) zu einem Teil von Hamburg.

Bis 1934 existierten zwei Fischmärkte: ein Hamburger Fischmarkt (seit dem 14. Jahrhundert südlich des Doms, ab dem 16. Jahrhundert auf dem Hopfenmarkt und erst seit 1861 an der Grenze zu Altona als St. Pauli Fischmarkt gelegen) und ein Altonaer Fischmarkt. Sowohl auf dem Altonaer als auch auf dem Hamburger St. Pauli Fischmarkt wurden 1887 die ersten Fischauktionen Deutschlands nach englischem Vorbild durchgeführt. Die Altonaer Fischauktionshalle konnte glücklicherweise – im Gegensatz zu ihrem Hamburger Pendant, das 1971 abgerissen wurde – vor dem Abbruch bewahrt werden. Sie steht seit 1984 unter Denkmalschutz, und wo einst schon in den frühen Morgenstunden mit Fisch gehandelt wurde, finden heute diverse Veranstaltungen statt.

Altona stand zunächst unter der Herrschaft der Grafen von Schauenburg und, nachdem das Geschlecht der Schauenburger 1640 erloschen war, unter dänischer Herrschaft. Die Schauenburger und die dänischen Könige verfolgten eine liberale und wirtschaftlich kluge Politik, durch die Altona schnell zu einer echten Konkurrenz für Hamburg wurde.

Im 16. Jahrhundert kamen Niederländer an die Elbe, die vor den Glaubenskriegen in ihrer Heimat flohen. Sie brachten Kenntnisse, handwerkliche Fähigkeiten, Verbindungen und teilweise auch Vermögen aus ihrem zur damaligen Zeit hoch entwickelten Heimatland mit. Zwar zogen die meisten zunächst nach Hamburg, doch als sie den Hamburgern zur

Konkurrenz wurden und damit unerwünscht waren, wechselten viele in den benachbarten aufstrebenden Ort Altona. Hier wie dort mussten sie ihr Auskommen häufig in ökonomischen Nischen suchen. Nicht zuletzt deswegen kam ihnen eine wirtschaftliche Pionierrolle zu.

In Altona konnten sie außerhalb der Zünfte einem Gewerbe nachgehen und zudem ihren Glauben – zumeist als Reformierte, Calvinisten und Mennoniten – ausüben. Bis heute erinnern Hamburger Familien- und Straßennamen wie Vander-Smissen-Straße, Paul-Roosen-Straße und Holländische Reihe an die Erfolge der Einwanderer aus den Niederlanden. Schon bald war Altona unterteilt in Alt-Altona zwischen Elbe und Breiter Straße einerseits und ein eigenes Viertel der Niederländer nördlich davon andererseits.

Die ersten Mitglieder der mennonitischen Familie van der Smissen verließen Ende des 16. Jahrhunderts als Glaubensflüchtlinge die Niederlande und gelangten schließlich in das liberale Dänemark: Dort hatte Christian IV, König von Dänemark und Norwegen und Herzog von Schleswig und Holstein, 1617 in Konkurrenz zu Hamburg Glückstadt gegründet. Den neuen Bewohnern garantierte er Glaubensfreiheit, ein probates Mittel, um Exilanten anzuwerben. 1682 wechselte die Familie van der Smissen in das ebenfalls dänische Altona.

Hier gründete Hinrich van der Smissen (1662–1737) eines der größten Handelshäuser der Stadt. Wo heute die Fischauktionshalle steht, befand sich seit dem späten 17. Jahrhundert für lange Zeit das Stammhaus der van der Smissens, das 1880 der Erweiterung des Fischmarkts weichen musste. Das Kontor war ursprünglich im ersten Stockwerk untergebracht, die Wohnräume im Erdgeschoss, und im Keller befand sich eine Bäckerei.

Hinrich van der Smissen war vielseitig engagiert: Neben dem Speditions- und Kommissionshandel, der Grönlandfahrt und verschiedenen Gewerben brachte ihm vor allem das Backen von Schiffszwieback so große finanzielle Erfolge ein, dass er ab 1700 mehrere Grundstücke am Elbhang zwischen der Palmaille und der Großen Elbstraße erwerben konnte. Er ließ nicht nur Gewerbebetriebe, Wohnhäuser und einen Park anlegen, sondern auch eine neue, mit Linden bepflanzte und gepflasterte Straße, die später nach ihm benannte Van-der-Smissen-Allee (heute existiert nur noch die Van-der-Smissen-Straße). Einer seiner Söhne, Dominicus van der Smissen (1704–1760), wurde zu einem gefragten Porträtmaler, der auch den Senator, Dichter und Naturliebhaber Barthold Hinrich Brockes porträtiert hat.

In der Folge profitierte Altona immer wieder von den zahlreichen Immigranten. Es kamen Katholiken, Reformierte, Mennoniten, portugiesische und deutsche Juden, und bis heute erinnert eine Reihe von historischen Friedhöfen an die den ehemaligen Flüchtlingen großzügig gewährte Glaubensfreiheit, zum Beispiel der große jüdische Friedhof an der Königstraße, auf dem seit dem frühen 17. Jahrhundert sowohl die portugiesischen Juden (die Sephardim, sie verwendeten liegende Grabplatten) als auch die deutschen Juden (Aschkenasim, sie verwendeten aufgestellte Grabsteine) bestattet wurden. Weit in die Geschichte weist auch ein kleiner Mennonitenfriedhof in der Nähe der S-Bahn-Station Diebsteich, auf dem Gräber aus dem 17. Jahrhundert zu entdecken sind (der Friedhof wurde 1873 hierher verlegt, zuvor war er in der Großen Roosenstraße, der heutigen Paul-Roosen-Straße).

Seit Beginn des 17. Jahrhunderts existierte das Viertel Freiheit, das damals noch zu Altona gehörte und an das bis heute die Straßennamen „Große Freiheit" und „Kleine Freiheit" auf St. Pauli erinnern. Hier hatten die Calvinisten seit 1603 eine eigene Kirche und die Katholiken seit 1660. Deren von 1717 bis 1723 erbaute barocke St.-Josephs-Kirche steht noch heute. Darüber hinaus durften hier alle Immigranten jenseits der Zünfte einem Gewerbe nachgehen: eine notwendige Voraussetzung für den Aufbau einer neuen Existenz im fremden Land. Auch das Altonaer Wappen mit dem – im Gegensatz zum Hamburger Wappen – weit geöffneten Tor symbolisiert diese tolerante Politik.

1649 wurde Altona durch eine eigene evangelisch-lutherische Kirche, St. Trinitatis, aufgewertet, und 1664 erhob der dänische König Friedrich III. den Ort zur Stadt. Nach dem Vorbild von Livorno wurde Altona zum ersten Freihafen in Nordeuropa: Es erhielt das Privileg der zollfreien Ausfuhr aller Altonaer Produkte ins gesamte dänische Reich, das damals bis Norwegen und Grönland reichte. Zwar musste Altona auch Rückschläge hinnehmen: 1713 wurde die Stadt im Großen Nordischen Krieg von den Schweden zu zwei Dritteln zerstört, doch wurde sie unter dem Oberpräsidenten Christian Detlev Graf von Reventlow (1671–1738) und dem Stadtbaumeister Claus Stallknecht (1681–1734) rasch wieder aufgebaut und zählte 1720 bereits 12 000 Einwohner.

Die liberale Religionspolitik sowie die Ausstattung mit weitreichenden Zoll- und Zunftprivilegien bescherten der Stadt im 18. Jahrhundert ein goldenes Zeitalter und verhalfen ihr zu schnellem Wachstum: Zu Beginn des 18. Jahrhunderts war Altona nach Kopenhagen bereits die zweitgrößte Stadt des dänischen Gesamtstaats. Es besaß jetzt ein Rathaus an der Königstraße (erbaut 1716–20) und seit 1777 eine eigene Bank und Börse an der Großen Elbstraße. Die Stadt entwickelte sich noch im 17. Jahrhundert zu einem wichtigen Pressestandort und wurde im 18. Jahrhundert neben Hamburg zu einem Zentrum der Aufklärung im deutschsprachigen Raum. Um 1800 erhielt Altona mit der neuen klassizistischen Bebauung der Palmaille seine bis heute berühmte Prachtstraße. Hier residierten wohlhabende Kaufleute wie

Der seit 1795 in Altona lebende dänische Maler und Zeichenlehrer Jes Bundsen (1766–1829) zeigt auf seiner Radierung von 1811 die Südseite der Palmaille mit ihrer Lindenallee und der einheitlichen klassizistischen Bebauung. Rechts das von Christian Frederik Hansen erbaute Palais des Altonaer Kaufmanns Georg Friedrich Baur (Elbchaussee 49). (Palmaille 45, 49,51, heute Sitz der Reederei Deutsche Afrika-Linien / John T. Essberger).

Baur und Donner, die westlich der Stadt am Hohen Elbufer ihre Gärten und Landhäuser anlegten.

Doch liegen bereits im „goldenen Zeitalter" die Gründe dafür, dass Altona die Konkurrenz zu Hamburg letztendlich verloren hat. Zum einen rangen die Dänen sich – gegen bare Münze – dazu durch, Hamburg endlich als „freie Reichsstadt" anzuerkennen. Darüber hinaus traten sie in dem Gottorfer Vergleich von 1768 die bislang dänischen Elbinseln von Kaltehofe bis Waltershof an Hamburg ab, eine Region, die im 19. und 20. Jahrhundert als Hafenerweiterungsgebiet für Hamburg von immenser Bedeutung sein sollte.

Die Französische Revolution hatte durch den erneuten Zustrom von Emigranten anfänglich durchaus positive Auswirkungen auf die Entwicklung Altonas. Doch die Blockade der Elbe durch die Engländer 1803 und die von Napoleon verhängte Kontinentalsperre ab 1806 führten dazu, dass der Schiffsverkehr und damit der so wichtige Fernhandel zum Erliegen kamen. Als 1807 Kopenhagen von der englischen Flotte bombardiert wurde, entschloss sich das bis dahin neutrale Dänemark, an der Seite Napoleons in den Krieg einzutreten, und stand damit schon bald auf der Seite des Verlierers; 1813 war der dänische Staat bankrott. Diese Entwicklungen waren ein Schlag für die noch junge prosperierende Wirtschaft Altonas, von dem sich die Stadt nie wieder ganz erholt hat. Hinzu kommt, dass ein starkes Altona für die dänischen Könige seit dem Gottorfer Vergleich keine absolute Priorität mehr hatte.

Mit dem Bau der Altona-Kieler Eisenbahn und des ersten Altonaer Bahnhofs (1839–44) verlagerte sich das Zentrum Altonas immer mehr in Richtung Westen, eine Entwicklung, die mit dem Bau eines neuen Bahnhofs (1893–95) und dem Neubau des Rathauses (1896–98) sowie der Anlage des Kaiserplatzes (seit 1922 Platz der Republik) ihren städtebaulichen Abschluss fand. Kurz zuvor waren sowohl die Nachbargemeinden Bahrenfeld, Othmarschen und Övelgönne als auch Ottensen-Neumühlen eingemeindet worden.

Bis 1864 gehörte Altona noch zur Grafschaft Pinneberg im Herzogtum Holstein und stand damit unter dänischer Herrschaft. Im Zuge der deutschen Einigungskriege wurde es 1867 preußisch. In der Zeit der Weimarer Republik erhielt Altona 1927 durch die Eingemeindung der westlich gelegenen Gemeinden per Gesetz und Verwaltungsakt den Status einer Großstadt. 1937 schließlich verlor Altona seine Eigenständigkeit: Seitdem erst gehören die Elbvororte und Altona zur Hansestadt Hamburg.

Hinter der Palmaille: der Elbhöhenweg

Der Elbhöhenweg führt seit den 1950er-Jahren parallel zur Palmaille in Richtung Altonaer Balkon. Diese schmale Grünzone verdankt in gewisser Hinsicht ihre Entstehung dem Größenwahn der Nationalsozialisten, die Hamburg zu einer

28

Der erste Teil des Elbhöhenwegs führt parallel zur Palmaille durch eine ebenfalls in den 1950er-Jahren angelegte schmale Grünzone. Er beginnt im Osten an der Köhlbrandtreppe und verläuft über die Grünanlage Olbersweg zum Altonaer Balkon.

sogenannten Führerstadt umbauen wollten: Sie beauftragten das Architektenbüro von Konstanty Gutschow (1902–1978) 1939 mit der Neugestaltung des Elbufers. Hier sollte ein „Gau-Regierungsviertel" entstehen. Geplant waren ein 250 Meter hohes Gau-Hochhaus, eine Volkshalle für 50 000 Besucher sowie eine Brücke über die Elbe. Der Krieg verhinderte die Ausführung dieser Baupläne. Die ehemals privaten Gärten auf der Südseite der Palmaille wurden in eine öffentliche Grünanlage umgewandelt: Ein Promenadenweg führt seit den 1950er-Jahren durch die von der Professorin für Landschafts- und Gartengestaltung Herta Hammerbacher entworfene Grünanlage.

Ursprünglich war die Palmaille unter den letzten Schauenburger Fürsten 1638/39 als Spielstraße angelegt worden: Zwischen vier Reihen Lindenbäumen erstreckten sich drei Spielbahnen, auf denen die Spieler eine Kugel (= palla) mit einem hölzernen Hammer (= maglio) möglichst zügig bis zu einem am Ende stehenden Torbogen treiben sollten. Im 18. Jahrhundert wurde die Palmaille dann eine der vornehmsten Straßen in Altona. Ab 1706 ließ der Altonaer Kaufmann Hin-

Das um 1750 entstandene Ölgemälde eines unbekannten Künstlers zeigt ein Paar, das vom Garten der Familie van der Smissen an der Palmaille über den im französisch-architektonischen Stil angelegten Garten der Familie Jenckel (später „Jencquel") nach Westen blickt.

rich van der Smissen den Hang auf der Elbseite parzellieren: Es entstanden städtische Wohnhäuser und terrassierte private Gärten mit Aussicht auf die Elbe. An seinen eigenen Garten erinnert ein Bild, das um 1750 gemalt wurde. Zu sehen ist ein vornehmes Paar, das vor einer beschnittenen Hecke steht und über den terrassierten, im französisch-architektonischen Geschmack der Zeit gestalteten Garten der Familie Jenckel (siehe S. 63 f.) auf die Elbe blickt. Die Farben ihrer Kleidung – er trägt ein blaues, sie ein gelb-weißes Gewand – ergeben die Wappenfarben der van der Smissens.

Berühmt wurde die Palmaille jedoch erst durch ihr bis heute erhaltenes einheitlich klassizistisches Design, das sie durch Christian Frederik Hansen erhielt. Hansen, der in bescheidenen Verhältnissen aufgewachsen war, hatte durch die Protektion der königlichen Familie in Kopenhagen bei den damals führenden Vertretern des jungen Klassizismus, nämlich dem Franzosen Nicolas-Henri Jardin (1720–1799) und Caspar Frederik Harsdorff (1735–1799) studieren können und die begehrte große Goldmedaille der Kunstakademie gewonnen. Anschließend hatte er, wie es sich für einen

Künstler im 18. Jahrhundert gehörte, eine mehrjährige Bildungsreise unter anderem nach Frankreich und Italien gemacht, bevor er 1784 als königlich-dänischer Landbaumeister nach Altona berufen wurde. Hier wirkte er zwei Jahrzehnte, bevor er nach Kopenhagen zurückkehrte, wo er unter anderem Schloss Christiansborg sowie die Frauen- und die Schlosskirche baute.

Kaum ein Baumeister hat den architektonischen Stil entlang der Elbe mit seinen weißen palladianischen Villen in Variation so nachhaltig geprägt wie Hansen. Von 19 Land- und Stadthäusern, die Hansen in Altona und am Hohen Elbufer baute, stehen heute immerhin noch elf. Hansens Bauten fielen durch ihre Modernität auf: Anstatt die Häuser wie üblich in Backstein und Fachwerk mit Giebel auszuführen, überraschte er seine Zeitgenossen mit hell verputztem Mauerwerk, Säulen und Tempelfront. Seine weißen Stadt- und Landhäuser waren sowohl von den Villen des großen italienischen Renaissance-Architekten Andrea Palladio (1508–1580) als auch durch die sogenannte französische Revolutionsarchitektur inspiriert.

Von Johan Cesar IV Godeffroy erhielt Hansen im Revolutionsjahr 1789 seinen ersten Privatauftrag für den Bau eines Landhauses (heute Elbchaussee 499). Danach konnte er sich vor Aufträgen kaum retten: Nun wollten alle diese moderne, den Gedanken der Aufklärung verpflichtete Architektur. Und Hansen baute entlang der Elbe für Hamburger und Altonaer Kaufleute die Landhäuser in den von ihnen angelegten englischen Landschaftsgärten: das Landhaus Peter Godeffroy, auch genannt „Weißes Haus" (1790–96; Elbchaussee 547), Landhaus Blacker im Goßlers Park, heute „Goßlerhaus" (1794/95; Goßlers Park 1), Landhaus Thornton (1795/96; abgerissen) und Stallgebäude (heute bekannt als „Halbmond"; Elbchaussee 228), Landhaus Abbéma, nachmals Rainville (1795; abgeris-

Vor allem der seit 1784 in Altona lebende königlich-dänische Landbaumeister Christian Frederik Hansen (1756–1845) baute weiß verputzte Stadthäuser an der Palmaille und palladianische Villen in Variation entlang der Elbchaussee. Hier sein Porträt von Friedrich Carl Gröger, 1821.

Gartenfront des Palais Baur (Palmaille 49), das von 1801 bis 1805 nach Plänen von Christian Frederik Hansen für Georg Friedrich Baur errichtet wurde. Hier residiert heute die Reederei Deutsche Afrika-Linien (DAL). Vom ehemaligen Park sind noch zwei mächtige Blutbuchen erhalten.

sen), Landhaus Lawaetz (1796–98; zerstört), Landhaus Böhl (1797/98; zerstört), Landhaus Johann Heinrich Baur, „Elbschlösschen" genannt (1804/06; Elbchaussee 372), und das Landhaus Gebauer (1806; Philosophenweg 18). Hansen baute auch Stadthäuser für die Altonaer Kaufleute an der Palmaille: Zwischen 1796 und 1805 entstanden neun Privathäuser, von denen noch sechs existieren (Palmaille 49, 108, 112, 116, 118, 120). Die stilistisch einheitliche Bebauung der Palmaille wiederum ist dem Altonaer Kaufmann Georg Friedrich Baur (siehe S. 251 ff.) zu verdanken: Er wohnte in einem 1801 bis 1805 nach Plänen Hansens errichteten Palais in der Palmaille 49 und wünschte in den 1820er-Jahren, dass die Straße weiterhin im klassizistischen Stil bebaut würde. Christian Frederik Hansen war allerdings längst nach Kopenhagen abberufen worden. Doch sein Neffe Johann Matthias Hansen (1781–1850) hatte inzwischen – kongenial begabt – die entstandene Marktlücke besetzt und wurde 1824/25 von Baur damit beauftragt, zehn weitere Häuser zu errichten, von denen immerhin sieben erhalten sind.

Der Blick fällt vom Elbhöhenweg auf die 1974 erbaute Köhlbrandbrücke, die in elegantem Schwung die hier „Köhlbrand" genannte Süderelbe überspannt. Von links ragt das 2005 fertiggestellte „Dockland", ein von dem Architektentrio Bothe Richter Teherani (BRT) entworfenes Bürohaus, ins Bild hinein.

Der Grüngürtel, der sich südlich der Palmaille hinzieht, mündet in den Altonaer Balkon. Von hier aus hat man einen herrlichen Blick über den Fluss, weswegen der Hamburger Dichter Hans Leip 1953 den Altonaer Balkon einmal liebevoll „Kap Kiekut" genannt hat. Blickten die Besitzer der Gärten entlang der Palmaille einst noch auf eine Reihe von grünen Elbinseln, so fallen heute vor allem (von links nach rechts) die zur Hamburger Kläranlage gehörenden, nachts in verschiedenen Farben illuminierten sogenannten Faultürme, die 1974 erbaute Köhlbrandbrücke und der Containerhafen sowie das von dem 1954 in Teheran geborenen Hamburger Stararchitekten Hadi Teherani gebaute – vage an ein Schiff erinnernde – Bürogebäude „Dockland" ins Auge. Die 1968 am Balkon aufgestellte Bronzeplastik – drei Fischer mit ihren Rudern – von Gerhard Brandes hat inzwischen die Gesellschaft einer modernen Skulptur erhalten, die eine in der Dunkelheit leuchtende stilisierte Frau darstellt.

Wendet man den Blick von der Elbe weg gen Norden, so ist das Altonaer Rathaus zu sehen, das seine Bezeichnung im

33

1844 wurde die „König Christian VIII. Ostseebahn" eröffnet, die Altona mit Kiel verband und zu den ersten Bahnlinien in Deutschland überhaupt gehörte. Die Südseite des 1896 bis 1898 erbauten Altonaer Rathauses war ursprünglich ein Teil des ersten Altonaer Bahnhofsgebäudes, das hier in einer Ansicht von H. Jessen und J. Gray um 1845 zu sehen ist.

Volksmund behalten hat, auch wenn es 1937 mit dem Groß-Hamburg-Gesetz und dem darin verfügten Anschluss Altonas an Hamburg seine Funktion als Rathaus verloren hat. Es wurde 1896 bis 1898 nach den Entwürfen des Stadtbaurats Joseph Brix und des Stadtbaumeisters Emil Brandt erbaut. In Anlehnung an barocke Schlossarchitektur entstand ein prächtiges vierflügeliges Gebäude, das auf dem Platz des ersten Altonaer Bahnhofs erbaut wurde. Dabei integrierte man die Südfront des klassizistisch geprägten Ankunftsgebäudes des alten Bahnhofs in das neue Rathausgebäude. Am Nordflügel befindet sich ein Relief, an dem der damals noch junge Künstler Ernst Barlach mitgewirkt hat. Das Reiterstandbild von Gustav Eberlein wurde 1898 eingeweiht und ehrt den 1888 verstorbenen Kaiser Wilhelm I.

Dort, wo heute das Rathaus steht, wurde 1844 die „König Christian VIII. Ostseebahn" eröffnet, die Altona mit Kiel verband und zu den ersten Bahnlinien in Deutschland überhaupt gehört. Schwierigkeiten bereiteten allerdings die 28 Meter Höhenunterschied, die den Bahnhof von den Altonaer Hafenanlagen trennten, die inzwischen bis nach Neumühlen hin erweitert worden waren. Gelöst wurde das Problem durch die sogenannte Schiefe Ebene (entspricht in etwa der heutigen Kaistraße), auf der die Waren auf Gleisen befördert wurden. Gleichzeitig wurde für die Fuhrwerkbesitzer die Rampenstraße „Elbberg" angelegt, deren Böschungsmauer und Brücke über die Schiefe Ebene heute noch zu sehen sind.

1876 wurde ein 395 Meter langer Tunnel eröffnet, der 1895 mit der Verlegung des Altonaer Bahnhofs an seinen jetzigen Standort entsprechend nach Norden verlängert werden musste. Der Tunnel geistert bis heute unter dem Namen „Schellfischtunnel" durch die lokalen Gazetten, in denen für den inzwischen geschlossenen Tunnel immer wieder neue Möglichkeiten der Nutzung diskutiert werden. Reste der Gleisanlagen der sogenannten Schellfischbahn, die ab 1895 Neumühlen mit dem Fischmarkt verband, sind bis heute auf der Großen Elbstraße zu finden.

Es ist die Freiheit der Bäume, nach der wir uns sehnen.

Hermann Fürst Pückler-Muskau (1785–1871)

Parkanlagen zwischen
Altona und Neumühlen

Rainvilles Garten: ein Ort der Toleranz

Ein Restaurant mit Aussicht

Kurz hinter dem Altonaer Balkon, da wo heute (2012) die ehemalige Seefahrtschule auf eine neue Nutzung wartet, lag einst das vornehme Gartenrestaurant „Rainvilles Garten", eine gastronomische Attraktion ersten Ranges, um 1800 von dem französischen Flüchtling César Lubin Claude Rainville (1767–1845) in Ottensen gegründet.

Zeitgenossen lobten das einzigartige Zusammenspiel von Gastronomie, Gartenkultur und Natur und schwärmten von dem Panoramablick, der sich ihnen hier auf dem hohen Geesthang bot: Der Blick glitt vom Mastenwald des Neumühlener Hafens über kleine Lastkähne und Segelschiffe, die fremden Gegenden und unbekannten Zielen entgegenfuhren, über zwei im Strom liegende grüne Inseln und verlor sich schließlich im Dunst der Harburger Berge.

Für den französischen Schriftsteller Stendhal gehörte „die Elbe (unter Rainville) bei Altona" neben Neapel und dem Genfer See zu dem „wahrhaft Schönen" auf seiner Europareise. Und der dänisch-schleswig-holsteinische Politiker und Publizist August von Hennings (1746–1826) verband mit dem Blick auf die Elbinseln in seinen Reisebriefen aus dem Jahr 1796 „gemeiniglich ein Bild der Ruhe, abgesondert von den Sorgen und Verwirrungen der Welt. Es war mir, als wüßte man dort nichts von den mannichfaltigen Thorheiten, durch die sich die Menschen so unglücklich machen, kein Pinsel kann ein schöneres Bild ländlicher Ruhe malen, als dieser Anblick darbietet."

Die Mühle auf der Insel Waltershof störte diese ländliche Idylle ebenso wenig wie der im Schatten mächtiger Bäume gelegene Bauernhof auf der Nachbarinsel. Die Insel Rugen-

Johann Joachim Faber wählte die erhöhte Lage des Gartenrestaurants als Standort, um 1846 den Blick von Rainvilles Garten auf die Elbe wiederzugeben: Zu sehen sind im Vordergrund der Neumühlener Hafen, dahinter die Elbinseln, unter anderem Waltershof mit der Windmühle. In der Ferne sind die Harburger Berge zu erkennen.

barg hatte 1788 zu Ehren des 1727 gestorbenen Ratsherrn Walter Beckhoff den bis heute gültigen Namen „Waltershof" erhalten. Heute sehen wir an gleicher Stelle die Kläranlage Köhlbrandhöft im Westen, die Köhlbrandbrücke und schließlich Werften und Containerterminals auf Waltershof im Osten. An die einstige Pracht des berühmten Gartenrestaurants erinnert nur noch ein Straßenname, die „Rainvilleterrasse".

Rainville, ein französischer Flüchtling unter vielen

Rainville gehörte zu jenen 4000 französischen Immigranten, die mit der Französischen Revolution ihre Heimat verlassen mussten und sich in Altona niederließen. Das unter dänischer Herrschaft stehende Altona bot sich als Zufluchtsort an, da den Immigranten hier von den Landesherren Religions- und Gewerbefreiheit gewährt wurde. Daran (und nicht an die Freiheiten, an die wir heute vielleicht denken mögen) erinnern auch die in St. Pauli nahe der Reeperbahn gelegenen Straßen Große und Kleine Freiheit, die seinerzeit zu Altona gehörten.

Die französischen Emigranten kamen damals in Wellen, den jeweiligen Phasen der Französischen Revolution folgend: zunächst die Aristokraten, die weiterhin auf der Seite des Ancien Régime standen, dann die Geistlichen, die keinen Eid auf die neue Verfassung hatten ablegen wollen, später die gemäßigten Revolutionäre in den Zeiten der Terreur (1793/94) und schließlich die Anhänger von Robespierre.

Zwar hatten die wenigsten Frankreich mittellos verlassen, doch auch Aristokraten sahen sich nun gezwungen, ihren Lebensunterhalt selbst zu verdienen. Dabei waren ihrem Erfindungsreichtum keine Grenzen gesetzt: Damen des Adels verkauften eigenhändig gefertigte Stickereien, Generäle wurden zu Tapetenfabrikanten und Papierhändlern, adlige Herren brachten sich als „Sprach-, Sing-, Tanz-, Fecht- und Schulmeister" oder als „Eis- und Limonadenmacher" durch, wieder andere arbeiteten sogar als Mausefallenhändler.

Auch Rainville, der 1794 als 25-Jähriger nach Altona geflohen war, musste wie so viele Immigranten sein Tätigkeitsfeld wechseln. Aus dem ehemaligen Offizier in der königlichen Armee in Frankreich wurde ein erfolgreicher Gastronom. Da schon damals französisches Essen und französische Weine hoch im Kurs standen, lag diese Entscheidung nahe.

Rainville war denn auch keineswegs der einzige Franzose, der in das Feld der Gastronomie wechselte: Zu ihnen gehörten auch der Architekt und Kunstgärtner Daniel Louis Jacob (siehe S. 199 ff.), der ein bis heute berühmtes Restaurant in Nienstedten gründete, sowie zwei Grafen, die den sogenannten Slavhof in Ottensen übernahmen, einen Gasthof südöstlich kurz unter Rainvilles Garten gelegen, alle ausnahmslos berühmt für ihre exzellente französische Küche.

Auch den ersten Alsterpavillon am Jungfernstieg in Hamburg (inzwischen haben wir den sechsten) eröffnete 1799 ein französischer Adliger, nämlich Augustin Lancelot de Quatrebarbes. Das vornehme Kaffeehaus wurde bald zu einem Treffpunkt für reiche Hamburger Bürger und französische Emigranten. Die Mehrzahl der Emigranten kehrte allerdings gegen Ende der 1790er-Jahre und dann verstärkt 1804 – nach der Ernennung Napoleons zum Kaiser – in ihre Heimat zurück. Zu jenen, die blieben und dauerhaft ansässig wurden, gehörte César Lubin Claude Rainville, der mit seiner Ehefrau Jeanne drei Kinder hatte.

Rainville schafft ein Gartenparadies für Feinschmecker mit otahitischer Hütte, die Georg Forster nicht mehr sehen wird

Das Anwesen am Elbhang unterhalb der 1735 bis 1738 errichteten Ottenser Christianskirche erwarb Rainville 1799. Bereits kurz zuvor hatte der königlich-dänische Landbaumeister Christian Frederik Hansen für den Vorbesitzer Balthasar Elias Abbéma ein großes Landhaus im klassizistischen Stil erbaut. Abbéma vertrat in Hamburg als Gesandter die sogenannte Batavische Republik, das heißt die inzwischen vom revolutionären Frankreich abhängigen Vereinigten Niederlande. Hier wird der enge Zusammenhang zwischen klassizistischer Architektur und dem Geist der Aufklärung sowie der Französischen Revolution deutlich. Allerdings: Die Republik existierte nicht lange, der Gesandte verschwand nach kurzer Zeit wieder, und Rainville kam ...
Während einer Kutschfahrt hatte Rainville erstmals das „Landhaus Abbéma" gesehen und sofort die Vorzüge erkannt: Der moderne weiße Hansen-Bau erhob sich eindrucksvoll auf dem Geestrücken, und das Hanggrundstück reichte bis an die Elbe heran. Unternehmungslustig soll er ausgerufen haben: „An diesem herrlichen Stück Erde werde ich ein großartiges Gasthausunternehmen eröffnen." Woher

Rainvilles Garten-
restaurant in
Ottensen, das der
französische
Flüchtling César
Lubin Claude
Rainville um
1800 gegründet
hatte, war damals
weit über die
Grenzen Ham-
burgs bekannt
und wurde von
vielen Künstlern
ins Bild gesetzt,
hier von Leo Wolf
auf einer Radie-
rung aus dem
Jahr 1807 (ver-
mutlich nach Jes
Bundsen).

Rainville die finanziellen Mittel für den Ankauf des Anwesens hatte, ist allerdings bis heute ein Geheimnis.

Rainville ließ am Landhaus zwei Treppen anbringen, die in
den bis zum Fluss hinabreichenden Garten führten. Dieser
war das eigentliche Kennzeichen der Rainville'schen Anlage
und folgte (nach einer kurzen Übergangsperiode) ganz den
Regeln der modernen – englischen – Gartenkunst. Wie zahlreiche zeitgenössische Abbildungen belegen, wurde der Elbhang terrassiert. Auf dem oberen Plateau konnten sich die
Besucher den kulinarischen Genüssen hingeben (Speisekar-
ten sind leider nicht überliefert). Kleine Festzelte boten den
Gästen Schutz vor Sonne und Regen, und Orangenbäume
in Pflanzenkübeln verliehen der Terrasse überdies ein süd-
liches Flair.

Ein leicht erhöht liegender Pavillon im Osten des Grundstücks gewährte einen grandiosen Panoramablick über die
Elbe in Richtung Westen und diente gleichzeitig als gestal-
terisches Element. Auf einem zweiten – tiefer gelegenen –
Plateau hatte Rainville mit einer einfachen Holzhütte sowie

Johann Baptist Theobald Schmitts Bild von Rainvilles Garten aus dem Jahr 1808 zeigt eine otahitische Hütte, das heißt eine aus Naturmaterialien gefertigte Hütte, sowie eine Linde mit Rundbank und rechts einen Pavillon, von dem aus die Gäste einen besonders schönen Blick über die Elbe hatten.

einer Sitzbank unter einer ausladenden Linde zwei malerische Ruheplätze geschaffen.

Holzhütten, zumeist aus einheimischen Materialien gefertigt, sind in fast allen englischen Landschaftsgärten zu finden. Als sogenannte otahitische Hütten verweisen sie auf den Zusammenhang von Aufklärung, Garten und politischer Utopie. Von 1772 bis 1775 nahm der erst 17-jährige Georg Forster (1754–1794) als Zeichner an der zweiten Weltumseglung von James Cook teil. 1777 beschrieb er seine Reiseerfahrungen in dem Bestseller „Reise um die Welt". In seinen Erinnerungen an Tahiti (früher noch „Otahiti" genannt) mischen sich seine Erfahrungen, ausgehungert und von Skorbut befallen auf einer in ihrem Überfluss paradiesisch anmutenden Insel von den Strapazen der Seereise zu genesen, mit seinen politischen Hoffnungen, die auf den Vorstellungen der Aufklärung beruhen. Die Insel wird ihm zum politischen Idealbild, das (im Gegensatz zum Jenseits) tendenziell auch erreichbar ist. Ganz im Sinne von Jean-Jacques Rousseaus „Zurück zur Natur" wird dabei das ein-

43

fache und als glücklich imaginierte Leben der Inselbewohner zum Ideal verklärt.

Die Aufstellung von „otahitischen Hütten" in englischen Landschaftsgärten zitiert diese Wunschvorstellung. Im Dessau-Wörlitzer Gartenreich gibt es beispielsweise nicht nur bis heute eine solche Hütte, sondern darüber hinaus auch eine Sammlung von Ethnografica, die Forster aus der Südsee mitgebracht und dem Fürsten Leopold III. Friedrich Franz von Anhalt-Dessau (1740–1817, genannt „Fürst Franz") und seiner Ehefrau Luise geschenkt hatte.

Aus dem Weltreisenden und Wissenschaftler Georg Forster wurde später der Revolutionär und Politiker: Er gehörte zu jenen, die in Mainz für kurze Zeit die erste auf bürgerlich-demokratischen Grundsätzen fußende Republik auf deutschem Boden ausriefen. Preußische Truppen bereiteten diesem Traum allerdings schnell ein Ende. Forster blickte aus seinem Pariser Exil mit wehmütigen Augen nach Hamburg, das ihm in dieser Situation als reizvoller Fluchtpunkt erschien. Allerdings konnte er Rainvilles Garten in Altona und die dort gelegene „otahitische Hütte" nicht mehr besuchen. Er starb 1794 krank, verarmt und einsam im revolutionären Paris. Doch zurück zu Rainvilles Gartenrestaurant.

Auf in Serpentinen geschwungenen Wegen konnten die Besucher von Rainville ihren Spaziergang fortsetzen und unten, direkt an der Elbe, an der Uferbefestigung entlangpromenieren. Das müßige Schlendern und Flanieren auf einer Promenade war auch eine Errungenschaft aus Frankreich, die zwar zunächst noch von einigen kritisiert wurde, sich aber schon bald durchsetzen sollte.

Rainvilles Garten war der Öffentlichkeit zugänglich und wurde zumeist – wie ein Reiseführer von 1852 wohlwollend feststellte – „von guter Gesellschaft" besucht. Das Publikum war international, beispielsweise trafen sich hier am 4. Juli

1806 vierzig amerikanische Bürger, um ihren Nationalfeiertag zu feiern.

Rainvilles Garten stand darüber hinaus auch Juden offen, keineswegs eine Selbstverständlichkeit in dieser Zeit. So hatte der Wirt vom Heußhof in Eimsbüttel durch eine Zeitungsanzeige bekannt gegeben, dass er mit Rücksicht auf seine vornehmen Gäste künftig Juden den Eintritt verweigern werde. Johann Carl Daniel Curio (1754–1815), der 1805 in Hamburg den ältesten deutschen Lehrerverein gründete und nach dem das Curio-Haus in der Rothenbaumchaussee benannt ist, bedauerte daraufhin in der von ihm herausgegebenen Zeitschrift „Hamburg und Altona" jenen Wirt, der bereit sei, „die Ehre seines gesunden Menschenverstandes dem Vorteil seines Beutels aufzuopfern".

Ein Besuch an Klopstocks Grab vor der Einkehr bei Rainville

Zum hohen Bekanntheitsgrad von Rainville hat bestimmt auch beigetragen, dass das Restaurant direkt an einer „Haupttouristenstrecke" lag: Am Millerntor konnte man sich bei gutem Wetter eine offene Kutsche mieten und über den Hamburger Berg (die alte Bezeichnung für St. Pauli), schon damals ein Vergnügungsviertel, ins dänische Altona und weiter durch die schöne Doppelallee der Palmaille mit ihrer prachtvollen modernen Architektur nach Ottensen zu Klopstocks Grab (und dem seiner Ehefrauen) fahren. Die Gräber sowie eine Linde, die Klopstock für seine erste Frau, die Dichterin Margareta Moller (1728–1758), „Meta" genannt, pflanzen ließ, sind noch heute an der Südseite der Christianskirche (im Volksmund auch „Klopstock-Kirche") zu sehen. Friedrich Gottlieb Klopstock (1724–1803), einer der wichtigen Protagonisten der Hamburger und Altonaer Aufklärung, war

Die Gräber für den Dichter Friedrich Gottlieb Klopstock (1724–1803) – sein Grabmal ist dasjenige in der Mitte mit der trauernden Frauenfigur – und seine Ehefrauen an der Christianskirche in Ottensen. Klopstocks erste Frau Margareta („Meta"), geb. Moller, eine Schriftstellerin in der Zeit des Rokoko, starb 1758 mit nur 30 Jahren bei der Geburt ihres (totgeborenen) Sohnes.

1803 unter der Anteilnahme von Tausenden von Menschen in Ottensen begraben worden. Berühmt geworden war er für seinen „Messias", einen ehrgeizigen Versuch, den Stoff der Bibel in ein groß angelegtes mythologisches Panorama umzuwandeln, verfasst wie Homers Odyssee im klassischen Versmaß des Hexameters, nun aber in deutscher Sprache. Klopstock stand für die Erneuerung der deutschen Sprache und eine neue Emotionalität und Radikalität: Die jüngere Generation, unter ihnen auch die Kaufmannssöhne Georg Heinrich Sieveking und Caspar Voght, rezitierte begeistert seine Oden an die Natur, die Freundschaft und später auf die Französische Revolution, die er als „edelste Tat des Jahrhunderts" bezeichnete.

Bewundert wurde Klopstock auch dafür, dass er in einer Zeit, in der Ehen ausschließlich aus wirtschaftlichen Gründen geschlossen wurden (sogenannte Konvenienzehen), es wagte, aus Liebe zu heiraten. Hinzu kam, dass seine Frau Meta schon wenige Jahre später bei einer Entbindung starb und Klopstock sie in den folgenden 30 Jahren in seinen Elegien besang. Erst mit 67 Jahren (1791) heiratete er die Hamburgerin Johanna Elisabeth von Winthem, eine Nichte von Meta Moller.

Der Ort wiederum, den Klopstock für Metas und sein Begräbnis wählte, entsprach den modernen hygienischen Anforderungen der Aufklärung. Sollten doch jetzt die Menschen nicht mehr in, sondern außerhalb von Kirchen sowie möglichst auf dem Land beerdigt werden, und Ottensen lag damals noch fernab der Stadt. Bei Dessau entstand unter der Ägide des Gartenfürsten Friedrich Franz Leopold III. von Anhalt-Dessau einer der ersten außerhalb der Stadt gelegenen Friedhöfe, von vielen Zeitgenossen enthusiastisch beschrieben. Auch Goethe thematisiert den Zusammenhang von Aufklärung, Gartenkultur und der Lage der Friedhöfe in seinen „Wahlverwandtschaften".

Hamburger Ausflügler und Reisende jedenfalls pilgerten an Klopstocks Grab und rezitierten vielleicht ehrfürchtig eine seiner Oden. Und wenn man dem kulturell-andächtigen Teil Genüge getan hatte, dann konnte man sich Rainvilles Gartenrestaurant zuwenden und nach Lust und Laune in bunter und geselliger Runde schlemmen ...

Rainville als vielseitiger Gastwirt und Helfer in der Not

Der Gastronom ließ sich ständig Neues einfallen, um seine Gäste zu unterhalten: So veranstaltete Rainville beispielsweise Feuerwerke, ästhetische Freuden, die ansonsten vorzugsweise an Höfen stattfanden und somit einem aristokratischen Publikum vorbehalten waren. Immer neue Attraktionen lockten die Hamburger, sodass die Menschen dicht gedrängt den Garten bevölkerten. Es muss teilweise ähnlich turbulent zugegangen sein wie heute beim Hafengeburtstag.

Rainville half, als die Hamburger in Not waren: Die Stadt war während der napoleonischen Kriege von Franzosen besetzt und dem französischen Kaiserreich einverleibt worden. Der französische Marschall Louis-Nicolas d'Avoût, genannt Davoût (1770–1823), hatte als oberster Befehlshaber die Pflicht, Hamburg gegen die Alliierten – russische und hanseatische Truppen – zu verteidigen. Im Zuge dessen gab er Befehl, dass alle Hamburger für mehrere Monate Nahrungsmittel einlagern sollten. Damit sollte verhindert werden, dass im Falle einer längeren Belagerung der Stadt Hungersunruhen ausbrachen.

Nun konnten es sich viele Arme gar nicht leisten, sich für so lange Zeit zu verproviantieren, andere nahmen die Aufforderung schlichtweg nicht ernst genug. Jedenfalls wurden in einer bitter kalten Weihnachtsnacht im Jahr 1813 alle Hamburger Einwohner überprüft, und diejenigen, die keine Vorräte aufweisen konnten, wurden erbarmungslos aus ihren Wohnungen und aus der Stadt vertrieben. Viele kamen dabei um. Diejenigen jedoch, die in Richtung Altona marschiert waren, hatten Glück im Unglück: Der Oberpräsident Altonas, Conrad Daniel Graf von Blücher (1764–1845), ein Neffe des legendären „Marschall Vorwärts", gewährte den Flüchtlingen Zuflucht in Altona (an ihn erinnert ein Denkmal auf der Westseite des Altonaer Rathauses). Auch Rainville nahm Flüchtlinge auf und versorgte sie.

Der Niedergang von Rainvilles Garten und die Gründung der Seefahrtschule

Fotografien aus den 1860er-Jahren zeigen Rainvilles Garten verwahrlost, heruntergekommen und menschenleer. Wie war es dazu gekommen? Der langsame Niedergang des Rainville'schen Anwesens hat mehrere Ursachen. Erstens setzte mit dem Bau des ersten Altonaer Bahnhofs 1842–44 und der sogenannten Schiefen Ebene als Anbindung an den in Richtung Westen erweiterten Hafen die Industrialisierung des Elbufers ein. Rainville wurde dadurch nicht nur von seinem direkten Zugang zum Fluss abgeschnitten, sondern auch die so viel gerühmte Einheit von Gastronomie, Garten und Naturerlebnis wurde empfindlich gestört. Zweitens führten der Bahnhof und das sich in den nächsten Jahrzehnten mit rasanter Geschwindigkeit ausbreitende Eisenbahnnetz zu einem veränderten Freizeitverhalten der Städter: Die Ostsee und andere attraktive Urlaubsziele rückten immer näher. Drittens veränderte Rainvilles Tod 1845 die Situation, obwohl seine Frau den Betrieb noch einige Jahre weiterführte. Rainvilles Gasthaus wurde 1867 abgebrochen. Das Grundstück wurde parzelliert, und es entstanden die kleinen Gassen Rainvilleterrasse und Klopstockterrasse zwischen Elbberg und Elbchaussee, deren attraktive gründerzeitliche Wohnbauten bis heute erhalten sind.

In den frühen 1930er-Jahren wurde im Auftrag der Preußischen Staatshochbauverwaltung eine Seefahrtschule gegründet: Das 1931 bis 1935 von dem Architekten Hans Meyer im Stil der Neuen Sachlichkeit errichtete Gebäude ist ein Bei-

Wo heute der *Campus Rainville-terrasse* als Sitz einer privaten Architekturakademie sowie einer privaten Hochschule ist, war lange Zeit die Seefahrtschule untergebracht. Das Gebäude, das 1931 bis 1935 von dem Architekten Hans Meyer im Stil der Neuen Sachlichkeit erbaut und 2011 unter Denkmalschutz gestellt wurde, lag einst in Rainvilles Garten.

spiel für das Neue Bauen unter dem Einfluss des Bauhausstils während der Weimarer Republik in der Ära des Altonaer Baudirektors Gustav Oelsner. Dass die erst 2011 unter Denkmalschutz gestellte Seefahrtschule nicht abgerissen wurde, ist Bürgerinitiativen zu verdanken, die darauf aufmerksam machten, dass die wenigen Orte mit freiem Blick auf die Elbe im Zuge der Bebauung des Ufers mit Glas- und Stahlpalästen privater Investoren immer mehr zu verschwinden drohen. Die ehemalige Schule soll auch in Zukunft wieder der Lehre dienen, nämlich als Architekturakademie und Hochschule für Design und Kommunikation. Auf dem umgebenden Gelände sollen rund 50 Wohnungen errichtet werden, die meisten davon als Eigentumswohnungen.

Es gibt eine kleine botanische Rarität, die hier noch heute im Frühling an die ehemalige Gartenkultur erinnert: Am Geesthang wächst *Tulipa sylvestris*, eine Wildtulpe, die früher in Parkanlagen vorkam und heute zu den gefährdeten Pflanzenarten zählt.

Der Heine-Park oder:
Salomon Heine, der Rothschild Hamburgs

John Blacker erwirbt Land am Elbhang und erbaut ein Landhaus

Einige Treppenstufen höher als Rainville liegt der Heine-Park. Der Name erinnert an Salomon Heine (1767–1844), den reichen Onkel von Heinrich Heine.

Einst gehörte das Land einem Ottenser Bauern, und die Hänge fielen noch kahl und baumlos zur Elbe ab. 1780 erwarb John Blacker, ein in Hamburg lebender englischer Kaufmann, das Grundstück und ließ wahrscheinlich bereits einen Park im Stil des englischen Landschaftsgartens anlegen. Nahe am Geestabhang entstand ein Wohnhaus. Blacker war ein erfolgreicher Grundstücksspekulant und besaß dementsprechend kurzfristig mehrere Grundstücke an der Elbchaussee. Auch das Goßlerhaus im Goßlers Park in Blankenese (siehe S. 274) – ein von Christian Frederik Hansen erbautes klassizistisches Landhaus – ist von ihm in Auftrag gegeben worden. Blackers Sohn hatte geschäftlich weniger Erfolg und machte Konkurs. Damit ergab sich für Salomon Heine 1808 die Möglichkeit, den Park zu erwerben.

Salomon Heine kommt in eine der größten jüdischen Gemeinden und eröffnet ein privates Bankhaus

Die Lebensgeschichte von Salomon Heine liest sich wie ein spannender Roman: Das moderne Märchen vom Tellerwäscher, der zum Millionär aufsteigt, findet hier seine historische Entsprechung. Salomon Heine wuchs in Hannover auf. Als sein Vater früh starb, verarmte die Familie. Mit 17 machte

Auf der Kreide-
lithografie von
Otto Speckter aus
dem Jahr 1842
präsentiert sich
Salomon Heine
(1767–1844) stolz
vor seinem Elb-
pavillon. Heine,
der 1784 mittellos
in die Hansestadt
gekommen war,
wurde zum
„Rothschild Ham-
burgs". Seine
Wohltätigkeit war
legendär. Zu den
bekanntesten sei-
ner vielen Stiftun-
gen in Hamburg
gehört das Israeli-
tische Kranken-
haus.

Salomon Heine sich in der Hoffnung, Arbeit zu finden, auf den Weg in die nahe gelegene prosperierende Handelsstadt Hamburg. Der Anfang war schwer: Man weiß, dass Salomon Heine zunächst Wechsel austrug und Bleistifte auf der Straße verkaufte, bis er in einem angesehenen Bankhaus eine Beschäftigung fand. 36 Jahre später gehörte der Bankier, dessen Geschäftssinn legendär war, zu den reichsten Hamburgern.

Salomon Heine selbst erzählte immer wieder gern diese Aufstiegsgeschichte eines Selfmademans. Die Geschichte ist jedoch, zumindest in Teilen, eine Legende, entstammte er doch väterlicherseits einer Dynastie erfolgreicher jüdischer Kaufleute, die als Hoffaktoren zunächst in Bückeburg und später in Hannover tätig waren. Zudem hatte er über seine Mutter, die aus Altona stammende Bankierstocher Mate Eva Popert, hilfreiche verwandtschaftliche Beziehungen nach Hamburg und Altona.

Salomon Heine kam mit seinem Ortswechsel in eine der größten jüdischen Gemeinden Europas. Hier konnte er auf Hilfe durch andere jüdische Einwohner hoffen. Zwar hatten die Hamburger Juden im Vergleich zu anderen Städten und Ländern durchaus eine Reihe von Freiheiten. Dennoch galten Juden bis weit in das 19. Jahrhundert hinein als nicht ehrbar und waren vielen Beschränkungen ausgesetzt.

Um 1600 waren die ersten portugiesischen Juden auf der Flucht vor der Inquisition nach Hamburg gekommen. Als gut situierte Kaufleute, Ärzte und wohlhabende Gewürzhändler mit weitreichenden Verbindungen erhielten sie schließlich eine Aufenthaltsgenehmigung auf Widerruf. Sie konnten allerdings weder das Bürgerrecht noch Grundbesitz erwerben, noch durften sie ihre Religion ausüben.

Deutsche Juden, die ebenfalls ab 1600 nach Hamburg zogen, galten – ohne Vermögen und wichtige Geschäftsverbin-

dungen – von vornherein als unliebsame Konkurrenz. Sie
wurden 1649 aus Hamburg vertrieben und mussten im dänischen Altona Schutz suchen. Als sie wenige Jahre später
teilweise gegen die Zahlung von hohen Schutzgebühren
nach Hamburg zurückkamen, durften sie lediglich in wenigen Berufen wie zum Beispiel als Pfandleiher, Geldwechsler
und Edelsteinhändler arbeiten. Trotz aller Diskriminierungen war die jüdische Gemeinde, als Salomon Heine 1784
nach Hamburg kam, auf 6000 deutsche und 130 portugiesische Juden angewachsen, die zusammen circa sechs Prozent der Gesamtbevölkerung ausmachten.

Mit 30 Jahren gründete Heine 1797 zusammen mit Marcus
Abraham Heckscher (1770–1823; siehe auch S. 108) ein
eigenes Bankhaus. Hier kreuzen sich zwei Entwicklungen:
Einerseits wurden Juden durch Berufsverbote in Sparten gedrängt, die für einen protestantischen Kaufmann nicht op-
portun waren. Gerade der Handel mit Geld galt als unseriös.
Andererseits konnte die – 1619 auf Anregung holländischer
Immigranten und portugiesischer Juden gegründete – Hamburger Bank den wachsenden Bedürfnissen der prosperie-
renden Handelsstadt nicht mehr gerecht werden. Zudem
durften nur betuchte Hamburger Großbürger die Hamburger Bank nutzen, ein kleiner Kreis also, der erst etwas größer
wurde, als das Großbürgerrecht an „ehrbare Bewerber" verkauft wurde. Juden allerdings waren von den Bankgeschäften
ebenso ausgeschlossen wie Frauen.

Zum Ende des 18. Jahrhunderts entstanden deswegen die
ersten Privatbanken, deren Namen uns heute noch geläufig
sind, unter anderem die der Familien Warburg, Hesse und
Merck. Einige protestantische Kaufleute, sogenannte merchant bankers, hatten zunächst nur zusätzlich zu ihrem
Handel mit Waren auch mit Geld gehandelt, ein Geschäft,
das sich aber als so lukrativ erwies, dass einige – wie Goßler

Auf dem Bild-
ausschnitt ist das
ursprüngliche
Landhaus von
Salomon Heine
zu sehen. Es war
bereits unter dem
Vorbesitzer John
Blacker entstan-
den und wurde
1881 abgerissen.
J. W. Vos nach
T. B. Wilms und
E. Hasse, „Pano-
rama des rechten
Elbufers von
Hamburg bis
Blankenese", um
1835.

und Schröder – ihre Unternehmen schon bald zu reinen Privatbanken transformierten. Salomon Heine wiederum
konnte ab 1818 das mit Heckscher gegründete Bankhaus am
Jungfernstieg unter seinem Namen allein weiterführen.

Im November 1806 wurde Hamburg im Zuge der napoleonischen Kriege von den Franzosen besetzt. Napoleon verkün-
dete, nachdem er die Preußen in den Schlachten von Jena
und Auerstedt vernichtend geschlagen hatte und triumphie-
rend in die preußische Hauptstadt eingerückt war, von Berlin
aus die Kontinentalsperre, um England als führende Han-
delsnation wirtschaftlich in die Knie zu zwingen. Es war
der – letztendlich zum Scheitern verurteilte – Versuch, den
Handel zwischen England und dem europäischen Festland
vollständig zu unterbinden.

Hamburg, das traditionell sehr enge Beziehungen zu England hatte, war durch die Elbblockaden im Innersten getroffen. Dreihundert Schiffe lagen nutzlos im Hafen fest und ver-
rotteten langsam, und die in den Speichern gelagerten Waren
verloren täglich an Wert. Die Zuckersieder wurden scharen-
weise entlassen, und die Kattunfabriken mussten schließen.
Viele Hamburger Handelshäuser mussten Konkurs anmelden, und die Armut in der Stadt nahm dramatisch zu.

Einige konnten jedoch auch in dieser Zeit Gewinne machen,
so vermutlich auch Salomon Heine. Denn wer mutig genug
war, versuchte durch Schmuggel die Kontinentalsperre zu
unterwandern. Das ganz große Geschäft lief über das zum
neutralen Dänemark gehörende Helgoland. Von hier aus gelangte das Schmugglergut nach ganz Europa. Ein risikorei-
ches Unterfangen, doch wenn man beim Schmuggeln nicht
erwischt wurde, waren die Gewinnmargen entsprechend
hoch. Um so begehrte Kolonialwaren wie Kaffee und Zucker
nach Hamburg einzuführen, wurden diese zunächst über
die Nordsee ins schleswig-holsteinische Tönning und von

dort auf dem Landweg nach Altona gebracht. Beide Städte gehörten zu Dänemark.

Jedenfalls erwarb Salomon Heine bereits 1808 ein Statussymbol der Hamburger jener Tage: einen Landsitz mit einem weißen Haus in Ottensen an der Elbe. Als leidenschaftlicher Theaterliebhaber fand Heine neben seinen Geschäften auch noch Zeit, regelmäßig Aufführungen im Stadttheater an der Dammtorstraße zu besuchen. Er galt als Bewunderer schöner Frauen, die gerne einmal zu ihm geschickt wurden, wenn es galt, an seine Großzügigkeit und Hilfsbereitschaft zu appellieren. Salomon Heine hatte es geschafft und führte ein rundum zufriedenes Leben – bis sein Neffe nach Hamburg kam ...

Heinrich Heine bei seinem Onkel in Hamburg

Salomon Heines Bruder Samson schickte seinen Sohn Heinrich – damals noch Harry – Heine 1816 als 19-Jährigen zum Onkel nach Hamburg, damit aus ihm ein genauso erfolgreicher und wohlhabender Kaufmann würde. Bekanntlich wurde daraus nichts. Heinrich Heine widerte die Geschäftstüchtigkeit seines Onkels ebenso an wie die nüchterne Profanität der „Schacherstadt" Hamburg. Trotzdem gab er gern und großzügig das Geld seines Onkels aus, der ihn sein Leben lang unterstützte. 1818 richtete der Onkel dem Neffen sogar ein eigenes Geschäft – Harry Heine & Compagnie – in der Nähe des Jungfernstiegs ein. Heinrich Heine allerdings lustwandelte lieber in der Innenstadt und träumte im „Schweizerpavillon" am Jungfernstieg von schönen jungen Mädchen. Das vierte Kapitel seiner stark autobiografischen „Memoiren des Herren von Schnabelewopski" beginnt wie folgt: „Für Leser, denen die Stadt Hamburg nicht bekannt ist – und es gibt deren vielleicht in China und Ober-Bayern – für diese muß ich bemerken, daß der schönste Spaziergang der

Salomon Heine unterstützte seinen Neffen Heinrich Heine (1797–1856) zwar bis zu seinem eigenen Tod 1844 finanziell, für dessen literarische Interessen hatte er allerdings kein Verständnis: „Hätt' er gelernt was Rechtes, müsst er nicht schreiben Bücher." Trotzdem war Heinrich Heine häufig in Hamburg zu Besuch. Hier sein Porträt um 1828.

Söhne und Töchter Hammonias den rechtmäßigen Namen Jungfernstieg führt; daß er aus einer Lindenallee besteht, die auf der einen Seite von einer Reihe Häuser, auf der anderen Seite von dem großen Alsterbassin begrenzt wird; und daß vor letzterem, ins Wasser hineingebaut, zwei zeltartige lustige Kaffeehäuslein stehen, die man Pavillons nennt. Besonders vor dem einen, dem sogenannten Schweizerpavillon, läßt sich gut sitzen (...) und da saß ich gut gar manchen Sommernachmittag, und dachte, was ein junger Mensch zu denken pflegt, nämlich gar nichts, und betrachtete, was ein junger Mensch zu betrachten pflegt, nämlich die jungen Mädchen, die vorübergingen."

Die Querelen zwischen dem reichen Onkel und dem – durch die großzügige Unterstützung keineswegs armen – Dichter sollten bis nach dem Tod Salomon Heines anhalten. Einem Genie, so meinte Heinrich bis zuletzt, stünde selbstverständlich ein ansehnlicher Anteil des Familienvermögens zu. „Mein Onkel hat, was ich nicht habe, nämlich Geld, und ich habe, was er nicht hat, nämlich Geist und Wissen." Salomon Heine bezeichnete den Neffen als „Kanaille", und Heinrich Heine revanchierte sich, indem er sich über die mangelnde Bildung des Bankiers lustig machte: „Mein Onkel hat drei Diener: einen zum Servieren, einen für den Dativ und einen für den Akkusativ."

Salomon Heine als Hanseat und Wohltäter

Salomon Heine war für seine Wohltätigkeit bekannt, nicht immer zur Freude seiner protestantischen Mitbürger, da diese in ihrer christlichen Nächstenliebe nicht hinter der jüdischen Konkurrenz zurückstehen wollten. Eine Anekdote, von der verschiedene Versionen existieren, veranschaulicht diese Konkurrenz: Als Ottenser Bürger sich anschickten,

Geld für ein christlichen Kindern vorbehaltenes Schulhaus
zu sammeln, gingen sie natürlich zunächst zu dem lutheri-
schen Bankier Conrad Hinrich Donner. Nicht ohne Hinter-
gedanken schlug dieser jedoch den Bürgern vor, sie sollten
erst einmal zu seinem Nachbarn Heine gehen. Was der Jude
zahle, werde auch er dann zahlen. Man kann sich gut vorstellen, dass die Ottenser Bürger recht kleinlaut und geknickt
zum Nachbarhaus marschierten, war es doch wenig wahrscheinlich, dass Salomon Heine für den Bau eines protestantischen Schulhauses viel spenden würde. Doch zur Über-
raschung aller fragte Heine nur nach dem Gesamtpreis für
die Baukosten, und als er hörte, dass die Schule 40 000
Mark kosten solle, antwortete er: „Da wird die Geschichte
gleich abgemacht sein. Ich zeichne 20 000 Mark. Und nun
gehen Sie zu Donner, dann können Sie die Listen schließen."
Viele der Stiftungen, die Heine ins Leben gerufen hat, standen allen Konfessionen offen. Die Stiftungen, die nur seinen
jüdischen Mitbürgern vorbehalten waren, hatte er jeweils mit
einem Zusatz versehen, dem zufolge diese Einschränkung
genau in dem Moment wegfallen sollte, an dem die Juden in
Hamburg gleichberechtigt sein würden. Die volle Gleichstellung der Juden hat Salomon Heine nur einmal kurz in seinem Leben, nämlich in der sogenannten Franzosenzeit, erleben dürfen. Mit dem Abzug der Franzosen aus Hamburg
setzten auch die alten Diskriminierungen wieder ein.
Einen Bauern in Ottensen bewahrte Heine vor der Zwangs-
versteigerung, einem verunglückten Theaterarbeiter und seiner Familie half er großzügig ... Besonders eine seiner Stiftungen ist heute noch allen Hamburgern bekannt: 1843
wurde das „Betty-Heine-Krankenhaus" von dem Architekten
Hinrich Klees-Wülbern im Gedenken an Salomon Heines
verstorbene Frau (geb. Goldschmidt) an der heutigen Simon-
von-Utrecht-Straße eröffnet. Auf besonderen Wunsch des

Stifters sollte es bedürftigen Kranken aller Konfessionen of-
fenstehen. Heute firmiert es unter dem Namen „Israeliti-
sches Krankenhaus" und ist – nach der Vertreibung durch
die Nationalsozialisten – in einem Neubau aus der Nach-
kriegszeit im Stadtteil Alsterdorf untergebracht. Während der
Zeit des Nationalsozialismus wurde darüber hinaus die Hei-
nestraße in Hamburger Berg umbenannt, um so die Erinnerungen an Salomon Heine auszulöschen. Nur der Salomon-
Heine-Weg erinnert auch heute noch an den großen
Hanseaten.

Ohne Salomon Heine und seine schnell und großzügig sowie günstig gewährten Kredite zur Zeit des Großen Brandes
im Mai 1842 hätte die Stadt eine der schlimmsten Hamburger Katastrophen, bei der der überwiegende Teil der Innenstadt zerstört wurde, wirtschaftlich nicht überstanden. Salomon Heine ließ freiwillig sein Geschäfts- und Wohnhaus am
Jungfernstieg im Zuge der Brandbekämpfung sprengen und
schlug die Versicherungssumme aus, um die städtische Feu-
erkasse zu unterstützen. Darüber hinaus stärkte er die Moral
der Hamburger, indem er vor dem Börsenpublikum fragte:
„Nu, was ist denn verloren? Ist die Elbe abgebrannt? Nein?
Na, dann ist noch nichts verloren, wenn wir nur die Elbe
noch haben!"

Heine hat viel für Hamburg getan, als Jude aber blieb ihm
der Zugang zu der Versammlung Eines Ehrbaren Kaufmanns zu Hamburg, einer Vereinigung wohlhabender Kaufleute und Bankiers, zeitlebens verschlossen. Immerhin
wurde der 77-Jährige 1843 zum Ehrenmitglied der Patriotischen Gesellschaft (siehe S. 73) ernannt. Und seine Beerdi-
gung 1844 geriet schließlich zur eindrucksvollen Demons-
tration seiner allgemeinen Beliebtheit bei Tausenden von
Hamburgern, Juden und Christen gleichermaßen.

Die Gestaltung des Parks durch Joseph Jacques Ramée und das Heine-Haus

An die Gestaltung des Parks zur Heine-Zeit durch den französischen Emigranten Joseph Jacques Ramée erinnern nur noch Aussichtspunkte, die mächtigen alten Blut- und Rotbuchen, stattliche Ahornbäume sowie botanische Raritäten wie eine Morgenländische Platane. Zur Zeit Heines konnten Besucher noch auf einem umlaufenden Rundweg den Garten erkunden und über Wiesenflächen verstreute Teppichbeete bewundern, um sich danach in einer Strohhütte zu erholen. Die Anlage gehört zu den späten Werken von Ramée.

Auf der Flucht vor der sich radikalisierenden Revolution erhielt Ramée unter anderem in Weimar Aufträge, Parkanlagen im englischen Stil zu gestalten. Nirgends aber hat er so viele Parkanlagen geschaffen wie in den Elbvororten, von denen einige erhalten sind. Sein wichtigstes Bauwerk in Hamburg dagegen, die 1804 errichtete Börsen-Halle, fiel 1842 dem Großen Brand zum Opfer. Im Jahr 1810 verließ Ramée Hamburg, um erneut in Frankreich und ab 1812 für mehrere Jahre in den USA zu arbeiten, unter anderem für den aus Hamburg stammenden Kaufmann und Besitzer großer Ländereien David Parish. Erst 1830 kam Ramée noch einmal für sieben Jahre nach Hamburg, bevor er wieder nach Frankreich zog. In seiner zweiten Hamburger Phase entstand auch der Heine-Park.

Salomon Heines weißes Haus an der Elbchaussee, vom dichtenden Neffen Heinrich Heine als „Affrontenburg" verspottet, in der „diplomatisches Federvieh, Millionäre, hochweise Senatoren" verkehrten, war der Schauplatz zahlreicher glänzender Gesellschaften. Dabei war die Zusammensetzung der Abende bemerkenswert bunt: Hier in Ottensen trafen Honoratioren, berühmte Schauspielerinnen wie Therese Devrient und Schriftsteller des Jungen Deutschland, unter

Der französische Architekt, Innenausstatter und Gartenkünstler Joseph Jacques Ramée (1764–1842), hier auf einem Gemälde von Gillot Saint-Evre von 1832, war international tätig, so in Frankreich, Belgien, Dänemark und den USA. Nirgendwo aber hat er so viele Parkanlagen geschaffen wie am Hohen Elbufer.

Direkt an der Elbchaussee liegt das ehemalige Gartenhaus von Salomon Heine (Elbchaussee 31). Das klassizistische Heine-Haus, das wahrscheinlich von Joseph Jacques Ramée erbaut wurde, steht seit 1962 unter Denkmalschutz und gehört heute zum Altonaer Museum.

ihnen Ludwig Börne und Karl Gutzkow, zusammen. Allein, dass Juden und Nichtjuden in dieser gemischten Runde zusammenkamen, war zu Beginn des 19. Jahrhunderts die Ausnahme und keineswegs die Regel. Über die auch in Hamburg weit verbreiteten antijüdischen Ressentiments setzte sich 1816 General Gebhard Leberecht von Blücher souverän mit dem schlagenden Argument hinweg, Juden seien schließlich für gutes Essen bekannt: Der berühmte „Marschall Vorwärts" nahm die Einladung Salomon Heines mit Freuden an. Möglich, dass zu einem der vielen Gänge Fasan aufgetragen wurde; die kostbaren Vögel wurden jedenfalls zu diesem Zweck im Garten gehalten.

Das Landhaus wurde schon 1881 abgebrochen, erhalten blieb nur das ehemalige, neuesten Forschungen zufolge 1832 von Ramée im klassizistischen Stil errichtete Gartenhaus. Das sogenannte Heine-Haus dient heute als Dependance des Altonaer Museums und steht seit 1962 unter Denkmalschutz. Dass es nicht trotzdem längst verfallen und abgerissen ist, ver-

danken wir einer Hamburger Privatinitiative unter Federführung der Familien Hesse und Warburg. 1975 wurde der Verein Heine-Haus e. V. zur Instandhaltung des Gebäudes gegründet. Inzwischen veranstaltet der Verein Ausstellungen und organisiert ein umfangreiches Vortragsprogramm. Eine Gedenktafel am Gartenhaus und ein Denkmal im Vorgarten erinnern an Salomon Heine und an die Vorgeschichte des Hauses.
Ebenfalls erhalten ist ein (heute noch außerhalb der Parkanlage) im Südosten liegender schlichter Bau: Hier hatte Heine eine weitere Villa für seine jüngste Tochter Therese (1807–1880) und ihren Ehemann Christian Adolph Halle (1798–1866), den Präses des Hamburger Handelsgerichts, wahrscheinlich von Ramée errichten lassen (Elbchaussee 31a).

Die Zeit nach Salomon Heine: Carl Heine, ein Denkmal für Heinrich Heine und die Plange'sche Villa

Als Salomon Heine 1844 starb, erbte sein Sohn Carl Heine (1810–1860), der gemeinsam mit seiner Schwester Therese durch Vermächtnisse viel zur Gründung der Hamburger Kunsthalle beigetragen hat, den Landsitz. Carl war mit der Französin Cécile geb. Furtado verheiratet, die nach dem Tod ihres Mannes das Landhaus abreißen ließ und nach Frankreich zurückkehrte. Nachdem sie das Grundstück 1903 verkauft hatte, durchlief der Landsitz die Hände wechselnder Besitzer.
Von 1927 bis 1939 stand ein Denkmal für Heinrich Heine ganz in der Nähe des ehemaligen Landhauses seines Onkels. Das von dem dänischen Bildhauer Ludvig Hasselriis geschaffene Kunstwerk hatte bereits eine lange Odyssee hinter sich: Ursprünglich von der österreichischen Kaiserin Elisabeth (später im Film „Sissi" genannt) in Auftrag gegeben, wechselte es die Besitzer und Standorte, bis es der Sohn des Ham-

Bis heute ist im Heine-Park die 1913 erbaute Plange'sche Villa (Elbchaussee 43) zu sehen, die nach umfangreichen Sanierungen vom Business Club Hamburg genutzt wird. Der Name der Villa geht auf ihren ersten Besitzer, den Kommerzienrat Georg Plange (1842–1923), zurück, der mit Mühlenbetrieben zu Reichtum gekommen war.

burger Verlegers Julius Campe, der Heinrich Heines Werke herausgab, kaufte. Von 1909 bis 1927 stand das Denkmal an der Mönckebergstraße, allerdings auf privatem Grund und Boden, da der Hamburger Senat eine öffentliche Aufstellung untersagt hatte.

Nachdem das Denkmal immer wieder mit Farbe beschmiert worden war, erhielt es durch die Vermittlung des damaligen Altonaer Oberbürgermeisters Max Brauer einen neuen Standort: in Salomon Heines ehemaligem Garten. Doch auch hier war es nicht sicher vor den Hamburger Antisemiten, sodass eine in Frankreich lebende Nachfahrin Campes arrangierte, dass das Denkmal nach Toulon überführt wurde, wo es seitdem im Botanischen Garten steht.

Bis heute ist im Heine-Park die 1913 erbaute Plange'sche Villa (Elbchaussee 43) zu sehen, die von dem neuen Besitzer Johann-Stephan Reith, dem Inhaber der Hamburger Reederei „Orion" Bulkers, nach 2007 umfangreich saniert wurde und inzwischen vom Business Club Hamburg genutzt wird.

Der Name der Villa geht zurück auf ihren ersten Besitzer, den Kommerzienrat Georg Plange, der die Villa für seinen Sohn bauen ließ. Sein Vermögen hatte Plange durch mehrere Mühlenbetriebe, darunter ab 1896 in Wilhelmsburg die größte Mühle Europas, erworben. Anlässlich der Altonaer Gartenbauausstellung von 1914 stellte die Familie Plange Teile des Parks für Sonderschauen zur Verfügung.

1939 kaufte die Stadt das Gelände zur Erweiterung der Seefahrtschule. Der Park wurde erst 1984 der Öffentlichkeit übergeben und steht seit 2007 unter Denkmalschutz, seit 2014 wurde er grunderneuert, indem der historische Park neu inszeniert wurde. An der Stelle der abgerissenen Villa Salomon Heines befindet sich jetzt ein quadratischer Platz. Sowohl die geschwungenen Wege als auch der Weg entlang der Geestkante orientieren sich an dem historischen Park. Vom Heine-Park führt heute eine Fußgängerbrücke direkt zum benachbarten Donners Park.

Donners Park, ehemals Sieveking

Das Sieveking'sche Anwesen in Neumühlen:
ein Ort der Aufklärung

Ramée verwandelt das Sieveking'sche Anwesen unter dem Einfluss von Rousseau in einen Garten der Aufklärung

Wie so oft ist auch dieser Park nach dem letzten (Privat-)Besitzer benannt, der Familie Donner – und nicht nach dem Begründer der Gartenanlage. Das Neumühlener Grundstück war schon im 17. Jahrhundert ein Landsitz mit Lustgarten: 1676 erwarb der Hamburger Kaufmann Berthold Jenckel, ein reicher Eisenhändler, „für 4000 Mark Banco und 20 Mark

„Neumühlen près Altona, Holstein, Thierry Frères nach Joseph Ramée, um 1839". Der Plan zeigt den von Ramée für Georg Heinrich Sieveking angelegten Neumühlener Landsitz, heute „Donners Park" genannt, mit seinen mäandrierenden Wegen sowie dem alten Mühlenteich und einem Monopteros (Rundtempel) im Osten.

Trinkgeld für die Frau" ein Grundstück an der Elbe (die Mark Banco war eine in Hamburg geschaffene wertstabile Verrechnungseinheit für den kaufmännischen Zahlungsverkehr, die im Gegensatz zur Courantmark nicht ausgeprägt wurde, also nur virtuell existierte). Die Jenckels ließen ihren Namen aufgrund ihrer portugiesischen Geschäftsverbindungen später in „Jencquel" umändern. Jenckels Garten erstreckte sich über das Gebiet des heutigen Rosengartens bis zum heutigen Donners Park und war im damals üblichen barocken architektonischen Stil angelegt (Abbildung S. 30). 1778 erwarb John Blacker, Mitglied des „court", der traditionsreichen Niederlassung englischer Kaufleute in Hamburg, den östlichen Teil des Grundstücks, das er „verbesserte und verschönte".

Die eigentliche Garten- und Parkkultur jedoch beginnt mit Georg Heinrich Sieveking (1751–1799), der das Neumühlener Anwesen 1793 zusammen mit zwei Freunden, dem Altonaer Kaufmann Conrad Johann Matthiessen (1751–1822) und dem Diplomaten und Herausgeber des „Altonaischen Mercurius" Pieter Poel (1760–1837), kaufte und den Landsitz

Die von Joseph Jacques Ramée gestaltete Anlage des Donners Parks ist teilweise bis heute in ihrer Grundstruktur zu erkennen. In elegantem Schwung verläuft ein S-förmiger Weg den steilen Geesthang hinab, flankiert von Solitärbäumen.

zu einem Ort der Aufklärung von europäischem Rang machte.

Die das Sieveking'sche Landhaus umgebende Parkanlage, wiederum von Ramée angelegt, ist noch heute gut in ihrer Grundstruktur zu erkennen. Der aus Frankreich eingewanderte Baumeister und Gartenarchitekt Joseph Jacques Ramée gestaltete das Grundstück zu einem englischen Garten um. Es war Ramées erster Auftrag, den er in Hamburg ausführte, und wahrscheinlich hat er unter den Gästen des Neumühlener Anwesens auch viele seiner späteren Kunden kennengelernt.

Um die steile Abbruchkante des Geesthangs in eine großzügige Wiese umzuwandeln, die von einem elegant geschwungenen Weg durchzogen ist, auf dem die Besucher mühelos zur Elbe lustwandeln konnten, war es sicherlich von Vorteil, dass Ramée während seiner Ausbildung auch Festungsbau gelernt hatte. In jedem Fall stellte der sandige Steilhang eine echte Herausforderung dar und machte umfangreiche Erd- und Befestigungsarbeiten notwendig.

Eine zeitgenössische Besucherin, Emilie von Berlepsch (1755–1830), eine damals bekannte Schriftstellerin und frühe Verfechterin der Frauenrechte, zeigte sich entsprechend beeindruckt: „(...) jetzt ist noch ein Berg geebnet worden, der ganz schroff nach der Elbe hinunterging." Die dem neuen Schönheitsideal der Serpentine entsprechend geschwungenen Wege waren gesäumt von Solitären, also einzeln stehenden Bäumen, die den bildnerischen Rahmen für immer neue An- und Aussichten abgaben, in den Garten hinein und auf den Strom hinaus. Einige dieser Solitäre sind noch heute zu bewundern.

Zumindest in Ansätzen nachvollziehbar sind auch die von den Gästen immer wieder gepriesenen Panoramablicke. Emilie von Berlepsch schrieb: „Oben wird eine Anlage von Tannen gemacht, und hier hat man einen Blick auf die Elbe, der fast einzig in seiner Art ist. Die meisten Inseln liegen in ihrem ganzen Umfange vor unsern Augen. Das Auge kann sie umschiffen und umschifft sie so gern. (...) Es blickt nach Harburg, dessen Schloß ihm entgegendämmert, und es wird am Ende mit fortgezogen von der großen, lieblichen, allbeherrschenden, allanziehenden Elbe."

Ramée hatte in Frankreich zunächst den sogenannten anglochinoisen Gartenstil kennengelernt, der sich durch eine Vielzahl von unterschiedlichen Kleinarchitekturen, oftmals ein Sammelsurium von exotischen Bauwerken, auszeichnet (siehe S. 261 ff.). Ramées frühe Gärten an der Elbe dagegen atmen einen anderen Geist: Stilistisch sind sie an den von Lancelot Brown (1716–1783) in Großbritannien angelegten Parks ausgerichtet.

„Capability" Brown hatte seine Karriere zum führenden englischen Landschaftsarchitekten 1741 in Stowe begonnen. Er entwickelte ein ebenso schlichtes wie wirkungsvolles Repertoire, das zum Inbegriff des englischen Gartens wurde. Es besteht aus sanft gewelltem Rasengelände, einem See, Bach oder Fluss, Baumgruppen, serpentinenartig schwingenden Wegen und einem um den Park führenden Rundweg, der als „beauty line" die reizvollsten Perspektiven erschließt. Die Begrenzungen des Parks werden durch Anpflanzungen oder freie Ausblicke in die Landschaft kaschiert.

Ramée verzichtete lediglich auf die für Browns Gärten so charakteristischen verstreuten Baumgruppen („Clumps"). Stattdessen verwendete er einzeln stehende Bäume als wichtige Gestaltungsmerkmale seiner malerischen Naturkompositionen, die sich durch Großzügigkeit und Klarheit auszeichnen. Der Sieveking'sche Park zeigt bereits alle für Ramée typischen Stilmittel: weite Rasenflächen, wegbegleitende Baumsolitäre, vorgezogene Aussichtsplätze, geschwungene Wege und einen „beltwalk", der auf kleinen Pfaden an den äußeren Grenzen des Parks einen Rundweg um den Park ermöglichte, von dem aus Blickbeziehungen in den Garten und die umgebende Landschaft inszeniert wurden.

Parkarchitekturen setzte Ramée zu Beginn seiner Karriere in Hamburg nur sparsam ein: Im Sieveking'schen Garten gab es neben einer einfachen strohgedeckten Holzhütte nur einen Monopteros, das heißt einen offenen Rundtempel.

Monopteroi sind in fast jedem Landschaftsgarten zu finden: Man denke beispielsweise an den Monopteros im Münchner Englischen Garten oder den – 1796 von Christian Frederik Hansen erbauten – Rundtempel im Eutiner Schlosspark. Die Gartentempel verweisen auf den für den englischen Landschaftsgarten so typischen Rückgriff auf die Antike. Bereits der wichtigste deutsche Theoretiker des englischen Landschaftsgartens, Christian Cay Lorenz Hirschfeld, hatte dem Monopteros einen besonderen Platz unter den Gartenarchitekturen zugewiesen: Er zähle zu den schönsten Gebäuden, weise den Besucher auf die eindrucksvollsten Naturplätze hin und biete ihm überdies Orientierung.

Westlich neben dem Sieveking'schen Landhaus lag unter Silberweiden der alte Mühlenteich, umgeben von schönen Kastanienbäumen. Italienische Pappeln wiederum säumten einen kleinen Weiher. Der auch „Pyramiden-" oder „Säulenpappel" genannte Baum fällt durch seinen hohen säulenförmigen Wuchs und die kegelförmige Krone auf. Italienische Pappeln symbolisieren das Bekenntnis zu den Idealen der Aufklärung, galten sie doch als „Ausrufezeichen der Revolution". Das überaus schnelle Wachstum sollte die Dynamik, ihr hoher gerader Wuchs die Aufrichtigkeit der Ideale der Französischen Revolution symbolisieren.

Darüber hinaus wird mit italienischen Pappeln das prominente Grab von Jean-Jacques Rousseau in Ermenonville bei Paris zitiert, das seine früheste Nachahmung mit der sogenannten Rousseau-Insel am Eingang der Wörlitzer Anlagen fand: Auf einer von Pappeln umsäumten Insel steht ein Monument mit einer Sockelinschrift, die an Rousseau erinnert. Die von Dessau anreisenden Besucher wurden somit symbolisch im „Garten der Aufklärung" begrüßt.

Als einer der berühmtesten Hamburger Protagonisten der Aufklärungszeit, Johann Georg Büsch, 1800 starb, wurde ihm zu Ehren ein Denkmal errichtet, das wiederum auf Rousseaus Grab verweist. Das Monument, umgeben von einem Kreis italienischer Pappeln, steht heute neben dem Ostflügel des Hauptgebäudes der Universität an der Ecke Edmund-Siemers-Allee und Rothenbaumchaussee.

Rousseau war einer der bedeutendsten französischen Schriftsteller des 18. Jahrhunderts und ein Vorläufer der Französischen Revolution. Rousseau konstruiert einen glücklichen naturhaften Urzustand der Menschheit, aus dem diese durch Vergesellschaftung und Wissenschaft ins Verderben geraten sei. Sein Briefroman „Julie ou La Nouvelle Héloïse" (1761) löste eine Welle von Briefromanen in

Mit der 1782 geschaffenen Rousseau-Insel in Wörlitz, einer Nachgestaltung jener Pappelinsel im Park von Ermenonville bei Paris, auf der Jean-Jacques Rousseau (1712–1778) bestattet worden war, begrüßte Fürst Leopold III. Friedrich Franz von Anhalt-Dessau die Besucher der Wörlitzer Anlagen gleichsam im Reich der Aufklärung.

ganz Europa aus, darunter Goethes „Werther". Hauptfigur ist die adlige Julie, die sich in ihren bürgerlichen Hauslehrer verliebt, dieser Liebe jedoch auf Wunsch ihres Vaters zugunsten eines Barons entsagen muss. In diesem für die neue Empfindsamkeit so typischen Roman, in dem der Standesunterschied als tragisches Motiv genutzt und dadurch kritisiert wird, integriert Rousseau die Natur beziehungsweise die Gartengestaltung in das Liebesleben seiner Romanfiguren.

Julie legt sich auf einem ehemaligen Obstgrundstück einen Garten an, der als Spiegelbild ihres tugendhaften Gemüts vorgeführt wird. Aufgrund der läuternden Wirkung der Natur können sowohl sie als auch ihr Ex-Geliebter ihre Leidenschaft füreinander bezwingen. Die Anlage von Julies Garten folgt dabei nicht mehr der französischen Gartenkunst. Das Ideal ist vielmehr die veredelte Natur. Gemäß Rousseaus Sinnspruch „Zurück zur Natur" wachsen in diesem Garten heimische Bäume und Sträucher, es rieselt ein Bach, und die

Vögel zwitschern. Später wird der Marquis de Girardin – inspiriert von Landschaftsgärten in England und den Beschreibungen Rousseaus – Julies Garten in Ermenonville in die Wirklichkeit transformieren, ein kleines irdisches Paradies. Ramée kannte die Ideen Rousseaus. Seiner ersten Veröffentlichung stellte er ein Zitat von Rousseau als Motto voran: „Die Natur flieht aus dicht bevölkerten Gegenden auf Berggipfel, in tiefe Wälder oder auf einsame Inseln und verleiht ihnen tief bewegende Schönheit. Wer sie liebt, aber sie nicht an so fernen Plätzen aufsuchen kann, kommt nicht umhin, etwas Zwang anzuwenden, um sie zu veranlassen, sich bei ihm zu verbreiten, und all das ist ohne einen Hauch von Illusionen nicht zu erreichen."

Sievekings Landhaus und Park:
ein Ort internationaler Geselligkeit und
Treffpunkt der Anhänger der Aufklärung

Das Sieveking'sche Landhaus – ein schlichter zweistöckiger Bau, der bereits unter dem Vorgänger John Blacker errichtet worden war – stand nahe am Elbufer und zeichnete sich besonders durch einen Altan aus, eine von Säulen getragene halbkreisförmige Aussichtsplattform, von der aus man den Schiffsverkehr auf der Elbe verfolgen konnte.
Landhaus und Park bildeten den würdigen und idealen Rahmen für größere Gesellschaften. Sonntags trafen sich hier bis zu 80 Gäste, Kaufleute, Künstler, Gelehrte, Ärzte, Dichter, Gesandte, Männer und Frauen, Adlige und Bürgerliche, Menschen unterschiedlicher Herkunft und unterschiedlicher politischer Couleur. Hier wurde das eine oder andere Geschäft abgeschlossen, hier kamen aber auch diejenigen zum Gespräch zusammen, die über eine neue politische Ordnung nachdachten.

Jes Bundsen, „Landhaus Sieveking in Neumühlen", 1797. Das nicht erhaltene Sieveking'sche Landhaus, ein schlichter zweistöckiger Bau, der bereits unter Georg Heinrich Sievekings Vorgänger John Blacker errichtet worden war, stand nahe am Elbufer. Hier trafen sich sonntags regelmäßig bis zu 80 Gäste.

Vorbild für die Geselligkeit in Neumühlen, die an die Pariser Salonkultur erinnert, waren „die bessern Zirkel in Frankreich, in denen die Gelehrten und schönen Geister und Künstler und die schönen Weiber den Ton angaben". Ein zeitgenössischer Besucher schilderte anschaulich das „bunte Getümmel" anlässlich eines sonntäglichen Empfanges bei Sievekings: „Gegen zwei Uhr nachmittags kommen aus allen Gegenden Kutschen und Fußgänger. Die Salons, der Garten, alles füllt sich mit Menschen, die sich (...) nicht kennen, einander nicht vorgestellt werden, oft selbst der Dame des Hauses nicht bekannt sind. (...) Es ist eine congregatio gentium wie am Jüngsten Gericht und eine Zungenvermischung wie in der Pfingstepistel."
Hier verkehrten französische Emigranten, unter ihnen der spätere französische Außenminister Charles-Maurice de Talleyrand (1754–1838), der mehrere Regimewechsel politisch unbeschadet überstehen sollte, der Gelehrte und preußische Staatsmann Wilhelm von Humboldt (1767–1835), der sich mehrere Wochen in Neumühlen aufhielt, der Dichter und Gründer des Halberstädter Dichterkreises Johann Wilhelm

Ludwig Gleim (1719–1803) sowie der aus Zürich stammende Pfarrer und Begründer der damals populären Physiognomielehre Johann Caspar Lavater (1741–1801). Zu den Gästen gehörten der dänische Reiseschriftsteller und Dichter Jens Baggesen (1764–1827), der auf die Französische Revolution Oden verfasste, sowie der Komponist Johann Friedrich Reichardt (1752–1814), der nach dem Erscheinen seiner „Vertrauten Briefe" (1792) als Sympathisant der Französischen Revolution ohne Pension aus seinem Amt als Hofkapellmeister des preußischen Königs entlassen wurde. Zu Besuch kamen auch die mit allen Größen ihrer Zeit bekannte Schriftstellerin Elisa von der Recke (1754–1833) und viele andere, insbesondere französische Emigranten. Sowohl Reichardt als auch von der Recke waren mit der Fürstin von Anhalt-Dessau freundschaftlich eng verbunden und somit intime Kenner des Dessau-Wörlitzer Gartenreichs.

Vor allem aber trafen sich hier auch die sozial engagierten und den Ideen der Aufklärung verpflichteten Mitglieder der Hamburger und Altonaer Gesellschaft: Friedrich Gottlieb Klopstock, der hier in Neumühlen jedes Jahr seinen Geburtstag feierte, Johann Heinrich Voß (1751–1826), der Dichter und berühmte Übersetzer der homerischen Epen „Ilias" und „Odyssee", der Freiherr Adolph Knigge (1752–1796), glühender Anhänger der Französischen Revolution, der freiwillig auf seinen Adelstitel verzichtete, und der Altonaer Arzt Johann Christoph Unzer (1747–1809).

In Neumühlen dabei war auch die aus Ottensen stammende Susette Gontard (1769–1802), Tochter des Hamburger Lustspieldichters Hinrich Borkenstein, die 17-jährig den Bankier Gontard heiratete und mit ihm nach Frankfurt zog. Hier verliebte sich der Hauslehrer ihres Sohnes, Friedrich Hölderlin, in sie, der sie in seiner Dichtung „Hyperion" als Diotima verewigte. In Ottensen erinnert die Susettestraße an sie. Zu

Gast waren wahrscheinlich auch die Schriftstellerin und Schauspielerin Sophie Albrecht (1757–1840) und ihr Ehemann. Das Paar lebte seit 1795 in Altona, Sophie besaß zudem ein Landhaus in der Nachbarschaft, in Övelgönne. Sophie Albrecht galt als eine der besten Schauspielerinnen ihrer Zeit, war eng mit Schiller befreundet und arbeitete als Schriftstellerin am Musenalmanach von Johann Heinrich Voß mit. Ihr Mann Johann Friedrich Ernst Albrecht (1752–1814), der unter anderem als Schriftsteller, Übersetzer und Arzt tätig war, begeisterte sich für die Ideen der Französischen Revolution und gründete in Altona das Nationaltheater. Nachdem Sophie Albrechts Ruhm verblasst und ihr Mann gestorben war, verarmte sie zusehends und musste sich mit Gelegenheitsgedichten für Hochzeiten sowie als Wäscherin und Dienstbotin durchs Leben bringen. Sie starb 1840 im Armenhaus von Hamburg-St. Georg.

Der Mitbegründer des Neumühlener Anwesens, Pieter Poel, entstammte einer niederländischen Kaufmannsfamilie und gab – finanziell unabhängig – in Altona die Zeitung „Altonaischer Mercurius" heraus. Die Kreise der Hamburger und Altonaer Aufklärung waren durch vielfältige Freundschafts- und verwandtschaftliche Beziehungen eng miteinander verbunden. So war Poel mit Friederike Elisabeth (1768–1821), der Tochter des Gründers und Leiters der Handelsakademie Johann Georg Büsch, verheiratet. Und Georg Heinrich Sievekings Ehefrau Hannchen (eigentlich Johanna Margaretha, 1760–1832) stammte aus der Familie Reimarus und damit aus einer der bekanntesten und gebildetsten Familien der Hamburger Aufklärungszeit.

Hannchens Vater Johann Albert Heinrich Reimarus (1729–1814) war 1765 an der Gründung einer der wichtigsten Institutionen der Hamburger Aufklärung federführend beteiligt: der Hamburgischen Gesellschaft zur Beförderung der Künste

Johanna Margaretha Sieveking, geb. Reimarus (1760–1832), genannt Hannchen. Mit Friederike Elisabeth Poel, geb. Büsch, wechselte sie sich wöchentlich in der Ausrichtung der Neumühlener Gastlichkeit ab. „Friederike und ich leben sehr innig zusammen; wir haben herausgefunden, daß wir in dieser kleinen Republik die Gewalt haben, und da wir nur das Gute wollen, behält das Gute die Oberhand", schrieb Hannchen 1794 an Caspar Voght.

und nützlichen Gewerbe, die schon bald unter dem Namen „Patriotische Gesellschaft" überregional berühmt wurde. Dabei ist dieser Name für uns heute irreführend, da „patriotisch" zu dieser Zeit noch nicht mit „vaterlandsliebend" zu übersetzen ist, sondern vielmehr zum Ausdruck bringt, dass eine private Person sich für das Gemeinwohl einsetzt.

An Johann Albert Heinrich Reimarus, Arzt und ab 1796 Professor der Naturlehre und -geschichte am Akademischen Gymnasium, der mit dem Altonaer Arzt Johann Friedrich Struensee (1737–1772) befreundet war, erinnert heute die Reimarusstraße in der Neustadt. Die Freundschaft zwischen dem Altonaer und dem Hamburger Arzt zeigt noch einmal, wie eng die Beziehungen zwischen den Hamburger und Altonaer Aufklärern waren. Struensees Lebensweg unterstreicht Altonas Stellung als Zentrum der Aufklärung in Norddeutschland: Er stritt als Stadtphysikus und Armenarzt über zehn Jahre in Altona für bessere Lebensbedingungen und mehr Hygiene, auch führte er hier die ersten Pockenimpfungen durch. Nachdem Struensee Leibarzt des dänischen Königs Christian VII. geworden war, übernahm er im dänischen Königreich faktisch für knapp anderthalb Jahre die Macht und erließ (im Namen des geistig verwirrten Königs) eine Fülle von fortschrittlichen Gesetzen. 1772 wurde diese kurze Zeit der Modernisierung durch seine Hinrichtung – ihm wurden ein Verhältnis zur Königin und Amtsanmaßung vorgeworfen – brutal beendet. Die Struenseestraße ehrt diesen berühmten Einwohner Altonas.

Der Vater des Hamburger Arztes, Hermann Samuel Reimarus (1694–1768), war Professor für orientalische Sprachen und hatte ebenfalls zu den Initiatoren der Patriotischen Gesellschaft gehört. Nur wenigen Eingeweihten wie Brockes und Struensee war bekannt, dass Reimarus senior eine Schrift verfasst hatte, in der er die Bibel und das Christentum einer kritischen Prüfung unterzog und zu dem gewagten Ergebnis kam, dass das Christentum keineswegs eine geoffenbarte Religion, sondern vielmehr eine Erfindung des Menschen sei. Aus guten Gründen jedoch hat er diese Schrift nicht veröffentlicht. Erst Gotthold Ephraim Lessing (1729–1781) sollte Teile des Manuskriptes später anonym als „Wolfenbütteler Fragmente" herausgeben, sich damit den Zorn der Kirche zuziehen und den sogenannten Fragmentenstreit eröffnen.

Da die erste Frau von Reimarus junior früh starb, wurden seine Kinder aus erster Ehe, unter anderem Hannchen, von seiner zweiten Frau Sophie Reimarus, geb. Hennings (1742–1817), und seiner Schwester Elise Reimarus (1735–1805) erzogen. Letztere war mit Lessing und der Dichterin und Erzieherin Caroline Rudolphi (1753–1811) befreundet sowie Briefpartnerin von Moses Mendelssohn (1729–1786), dem großen deutsch-jüdischen Aufklärer in Berlin, dem Lessing mit seinem Drama „Nathan der Weise" ein bleibendes Denkmal gesetzt hat.

Sophie Reimarus wurde in Hamburg auch die „Doctorin" genannt, und ihr Teetisch war einer der Mittelpunkte der Hamburger Aufklärung. Die „Doctorin" war die Schwester des Kammerherrn August von Hennings, Amtmann in Plön, Schriftsteller und Zeitschriftenherausgeber, der zu den wichtigsten Protagonisten des Kreises außerhalb des Hamburger Raums gehörte und unter anderem mit Moses Mendelssohn befreundet war. Sie selbst dichtete nicht nur, sondern korrespondierte ebenso wie ihre Schwägerin Elise Reimarus mit der damaligen Bildungselite, darunter Knigge, den sie mit literarischem Sachverstand beriet.

Im Hause Reimarus verkehrten die Pädagogen Johann Bernhard Basedow (1724–1790), der bis 1771 am Altonaer Gymnasium tätig war, um danach die Leitung der berühmten Reformschule Philanthropin in Dessau zu übernehmen, sowie Joachim Heinrich Campe (1746–1818), der vor seinem Hamburg-Aufenthalt unter anderem als Hauslehrer und Erzieher von Alexander und Wilhelm von Humboldt und zeitweise als Lehrer am Philanthropin gearbeitet hatte. Er wurde als Übersetzer und Bearbeiter von Daniel Defoes Roman „Robinson Crusoe" bekannt. Bei Reimarus gastierte Gotthold Ephraim Lessing, der 1767 für drei Jahre als Dramaturg und Berater an das Hamburger Nationaltheater gekommen war. Später erinnerte sich Lessing, der inzwischen in Wolfenbüttel eine Stelle als Bibliothekar angenommen hatte, wehmütig: „Wer in dieser Gesellschaft hätte bleiben können! Wer aus dieser Gesellschaft nur einen einzigen hier hätte!"

Zu den Initiatoren der Patriotischen Gesellschaft gehörte auch Johann Georg Büsch (1728–1800), nach dem die Büschstraße in der Neustadt benannt worden ist. Am Akademischen Gymnasium in Hamburg wurde er seinen Neigungen entsprechend Professor für Mathematik. 1764 begann er mit öffentlichen Vorlesungen und begründete so das allgemeine Vorlesungswesen der Stadt. Darüber hinaus initiierte er 1768 die Hamburger Handelsakademie, eine weit über Hamburg hinaus bekannte Privatschule zur Ausbildung des kaufmännischen Nachwuchses. Daneben widmete er sich in seinen Schriften einer breiten Palette von Themen, unter anderem veröffentlichte er Beiträge zum Wetter, über Baumaschinen, die Rettung von Ertrunkenen, Kindererziehung sowie mathematische und kaufmännische Fragen. Über seine grundlegende Neubewertung der Armut werden wir später noch hören.

1770 rief er gemeinsam mit dem Dichter Klopstock eine Lesegesellschaft ins Leben, an der auch viele Frauen teilnahmen, und ab 1783 trafen sich Hamburger und Altonaer Aufklärer zu einer monatlichen Tischgesellschaft. Als Büsch 1800 starb, wurde der Hamburger Architekt Johann August Arens von der Patriotischen Gesellschaft beauftragt, zu seinem Andenken das erste Personendenkmal Hamburgs anzufertigen. Es steht heute neben dem Hauptgebäude der Universität Hamburg (siehe S. 68). Büschs Tochter Friederike Elisabeth wiederum heiratete wie erwähnt den Altonaer Verleger Pieter Poel, der gemeinsam mit Sieveking das Neumühlener Grundstück erwarb ...

Der Hamburger Kaufmann Georg Heinrich Sieveking: ein Leben für die Ideale der Aufklärung

Georg Heinrich Sievekings Vater war Tuchhändler und stammte aus Westfalen, der Vater seiner Mutter wiederum kam aus Lüneburg und hatte sich in Hamburg als Weinhändler niedergelassen. Wie zur damaligen Zeit in besser gestellten Familien üblich, wurde Sieveking zunächst gemeinsam mit seinem Bruder von einem Hauslehrer unterrichtet. Danach besuchten beide die Hamburger Handelsakademie, um dort unter anderem die Mathematikvorlesungen von Johann Georg Büsch zu hören.

1766 trat Georg Heinrich Sieveking als Lehrling in das Handelshaus des Hamburger Senators Caspar Voght (senior) ein. Da er sich als mathematisch hochbegabt, motiviert und tüchtig erwies, beteiligte ihn Voght bald am Geschäft. Nach Voghts Tod führte dessen gleichnamiger Sohn, der Reformator des Hamburger Armenwesens und Begründer des späteren Jenischparks (siehe S. 130 ff.), gemeinsam mit dem befreundeten Sieveking das Unternehmen fort, ab 1788 unter der Bezeichnung „Voght und Sieveking". Nachdem Voght sich 1793 aus der Firma zurückgezogen hatte, erwarb Sieveking neue Kontor- und Wohnräume – er hatte inzwischen drei Söhne und eine Tochter – in der Innenstadt am Neuen Wall.

Sieveking führte das Handelsgeschäft auch schon vor dem Ausscheiden von Voght zu großen Teilen selbstständig. Seine

Das Gemälde von Martin Ferdinand Quadal aus dem Jahr 1796 zeigt Georg Heinrich Sieveking (1751–1799), eine der bedeutendsten Persönlichkeiten der Hamburger Aufklärung. Sieveking war es, der den heute Donners Park genannten Park in Neumühlen von Joseph Jacques Ramée anlegen ließ.

Handelsverbindungen erstreckten sich von Nordamerika über Westindien und Afrika bis nach Russland. Besonders eng waren die Handelsbeziehungen und seine persönlichen Kontakte zu Frankreich. Deswegen konnte er 1796 in einer schwierigen diplomatischen Mission die Interessen Hamburgs im revolutionären Paris erfolgreich vertreten.

Georg Heinrich Sieveking war nicht nur ein erfolgreicher Hamburger Kaufmann, sondern auch einer der bekanntesten und wichtigsten Protagonisten der Hamburger Aufklärung. Schon in seiner Jugend gehörten zu seinen besten Freunden jene, die zu engagierten Aufklärern wurden: neben Caspar Voght der Ratsherr Johann Michael Hudtwalcker (1747–1818) sowie Peter Ochs (1752–1821), später einer der führenden Staatsmänner der Schweiz in der Zeit der Helvetischen Republik, die eine Tochterrepublik des revolutionären Frankreichs darstellte.

Als junge Männer wurden sie von den großen Strömungen der Zeit geprägt, der Aufklärung und der Empfindsamkeit; Letztere fand ihren literarischen Höhepunkt in Goethes Jugendwerk „Die Leiden des jungen Werthers". Man traf sich morgens am Elbstrand, um in Klopstock'schen Hexametern die Freundschaft, die Liebe, die Natur und die Freiheit zu besingen. Man verfasste Gedichte, führte Theaterstücke auf, verehrte Lessing und unternahm Ausflüge zum Grab von Meta Klopstock in Ottensen.

Als junger Mann schloss Georg Heinrich Sieveking sich den Freimaurern an und trat der Patriotischen Gesellschaft bei. Sieveking plädierte für eine freiwillige Vereinbarung, übertriebenen Luxus abzuschaffen und Abgaben und Steuern ehrlich zu leisten. Auflagen, die ärmere Mitbürger besonders belasteten, sollten zugunsten einer Luxus- und Erbschaftssteuer abgeschafft werden. Er focht für allgemeine und gleiche Menschenrechte und gestand sogar – seiner Zeit weit

voraus – den Insassen des Werk-, Zucht- und Armenhauses
die Menschenrechte zu.

Sieveking war kein Träumer. Er hat den politischen Spreng-
stoff, der in der immer größer werdenden Schere zwischen
Arm und Reich liegt, klar erkannt. Bereits 1778 wurde in
Hamburg eine Sparkasse gegründet (auf die letztlich die
heutige „Haspa" zurückgeht), deren Aktivitäten in der Franzosenzeit nur ausgesetzt und später dann von Augustus
Amandus Abendroth wieder neu initiiert wurden. Sieveking
ging noch darüber hinaus: Weitsichtig entwarf er einen Plan
für eine „Ersparniskasse zur Sicherung arbeitender Menschen im Falle von Arbeitslosigkeit und Krankheit".

Hamburgs Ruf als liberale Oase gründete nicht zuletzt auf einem Ereignis, das damals weit über die Grenzen Hamburgs
hinaus für Aufmerksamkeit gesorgt hat: Am 14. Juli 1790 feierte Sieveking den Jahrestag der Erstürmung der Pariser Bas-
tille im Harvestehuder Familiengarten, ein Fest, das europa-
weit aufhorchen ließ und ihn als Anhänger der Französischen
Revolution bekannt machte. Klopstock verfasste einige Oden,
Kanonen wurden abgefeuert, Sieveking selbst schrieb ein
Freiheitslied. Vorgetragen wurde es – so Knigge, der als einer
von 80 Gästen an dem Freiheitsfest teilnahm – von einem
Chor weiß gekleideter und mit einer Kokarde (Zeichen der
Französischen Revolution) geschmückter junger Mädchen.

Doch nicht nur den meisten Hamburgern war so viel revolutionäre Gesinnung bei einem Kaufmann zutiefst suspekt.
Der Geheimrat Johann Wolfgang von Goethe erfuhr von dem
revolutionär gesinnten Hamburger Kaufmann und schrieb
in einem Brief er⊃ost, die Marseillaise stehe „in keiner Sprache wohlhabenden Leuten" an, sie sei „blos zum Trost und
Aufmunterung der armen Teufel geschrieben und kompo-
nirt"! Nachdem der französische König Ludwig XVI. im Jahr
1793 hingerichtet worden war, sah Sieveking sich gezwun-

gen, sich öffentlich mit den gegen ihn gerichteten Vorwürfen auseinanderzusetzen. In seiner Schrift „An meine Mitbürger" wies er die Behauptung zurück, er sei ein Jakobiner, also ein Anhänger der radikalen Kräfte der Französischen Revolution, verteidigte aber seine auf den Maximen der Aufklärung beruhende Grundeinstellung.

Einige Mitstreiter zumindest hatte Sieveking, so zum Beispiel den Publizisten, Juristen und Präses (Vorsitzenden) des Hamburger Domkapitels Friedrich Johann Lorenz Meyer (1760–1844), wie Sieveking engagiertes Mitglied der Patriotischen Gesellschaft und ein bekennender Anhänger der Französischen Revolution. Auch ihm wurde vorgeworfen, eine Jakobinerbewegung in Hamburg gründen zu wollen, nicht zuletzt weil er Mitglied einer auf Initiative des französischen Gesandten gegründeten Hamburger Lesegesellschaft wurde, deren Präsident wiederum Sieveking war.

Diese Mischung aus intellektuellem Zirkel und politischer Vereinigung folgte den vorrevolutionären aufklärerischen Lesegesellschaften und radikalisierte sie. Die politische Bedeutung der Lesegesellschaften wird deutlich, wenn man die Äußerungen von August von Hennings liest: „Seit Lesegesellschaften entstanden, entwickelte sich in unseren Köpfen eine Revolution nach der anderen." Entsprechend argwöhnisch wurde die Lesegesellschaft von den konservativen Kräften innerhalb und außerhalb der Stadt beobachtet. Ende 1792 musste sie bereits wieder aufgelöst werden.

Dass die Anlage eines englischen Landschaftsgartens immer auch ästhetischer Ausdruck politischer Überzeugungen und Utopien war, zeigt sich besonders deutlich am Beispiel Sievekings, der sich bewusst zwischen den Außenseitern im Westen Hamburgs am Elbhang niederließ.

1799 verstarb Georg Heinrich Sieveking mit nur 47 Jahren. Seine Frau Hannchen blieb zurück mit fünf Kindern, das älteste gerade einmal 14 Jahre alt. Friedrich Sieveking, der spätere Bürgermeister von Hamburg, war gerade geboren. Gemeinsam mit zwei Teilhabern führte die Witwe das Handelshaus in schwierigen Zeiten weiter. Der Landsitz blieb das geistige Zentrum des aufgeklärten Hamburger Bürgertums, bis Hannchen Sieveking 1811 aufgrund finanzieller Schwierigkeiten das Neumühlener Anwesen verkaufen musste. Kurz zuvor hatte sie ein weiterer Schicksalsschlag getroffen: Ihre einzige Tochter Sophia starb, noch nicht einmal 20 Jahre alt, an Tuberkulose. Der Maler Philipp Otto Runge (1777–1810) schuf auf Bitten der Mutter ein letztes Bild von Sophia; er selbst starb kurze Zeit später an der derselben Krankheit.

Das Anwesen in Neumühlen unter der Familie Donner

Conrad Hinrich Donner gründet eine Bank und ein privates Museum

1820 kaufte der Altonaer Kaufmann Conrad Hinrich Donner (1774–1854), der seine kaufmännische Ausbildung bei dem Altonaer Etatsrat Johann Daniel Lawaetz (siehe weiter unten) gemacht hatte, das Neumühlener Anwesen. Donner führte zunächst eine Schnupftabaksfabrik, gründete 1798 die Handelsfirma „Conrad Hinrich Donner" und baute die bereits vom Vater übernommenen Bankverbindungen weiter zu einem eigenen Bankhaus aus, der Conrad Hinrich Donner Bank (sie existiert heute noch als „Donner & Reuschel Aktiengesellschaft", die zur Signal Iduna Gruppe gehört und bis 2010 unter „Conrad Hinrich Donner Bank Aktiengesellschaft" firmierte). Donner gehörte zu den großen Förderern von Kunst und Wissenschaft und zu den Mitgliedern des 1819 in Altona gegründeten Kulturvereins, der erste dieser Art in Norddeutschland. Und in seinem neu erworbenen Park ließ er sich am Heuberg

Gottfried Semper, der 1803 als Sohn eines Hamburger Wollfabrikanten geboren wurde, erhielt 1834 seinen ersten Bauauftrag durch Conrad Hinrich Donner für dessen Neumühlener Anwesen: Sempers erster Museumsbau vereinigte ein Gewächshaus mit einer Orangerie und einem Pavillon für Donners Skulpturensammlung.

(heute Elbtreppe) ein Privatmuseum von dem Hamburger Architekten Gottfried Semper errichten, bevor dieser die Hansestadt gen Dresden verließ. Das Museum wurde in der Zeit der Weimarer Republik als Café genutzt und im Zweiten Weltkrieg leider zerstört. Conrad Hinrich Donner führte ein reges gesellschaftliches Leben und hatte vielfältige Kontakte zu den Spitzen aus Politik und Gesellschaft, sogar der dänische König Christian VIII. war in Neumühlen zu Besuch.

Neugotik auf dem Vormarsch:
Bernhard Donner lässt das Donnerschloss errichten

Als 1855 sein Sohn Bernhard Donner (1808–1865) das Bankhaus (das 1871 von Altona nach Hamburg verlegt wurde) und das Anwesen übernahm, bedeutete dies in vielerlei Hinsicht eine Zäsur. Bernhard Donner ließ das alte Sieveking'sche Landhaus abreißen und an einer etwas höher gelegenen Stelle das Donnerschloss (1853–55) im Stil der Neugotik errichten. Es war repräsentativ und geradezu bombastisch: Allein im Erdgeschoss gab es neun Wohnzimmer, zwei Speisesäle und eine Bibliothek, im ersten Stock ein Billardzim-

Das Donner-
schloss, hier von
Wilhelm Heuer
1857 ins Bild ge-
setzt, lag oberhalb
einer Wassermüh-
le, deren Vorläu-
fer dem Ort Neu-
mühlen seinen
Namen gab. Es
stand etwa dort,
wo sich heute
Bänke und Teile
der großen Rasen-
fläche befinden.

mer, vier Wohn- beziehungsweise Schlafzimmer, zwei Frem-
denzimmer, hinzu kamen der Wohnturm und das Dachge-
schoss mit weiteren Zimmern.

Die Formensprache der Neugotik orientierte sich an einem
idealisierten Mittelalterbild. Neugotisch bauen, das hieß so
zu bauen, wie man sich die Bauten im Mittelalter vorstellte:
Villen und Schlösser wurden mit Türmchen, Spitzbogen-
fenstern, Rittersälen oder einem umlaufenden Kreuzbogen-
fries versehen. Vor allem aber war der neugotische Bau ein
politisches Bekenntnis und ein Affront gegenüber dem dänischen König: Auf dänischem Boden – Neumühlen gehörte
bis 1864 zu Dänemark – ließ Donner sein Schloss von *dem*
preußischen Baumeister Johann Heinrich Strack (1805–
1880) errichten.

Strack, Schüler von Karl Friedrich Schinkel, war neben der
Ausführung von Privataufträgen (unter anderem für Fürst
Pückler im Branitzer Park bei Cottbus) vorzugsweise für den
Prinzen von Preußen, den späteren Kaiser Wilhelm I., tätig.
Bekannt geworden ist er durch den Bau der Berliner Natio-
nalgalerie, der Siegessäule sowie des Babelsberger Schlosses.

Bernhard Donner
(1808–1865),
Hamburger Kauf-
mann und Ban-
kier, ließ das alte
Sieveking'sche
Landhaus abrei-
ßen und 1853–55
von dem preußi-
schen Baumeister
Johann Heinrich
Strack das neu-
gotische Donner-
schloss errichten.

83

Der neugotische Stil wiederum galt spätestens seit dem Ende der napoleonischen Kriege als Symbolträger für das in Deutschland entstehende Nationalbewusstsein, man denke nur an den 1814/15 von Schinkel angefertigten Entwurf eines gotischen Domes als Denkmal für die Befreiungskriege oder an den Wiederaufbau des Kölner Domes (ab 1846) sowie vieler Schloss- und Burgruinen am Rhein, die sogenannte preußische Rheinromantik.

Bernhard Donner hielt es mit den Preußen in einer Zeit machtpolitischer Auseinandersetzungen, die – erstmals – die „nationale Frage" zum Gegenstand hatten. Zwar war Schleswig-Holstein seit 1460 in Personalunion mit Dänemark verbunden, allerdings rechtlich nur als angegliedertes Herzogtum, das de jure zum Deutschen Reich gehörte. Auch wenn der dänische König faktisch Regierungsgewalt ausübte, galt er nach dem Landesrecht nur als Herzog von Holstein. Holstein gehörte nämlich im Unterschied zu Schleswig zum Heiligen Römischen Reich und später zum Deutschen Bund.

Das insgesamt gute Verhältnis zwischen den (Plattdeutsch sprechenden) Schleswig-Holsteinern und dem dänischen Königshaus wurde empfindlich gestört, als Christian VIII. in der Mitte des 19. Jahrhunderts versuchte, Schleswig-Holstein Dänemark als Provinz ganz einzuverleiben. Die Revolte der Schleswig-Holsteiner von 1848 wurde von den Dänen 1850 niedergeschlagen, und auch Altona bekam daraufhin die harte Hand Dänemarks zu spüren: Ab 1854 galt eine neue Zollverordnung, das heißt Altonas Waren standen ab sofort bei der Einfuhr nach Dänemark ausländischen Erzeugnissen gleich. Zahlreiche Betriebe verlegten daraufhin ihre Produktion nach Ottensen, wo die Regelung nicht galt.

Für den Altonaer Kaufmann Bernhard Donner waren diese Entwicklungen nachteilig, sodass er unter anderem aus wirtschaftlichen Gründen propreußisch agierte, nicht zuletzt mit dem Bau des Donnerschlosses. Er wird dementsprechend die folgenden politischen Entwicklungen begrüßt haben: Im Zuge der deutschen Einigungskriege wurde Schleswig-Holstein mit Altona preußisch. Bereits 1864, also gerade nach Beendigung des deutsch-dänischen Krieges, war der berühmte preußische General Helmuth Karl Bernhard Graf von Moltke zu Gast bei dem Ehepaar Donner.

Helene Donner, geb. von Schröder (1819–1909), Tochter vom Besitzer des Schröderparks (siehe S. 106 ff.), die ihren Mann um fast ein halbes Jahrhundert überlebte, erhielt auch in den nächsten Jahrzehnten Besuch von den Spitzen des preußischen Königreiches. Zur illustren Gästeschar zählten Kaiser Wilhelm I. und der Kronprinz Friedrich (der spätere 99-Tage-Kaiser) sowie Kaiser Wilhelm II. Die reiche Innenausstattung des Schlosses – unter anderem Fresken von Wilhelm von Kaulbach – bildete dabei den nahezu fürstlichen Rahmen für die repräsentativen Feste und Empfänge.

Allerdings konnte so viel Glanz auch einschüchternd wirken, wie die Tochter des Malers Wilhelm von Kaulbach in ihren Memoiren amüsant erzählt:

„Nun pilgerten wir also bei einer rasenden Hitze an den Häusern entlang, dem schönen Altona zu. Papa, weit voraus, pustend und räsonierend, ich in der Mitte und endlich weit hinterdrein die Mutter, den Rock hochgeschürzt wegen des lästigen Staubes und den Häuserschatten klüglich aufsuchend. In der Villa endlich, staubig und erhitzt angekommen, wurden wir von der Schar der Bedienten (die in ihren grünen, kurzen Atlasbeinkleidern und mit ihren undurchdringlichen Mienen einen ewig unvergeßlichen, erhabenen Eindruck auf mich machten) mit Naserümpfen und Kopfschütteln empfangen. Papa machte dieses Inkognito, dieses heimliche Überfallen großen Spaß, während für mich der Spruch, ‚Kleider machen Leute‘ viel Wahres und unendlichen Wert hatte. Frau X [gemeint ist Helene Donner, die Verf.] empfing uns mit Jubel und war von hinreißender Liebenswürdigkeit. Ich schüchterne Person aber verbrachte in diesem Feenpalaste, angetan mit einem unendlich einfachen aufgefärbten schwarzen Reisekleidchen, die ungemütlichsten Stunden meines Lebens; denn ich war durchdrungen von meiner Unwürdigkeit, von meinem Unvermögen, in solch fürstlichen Räumen zu existieren, zu atmen, und hatte vor diesen märchenhaften Lakaien, die meiner Winke harrten, unbändigen Respekt. Die Eltern fühlten sich zu meinem Erstaunen sehr behaglich in der Pracht."

Helene Donner engagierte sich in der zweiten Hälfte des 19. Jahrhunderts in einer Reihe von Wohltätigkeitsvereinen. Sie stand seit 1869 dem „Deutschen Frauenverein zur Pflege und Hilfe für Verwundete im Kriege" vor. Die Gründung dieses vaterländischen Frauenvereins fand im Donnerschloss statt. 1882 gründete sie ein Heim und eine Ausbildungsstätte für Krankenschwestern, das „Helenenstift", einen heute noch bestehenden, im Stil der Hannoverschen Schule errichteten Bau in der Max-Brauer-Allee. 1893 verlieh der Kaiser Helene Donner den Wilhelm-Orden.

Neugestaltung des Gartens unter
Bernhard und Helene Donner

Nicht nur die Architektur veränderte sich in der Mitte des 19. Jahrhunderts, sondern auch die Gartengestaltung: Den Zugang zu dem zur Elbe hin abfallenden Gartengelände vermittelte eine repräsentative steinerne Freitreppe. Ein sogenannter Pleasureground mit getrimmten Bäumchen und einer reichen, teppichartigen ornamentalen Bepflanzung lud zur Repräsentation ein, zur Elbseite hin betonte ein Springbrunnen die Mittelachse und damit den architektonischen

Mit dem Bau des Donnerschlosses veränderte sich nicht nur die Architektur, sondern auch die Gartengestaltung von Donners Park: Ein sogenannter Pleasureground mit getrimmten Bäumchen und einer reichen, teppichartigen ornamentalen Bepflanzung lag nun zwischen dem Landhaus und der „Natur" des englischen Landschaftsgartens.

Charakter dieser Anlage. Dies entspricht der Tendenz im fortschreitenden 19. Jahrhundert zu einer Reformalisierung der Gartenanlagen. Der Pleasureground bildet einen Übergang zwischen der Architektur des Hauses und der „Natur" des angrenzenden englischen Landschaftsgartens.

In Letzterem konnten die Besucher auf geschwungenen Wegen über verschiedene Aussichtspunkte und vorbei an einem Teich spazieren, um sich schließlich in einer kleinen Tropfsteinhöhle und Grotte an einem heißen Sommertag zu erholen. 1858 stellte Donner Theodor Reimers als Obergärtner ein, der in zahlreichen Gewächshäusern sehr erfolgreich neue Nutz- und Zierpflanzen züchtete. Neben Pferden – um die Jahrhundertwende gab es 14 Pferdeställe sowie eine große Reithalle mit einer kleinen Tribüne – wurden später auf dem Anwesen auch Nutztiere wie Kühe und Hühner gehalten.

Ein Brunnen erinnert noch an die partielle Neugestaltung des Gartens unter Helene Donner: Von den ehemaligen Sehenswürdigkeiten, unter anderem einer eisernen Hängebrücke, die über Kaskaden führte, hat leider keine den Lauf der Zeit überlebt. Anlass für die aufsehenerregenden Neuerungen war, dass die Stadt Altona 1885/86 den Neumühlener

Strandweg zu einer Verkehrsstraße ausbaute. Hinzu kamen schon frühere Landverluste am Ufer durch den Ausbau der Kaianlagen in Neumühlen, die durch Zukäufe an anderer Stelle ausgeglichen wurden. Die Wassermühle, eine Nachfolgerin der „Nie Möll", also der „Neuen Mühle" aus dem 15. Jahrhundert, die dem Ort Neumühlen unterhalb des Parks seinen Namen gab, musste im Zuge dieser Veränderungen weichen.

Die Zeit nach der Familie Donner und die Gartenbauausstellung von 1914

1912/13 konnte die Stadt Altona die Parkanlagen erwerben. 1914 wurden sie kurz vor Ausbruch des Ersten Weltkriegs im Zuge einer Gartenbauausstellung, die anlässlich des 250-jährigen Stadtjubiläums auf dem Gelände des Donners Parks, des Rosengartens und Teilen des Heine-Parks stattfand, leicht verändert der Öffentlichkeit zugänglich gemacht. Organisiert wurde die Gartenbauausstellung von Ferdinand Tutenberg, der 1913 zum Gartenbaudirektor von Altona berufen worden war. Tutenberg, Sohn eines Kunst- und Handelsgärtners, der bereits zuvor in Offenbach und Bochum die Stadtparks gestaltet hatte, begann in Altona sofort mit der Planung des Altonaer Volksparks, der unter anderem den Besuchern Erholung bei Sport und Spiel bieten sollte. Mit circa 115 Hektar ist der Altonaer Volkspark noch heute die größte öffentliche Parkanlage in Hamburg; er wurde 2002 unter Denkmalschutz gestellt. Bis 1933 war die Ausgestaltung des Volksparks neben der Elbufergestaltung Tutenbergs Hauptaufgabe.

Die Gartenbauausstellung in Altona bildete den Rahmen für die Schaffung einer Vielzahl kleinteiliger Einzelgärten, die von namhaften Gartenarchitekten gestaltet wurden. Zu ih-

Die Fotografie „Hafenbahn und Donnerschloss" von 1920 dokumentiert die fortschreitende Industrialisierung der Gegend unterhalb des Donnerschlosses. Die Kaianlagen in Neumühlen wurden erweitert, und 1885/86 wurde der Neumühlener Strandweg zu einer Verkehrsstraße ausgebaut.

nen gehörten unter anderem die Hamburger Firmen Koenig & Roggenbrod und Schnackenberg & Siebold. Sie alle galten als Vertreter einer modernen Gartenkunst, teilweise waren sie Mitglieder des Deutschen Werkbundes. Nach der Ausstellung wurden Teile des Geländes parzelliert und mit Wohnungen bebaut. In den 1950er-Jahren überarbeitete der Gartenamtsleiter Otto Schokoll den Donners Park noch einmal. In dieser Form ist er nahezu unverändert erhalten.

Nachdem das Donnerschloss in der Weimarer Republik nach einigen Umbauten der Städtischen Kunstgewerbeschule und dem Technischen Seminar (Gewerbliche Fachschule) Unterkunft geboten hatte, zog 1934 die Reichsführerschule der Auslandsabteilung der NSDAP in das Schloss mit den efeuumsponnenen Türmen ein. Das Donnerschloss wurde im Zweiten Weltkrieg schwer beschädigt und um 1952 abgerissen. Mit dem Trümmerschutt wurde der ehemalige Mühlenteich aufgefüllt.

Am Ende des Schopenhauerwegs führt der Lüdemannsweg hinunter nach Neumühlen, zum Fähranleger und Museumshafen. Zuvor kreuzt die Elbtreppe – ehemals Heuberg – den Schopenhauerweg. Der schräg den Geesthang hinauflaufende Weg erinnert noch an die ehemalige landwirtschaftliche Nutzung der Elbinseln, war er doch die Verbindung zwischen den anlandenden Ewern und den auf dem Geesthang gelegenen Bauernhöfen.

Nach jahrelangen politischen Auseinandersetzungen konnte an der Elbtreppe ein Ensemble von mehreren kleinen Häusern erhalten werden. Das Gebäude Nr. 15a/b ist eines der letzten noch existierenden Sahlhäuser (Sähle waren Etagen-Mietwohnungen) in Hamburg und erinnert damit an das Leben der ärmeren Leute im Schatten der Landhaus- und Villenarchitektur. Drei der fünf Gebäude stehen unter Denkmalschutz. Die Elbtreppe bildet(e) auch die Grenze zum nächsten Park, nämlich zum Rosengarten.

Der Rosengarten, ehemals Lawaetz

Der Bau einer „Arbeitsstadt" in Neumühlen und Lawaetz' Garten als Ausdruck seiner sozialreformerischen Bemühungen

Das später „Rosengarten" genannte Anwesen resultierte aus dem westlichen Teil des ehemaligen Jenckel'schen Lustgartens (siehe Seite 30 und 63 f.). Unter wechselnden Besitzern entstanden eine Pulver- und eine Ölmühle sowie erste Gartenanlagen.

Die eigentliche Blütezeit des Landsitzes begann im Jahr 1793, als der Altonaer Kaufmann Johann Daniel Lawaetz (1750–1826) das Anwesen erwarb und das Grundstück in Richtung Elbe erweiterte. Wie seine Nachbarn entlang der Elbe ließ er einen englischen Landschaftsgarten anlegen und von Christian Frederik Hansen ein weißes Landhaus errichten (Elb-

chaussee 101). Es fiel im Zweiten Weltkrieg den Bombenan-
griffen zum Opfer.

Bereits 1763, mit 13 Jahren, war Johann Daniel Lawaetz als
Sohn einer einflussreichen schleswig-holsteinischen Familie
zur kaufmännischen Ausbildung in das renommierte Handelshaus Pierre His & Sohn nach Hamburg gekommen; er
heiratete später die Tochter eines Hamburger Kaufmanns.
Als Lawaetz sich 1778 in Altona niederließ und ein eigenes
Handelshaus gründete, herrschte eine Periode wirtschaftlichen Aufschwungs. In der Folge übernahm Lawaetz verschiedene Ehrenämter, und ihm wurden diverse dänische Titel verliehen. Seiner herausragenden gesellschaftlichen
Stellung entsprachen auch die Besucher des Neumühlener
Landsitzes, unter anderem Conrad Daniel von Blücher, der
Oberpräsident Altonas, und der dänische Kronprinz Fried-
rich VI.

Bereits während seiner Ausbildungszeit hatte Lawaetz Sieveking, Voght und Johann Michael Hudtwalcker kennengelernt. Seit 1784 war er Mitglied der sogenannten Altonaer
Donnerstagsgesellschaft, der Büsch, Reimarus, Voght, Klopstock, Sieveking, Hudtwalcker, Domherr Meyer und andere
angehörten. Deutlich werden hier noch einmal die persona-
len Überschneidungen der Hamburger und Altonaer Auf-
klärungskreise. An die Erfahrungen der Hamburger schloss
Lawaetz 1812 mit der (erneuten) Gründung der Schleswig-
Holsteinischen Patriotischen Gesellschaft an, deren Ziel in
der „allgemeinen Veredlung und Beglückung, Belebung der
Verstandeskräfte, Verbreitung ächter Moralität und Aufmunterung des Erwerbsfleißes" lag.

Und während bei Rainville gut gegessen und bei Sieveking
die neuesten politischen und literarischen Ereignisse diskutiert wurden, ließ Lawaetz, der sich „oben" am Geesthang
von Hansen ein Landhaus hatte bauen lassen, „unten" am

Fuß des Geesthangs die Ärmsten der Armen für sich arbeiten – getreu dem neuen Credo der Aufklärer, Armut nicht mehr mittels Almosen, sondern fortan durch Arbeitsbeschaffung zu bekämpfen. Der schmale zweigeschossige rote Backsteinbau an der Uferstraße Neumühlen 16–20 war ursprünglich der Mittelpunkt der von Lawaetz im Jahr 1800 gegründeten „Arbeitsstadt". Hier errichtete er Siedlungshäuser und Handwerksgebäude, eine Segeltuch-, Leinen- und Wollzeugfabrik, eine Tabakfabrik, eine Amidamkocherei (Stärkemehlherstellung), eine Papiermühle und eine Wachsbleiche, in denen teilweise bis zu 1000 Menschen gearbeitet haben sollen. Damit entstand am Fluss ein extrem emissionsreiches Industriegebiet direkt unterhalb des Lawaetz'schen Gartens. Die produzierte Ware konnte zunächst mit Gewinn an die dänische Marine und das Heer verkauft werden, allerdings nur bis 1808, als Dänemark auf der Seite Napoleons in den Krieg eintrat.

Ende des 18. Jahrhunderts zogen Tausende auf der Suche nach Arbeit in die prosperierende Stadt Altona, die zwischen 1730 und 1806 ihr goldenes Zeitalter erlebte, einen Wirtschaftsboom, von dem auch die benachbarten Elbgemeinden profitierten. Die Arbeitssuchenden kamen größtenteils vom Land, freigesetzt durch die beginnende Bauernbefreiung, und versuchten sich als Dienstboten, Tagelöhner und Manufakturarbeiter zu verdingen. Sie waren jedoch ständig von Armut bedroht, da sie vielfach nur saisonal beschäftigt wurden und auch nicht genug verdienten, um für Zeiten von Krankheit oder Verdienstausfall vorzusorgen.

Schwerpunkt von Lawaetz' sozialreformerischen Tätigkeiten war die Auseinandersetzung mit der Armut. So veranlasste er eine umfangreiche statistische Erhebung über deren Probleme und Ursachen sowie über die ergriffenen Maßnahmen, um die Armut besser bekämpfen zu können. Um die

Ein schmaler zweigeschossiger roter Backsteinbau (Neumühlen 16–20), in dem heute die Johann-Daniel-Lawaetz-Stiftung untergebracht ist, bildete um 1800 als sogenannter Tempel der Arbeit den Mittelpunkt der von Lawaetz gegründeten „Arbeitsstadt", die aus einer Reihe von Siedlungshäusern und Handwerksgebäuden bestand.

vorhandenen Arbeitskräfte und die freien Arbeitsplätze zu koordinieren, schlug Lawaetz die Gründung eines nationalen Wohltätigkeitsinstituts und sogenannter Nachweisungs-Büros vor, die Angebot und Nachfrage auf dem Arbeitsmarkt abstimmen sollten. Sein Bruder gründete 1801 in Altona eine erste Sparkasse, die denjenigen Handwerkern finanzielle Hilfen gewährte, die in ihrer Existenz bedroht waren.

1821 gründete Lawaetz die Armenkolonie Frederiksgabe (benannt nach dem dänischen König), heute als Friedrichsgabe ein Teil der Stadt Norderstedt. Es sollten „Anlagen kleiner Colonien in bisher wüste liegenden Landstrichen" sein, das heißt, Arme aus der Stadt sollten hier auf dem Land Heide- und Moorboden urbar machen, ein Projekt, dem ein durchschlagender wirtschaftlicher Erfolg versagt blieb. Auch mussten die Kolonisten sich einem strikten Reglement unterwerfen. Lawaetz verfügte testamentarisch, dass das Neumühlener Grundstück mit sämtlichen Gebäuden als Sicherheit für die Aktionäre der Armenkolonie Frederiksgabe eingesetzt werden sollte. Erst nachdem die Armenkolonie 1867 aufgelöst und der Name in „Friedrichsgabe" umgewandelt worden war, konnten Lawaetz' Erben das Neumühlener Grundstück verkaufen.

1815 veröffentlichte Johann Daniel Lawaetz das Buch „Ueber die Sorge des Staats für seine Armen und Hülfsbedürftigen", in dem er seine grundlegenden Gedanken zur Armut zusammenfasste. Armut könne nur durch produktive Arbeit und die moralische Erziehung der Armen bekämpft werden. Zur Not müsse man arbeitsunwillige Bettler durch Zwangsarbeit „retten". Seiner Ansicht nach lag die Aufnahme einer Arbeit sowohl im Interesse des Armen als auch in dem des Staates: „Der bedrängte Arme tritt (...) dadurch aus der erniedrigenden Klasse unnützer, träger, bloß durch Mitleiden erhaltener Consumenten in die ehrenvolle, für ihn selbst und für den Staat unendlich nützliche Klasse der Producenten. Und indem er das, was sein Körper bedarf, durch geweckten, wenn gleich sauren Fleiß, sich selbst zu erwerben lernt, verringert er zugleich die Zahl der bloßen Verzehrer, dieser (...) für schädlich anerkannten Volksklasse."

Durch Arbeitslosigkeit werde jedoch nicht nur die Volkswirtschaft geschädigt, sondern darüber hinaus sei der „Erhalt der Staaten" insgesamt gefährdet – Lawaetz und seine Zeitgenossen hatten die Umwälzungen der Französischen Revolution deutlich vor Augen.

Trotz aller Bevormundung: Lawaetz versuchte in Neumühlen als sozial engagierter und zugleich geschäftstüchtiger Unternehmer konkrete Reformschritte. Die 1986 gegründete Johann-Daniel-Lawaetz-Stiftung, die in dem ehemaligen Haupthaus der Arbeitssiedlung untergebracht ist, schließt mit ihrem Programm, neue Wege der Arbeitsbeschaffung zu gehen, an Ideen und Sozialreformen von Lawaetz an.

Die Zeit nach Lawaetz: Carl Woermann,
der Baumbestand, ein 10 000-Marks-Blick und ein
Max-Liebermann-Garten in Hamburg

Von Lawaetz' Erben pachtete der Kaufmann und Reeder Carl
Woermann (1813–1880) das Gelände für 30 Jahre. Sein
1856/57 im Südwesten des Grundstücks direkt am Geesthang errichtetes einfaches Landhaus ist erhalten. 1875 ging
der gesamte Besitz von Lawaetz' Erben an den Altonaer Kaufmann Ernst August Wriedt (1842–1923) über, der das Landhaus Lawaetz bewohnte, bis er 1890 den Hirschpark kaufte.
Seinen Landsitz in Neumühlen verkaufte Wriedt an die Stadt
Altona, die den Park als Altonaer Stadtpark der Öffentlichkeit
zugänglich machte, der 1914 wiederum zu einem Teil der
Altonaer Gartenbauausstellung wurde. Dabei wurde vor
allem der östliche Abschnitt des Gartens überformt. Zwei
geometrisch gestaltete Rosenbeete gestatteten den Villenbe-
sitzern an der Elbchaussee auch weiterhin den freien Blick
auf die Elbe – ein Arrangement, das sich einer der Villenbe-
sitzer mit 10 000 Mark erkauft hatte; die Bevölkerung sprach
schon bald nur noch vom „10 000-Marks-Blick".
An den früheren, im Stil eines englischen Landschaftsgartens angelegten Park erinnern heute nur noch die serpentinenartig geschwungenen Wege, die den Geesthang hinunterführen, sowie der prächtige alte Baumbestand. In den
Randbezirken (vor allem im westlichen Teil) sind überdies
noch Natursteintreppen und von Ziergittern eingefasste Aussichtspunkte zu entdecken. Auf dem Parkweg parallel zur
Elbchaussee in Richtung Blankenese kommt der Besucher
an wunderschönen alten Blutbuchen und einer mächtigen
Edelkastanie vorbei. Die aufgrund ihrer Früchte, der Maro-
nen, auch „Esskastanie" genannten Bäume können bis zu
1000 Jahre alt werden. Hinter der Edelkastanie auf dem

An den früheren, im Stil eines englischen Landschaftsgartens angelegten Park von Johann Daniel Lawaetz erinnern heute nur noch die serpentinenartig geschwungenen Wege, die den Geesthang hinunterführen, sowie der prächtige alte Baumbestand des Rosengartens.

Rasen befindet sich ein (später gepflanzter) schmaler, allein stehender chinesischer Blauglockenbaum, der im April und Mai, allerdings nur nach milden Wintern, beeindruckend blauviolette trichterförmige Blüten trägt.

Seit 2005 gibt es einen „Garten im Garten", nämlich mit Lindenkarree, Blumenoval und Rosengarten eine „Nachpflanzung" der vor Kurzem erst wieder rekonstruierten Heckengärten des Berliner Malers Max Liebermann (1847–1935). Liebermann, der gut mit dem damaligen Hamburger Kunsthallendirektor Alfred Lichtwark (1852–1914) befreundet war und die Landhaus- und Gartenkultur in Hamburg bei mehreren Besuchen kennen- und schätzen gelernt hatte, ließ sich 1909 am Großen Wannsee in der Alsensiedlung – nach dem Vorbild des Wesselhoeft'schen und des Godeffroy'schen Landhauses in Hamburg – eine Villa bauen und einen Garten anlegen. Dabei hörte er auf den Rat seines Freundes Lichtwark, der vehement für die Rückkehr zu einem architektonischen Gartenstil stritt (nicht zuletzt bei der damals

Von einem der Aussichtsplätze im Westen des Rosengartens kann der Spaziergänger auf die Elbe blicken, auf der mit etwas Glück auch historische Schiffe zu sehen sind.

Der Blick in den Rosengarten von Ost nach West. Die Parkwege führen unter anderem vorbei an wunderschönen alten Blutbuchen, die an die ursprüngliche Anlage des Rosengartens unter der Ägide von Johann Daniel Lawaetz erinnern.

virulenten Frage, wie der Stadtpark zu gestalten sei). Der Nachbau der Heckengärten im Rosengarten zeigt deutlich die Abkehr vom englischen Landschaftsgarten und die

Die exponierte Lage auf dem Geesthang lockte auch schon in früheren Zeiten Gastronomen an: Im Gartenrestaurant „Elbschlucht" konnten die Gäste im lichtdurchfluteten Wintergarten unter Palmen speisen.

Hinwendung zu einem architektonisch gestalteten Gartenraum um 1900: Zu sehen sind blütendurchwirkte Wohnräume im Freien, die Lichtwarks Diktum „Gartenkunst ist Raumkunst" veranschaulichen.

Ein Nachfolger der „Elbschlucht" war das Restaurant „Le Canard nouveau", das in dem von den Architekten Gerkan, Marg & Partner konzipierten Gebäude auf dem Geesthang untergebracht war.

Zwei Restaurants und ein weiterer Hansen-Bau:
„Landhaus Scherrer", „Le Canard nouveau"
(ehemals „Elbschlucht") und das Landhaus Gebauer

Dem Rosengarten gegenüber liegt das traditionsreiche Restaurant „Landhaus Scherrer" (Elbchaussee 130), das bereits seit 1840 als Wirtshaus genutzt wird. Hier hat früher der Schlagbaum gestanden, an dem für die Benutzung der Privatstraße Elbchaussee gezahlt werden musste. Der Straßenname „Schlagbaumtwiete" in Othmarschen erinnert an diesen Umstand. Vor 1951 hieß die Elbchaussee zwischen Ottensen und Parkstraße noch Chaussee, später Flottbeker Straße und dann Flottbeker Chaussee.

Nur wenige Meter hinter Scherrer in Richtung Blankenese befand sich auf der gegenüberliegenden, also elbzugewandten Seite ein weiterer Tempel der Gastronomie, nämlich „Le Canard", seit 2004 „Le Canard nouveau". Die Lage dieses kulinarischen Aushängeschildes der Stadt an der Elbchaussee mit Blick auf Övelgönne bot sich auch schon früher für Ausflugslokale an: In dem Gartenrestaurant „Elbschlucht", das fast ein Jahrhundert als Institution galt, konnten die Besucher am Elbhang im Freien mit Elbblick oder aber im lichtdurchfluteten Wintergarten unter Palmen speisen. Inzwischen steht hier ein modernes Gebäude, das 1989/90 von den Architekten Gerkan, Marg & Partner aus Glas und Stahl erbaut worden ist.

Das Landhaus Gebauer (Philosophenweg 18), das Christian Frederik Hansen im Auftrag des Bankiers Anton Friedrich Gebauer 1806 entwarf, war ursprünglich ein zweigeschossiger runder Bau mit einem reetgedeckten Kuppeldach aus Stroh. 1871 musste das charakteristische Dach einem weiteren Stockwerk weichen.

Direkt gegenüber dem „Le Canard nouveau" verläuft nicht nur die Grenze zwischen Ottensen und Othmarschen, sondern auch ein kleiner Pfad, der „Katzenstieg", der direkt auf den Philosophenweg zuführt. Hier kann der Architektur-Interessierte ein weiteres Hansen-Bauwerk entdecken. Der Bankier Anton Friedrich Gebauer (1756–1839) erwarb mehrere Grundstücke in der Nähe der Rolandsmühle, einer Windmühle aus dem 17. Jahrhundert, an die nur noch ein Straßenname und ein Hügel erinnern, auf dem sie ehemals stand.

Das Landhaus, das Hansen im Auftrag von Gebauer 1806 entwarf, war ungewöhnlich: Ein zweigeschossiger runder Bau mit einem reetgedeckten Kuppeldach aus Stroh. Es vereinte damit unterschiedliche Architekturströmungen und Theorien in sich: Unter anderem zeigt es Anklänge an Marc-Antoine Laugiers (1713–1769) im Jahr 1755 veröffentlichte Theorie der Urhütte; Laugier sah den Ursprung des Tempels in einer aus rohen Baumstämmen gezimmerten Hütte.

Erst bei einem Umbau von 1871 entfernte man das Kuppeldach und brachte stattdessen ein drittes Stockwerk an, das von einem Flachdach abgeschlossen wurde. Heute wird das Landhaus privat bewohnt.

Die Alster hat bei aller Großlinigkeit etwas Liebliches, sie kann die Idylle nicht verleugnen. An der Elbe dagegen hat alles einen Zug zum Gewaltigen, zum Grenzenlosen. Ein anderer Atem wird hier im Auf und Ab der Gezeiten spürbar. Wie kostbare Perlen sind sie auf die Schnur der Elbchaussee gefädelt: Donners Park, Rosenpark, Hindenburgpark, Jenischpark, Hirschpark, Baurs, Hesses, Goßlers Park, Bismarckstein und Falkenstein. Jeder hat seinen eigenen unverwechselbaren Charakter. Das alles liegt am und über dem Steilhang des Geestrückens.

Max Sidow (1897–1965)

Auf dem Weg von Neumühlen nach Teufelsbrück

Der Museumshafen und Övelgönne

An der Anlegestelle Neumühlen befindet sich der 1977
von dem gleichnamigen Verein eröffnete Museumshafen
Oevelgönne (Traditionsliebende schreiben Övelgönne mit
„Oe"). Die dort liegenden historischen Schiffe werden alle
noch gefahren. Nicht nur Liebhaber der Schifffahrt sind begeistert von den sogenannten Plattbodenschiffen mit ihren
charakteristischen Seitenschwertern, die den fehlenden Kiel
ersetzen. Die auch „Ewer" genannten Segelschiffe, die früher
das Bild auf der Elbe bestimmten, konnten zum Be- und Ent-
laden bei Ebbe – ohne umzufallen – „trockenfallen" und waren somit für die Elbe, die angrenzenden Flüsse sowie fürs
Watt besonders gut geeignet.

In Neumühlen und Övelgönne siedelten sich vor allem
Fischer und Lotsen an; Letztere waren aufgrund der zahlreichen Sandbänke im Elblauf stets gefragt. Seit der Mitte
des 19. Jahrhunderts wurde der Fremdenverkehr als zusätz-
liche Erwerbsmöglichkeit entdeckt: Der Ort entwickelte sich
zur regelrechten Sommerfrische mit Bademöglichkeiten. Bis
heute ist Övelgönne ein beliebtes Ausflugsziel mit vielen
Cafés und Restaurants.

Ein schmaler Fußweg führt vorbei an alten, teilweise aus
dem 18. Jahrhundert stammenden Lotsenhäusern (Nr. 40–
42: vor 1739, Nr. 65/66: von 1709 bis 1712 und Nr. 72–75
zwischen 1729 und 1756) und um 1900 erbauten Stadtvillen,
auf der anderen Seite liegen kleine Gärten, durch die hindurch der Spaziergänger über den Strand auf die Elbe und
den Hafen blickt.

Der Museums-
hafen Oevelgönne
versetzt Besucher
in alte Zeiten. Er
ist Heimstatt
einer beeindru-
ckenden Anzahl
historischer
Schiffe, die alle
noch funktions-
tüchtig sind. Zu
ihnen gehören
die „Ewer" ge-
nannten Segel-
schiffe mit ihren
charakteristi-
schen Seiten-
schwertern.

Ein schmaler, mit
Gaslaternen ge-
säumter idylli-
scher Gehweg,
der die Häuser
von ihren Vorgär-
ten abtrennt,
führt auch heute
noch durch die
aus dem 16. Jahr-
hundert stam-
mende ehemalige
Fischersiedlung
Övelgönne (da-
mals hieß sie
noch „Fischer-
boden").

Das Brandt'sche Säulenhaus und
die ehemalige Schillerburg in Övelgönne

Oben am Hang, an der Elbchaussee, konnten einst Reisende zwei besonders auffallende Landhäuser bestaunen. Das eine, mit der geraden Hausnummer 186 auf der „falschen", nämlich elbabgewandten Seite, hatte sich der Reeder Wilhelm Brandt (1778–1832) im Jahr 1817 von dem dänischen Architekten Axel Bundsen (1768–1832) im klassizistischen Stil bauen lassen: Es ist eine zweigeschossige große Villa mit doppelter, im Halbkreis vorspringender Säulenloggia. Vorbild für das sogenannte Brandt'sche Säulenhaus waren eventuell die Schlösser des zaristischen Adels auf der Krim, die Brandt bei seinen Aufenthalten in Russland (hier hatte er nicht nur seine Ausbildung absolviert, sondern auch eine Reederei gegründet) kennengelernt hatte.

Zur Vollendung des Hauses erschien 1819 ein Gedicht in den „Altonaer Adreß-Comtoir-Nachrichten" auf „Die neue Villa": „Stolz in die Lüfte heben die Kreise Dorischer Säulen / Wie auf südlicher Flur das italische Dach. / Und aus des Hauses kühligem Säulengang, vom Balkone, / Magst Du, glücklicher Mann, Fluthen und Triften beschauen. / Monden lang auf den Fluthen schwankte der thätige Kaufherr, / Aber nun kehrt er froh zu dem heimischen Heerd./ Neue Fluren hat er geschaut und Wundergeschöpfe, / Spezereien und Gold, Balsam und Edelgestein, / Und das feine Gesträuch des Herzerheiternden Kaffees / Von dem heißen Gestirn Indias feurig gewürzt. / Und wie er kehret so reich an tausend herrlichen Gaben / Nach der kühleren Luft kärgerer nördlicher Flur: / Da erblickt er des heimatlichen Gestades neuere Wunder (...)."

Zwar erlitt der ehemals weitläufige Park das Schicksal so vieler: Er wurde durch Parzellierung im Lauf der Zeit auf einen

kleinen Rest reduziert. Das repräsentative Landhaus dagegen wurde glücklicherweise von privater Hand aufwendig restauriert und in seinem Innern weitgehend in seiner originalen Gestalt wiederhergestellt. Das Bankhaus Wm. Brandt's Sons & Co. ging aus Brandts zweiter Firmengründung 1805 in London hervor.

Das zweite auffallende Landhaus in Övelgönne lag schräg gegenüber. Die sogenannte Schillerburg (ehemals Elbchaussee 185 b) hatte sich der Hamburger Kaufmann Gustav Wilhelm Schiller (1803–1870) in den 1840er-Jahren von dem Londoner Architekten George Giles (1811–1878) im Stil der Neugotik errichten lassen; wenig später begann Giles mit dem Neubau der St.-Nikolai-Kirche, die im Hamburger Großen Brand von 1842 zerstört worden war. Von den Zeitgenossen wurde das Landhaus Schiller wegen der mittelalterlich anmutenden Türme und Zinnen schon bald als „Schillerburg" bezeichnet. An Schillers botanische Interessen und seine repräsentativen Bedürfnisse – er hatte umfangreiche Orchideensammlungen in seinen Gewächshäusern – erinnert heute noch eine nach

Diese farbige Lithografie von Schillers Landhaus in Neumühlen, der „Schillerburg", wurde 1853 von Wilhelm Heuer angefertigt. Im Vordergrund sieht man das Dach eines Gewächshauses. Wilhelm Heuer (1813–1890), der bei den Gebrüdern Suhr in Hamburg gelernt hat, wurde für die zweite Hälfte des 19. Jahrhunderts zum Bildchronisten seiner Heimatstadt.

ihm benannte Orchideenart, *Cattleya schilleriana*. Auch eine Melonenart erhielt seinen Namen, die *Cantaloupe Konsul Schiller*. Schiller war venezolanischer Konsul und darüber hinaus Mitbegründer der Hamburg-Londoner Dampfschiff-Linie (1825), des Hamburger Zoologischen Gartens (1863) und der Gothenburger Gasanstalt sowie Vorsitzender im Aufsichtsrat der St.-Pauli-Brauerei.

1872 verkauften die Erben den Landsitz, der fortan wechselnde Besitzer hatte, bis 1927 die Stadt Altona das Anwesen erwarb, die ehemals weitläufigen Parkanlagen parzellierte und in das Landhaus Mietwohnungen einbauen ließ. Bis 2007 konnte man noch einen Überrest sehen, inzwischen steht hier ein Neubau.

Schröders Elbpark

Schröders Elbpark ist nach dem letzten (privaten) Besitzer benannt, dem Kaufmann Johann Heinrich Schröder (auch

Im „Halbmond"
(Elbchaussee 228)
waren Pferde und
Kutschen sowie
die Gärtner unter-
gebracht. Der
1795/96 von
Christian Frede-
rik Hansen auf
dem Anwesen des
Kaufmanns John
Thornton errich-
tete halbmondför-
mige Bau brannte
1820 ab, wurde
aber von Johann
Matthias Hansen
wieder aufgebaut.

John Henry, seit 1868 Freiherr von Schröder), der das Anwesen 1824 erwarb. Schröder, Sohn eines Hamburger Bürgermeisters, gründete 1818 in London eine Handelsbank, ein
Jahr später folgte die Gründung von J. H. Schröder & Co. in
Hamburg. Die Kreise an der Elbe blieben unter sich: Seine
älteste Tochter Helene heiratete Bernhard Donner, eine jüngere Adolph Godeffroy. An Schröders soziales Engagement
erinnern im Stadtbild Hamburgs die Schröderstiftstraße und
der Schröderstiftweg. Seine Nachfahren haben 1953 den Rest
des ehemals weiträumigen Parkgeländes der Stadt Hamburg
geschenkt, der als Schröders Elbpark der Öffentlichkeit zugänglich ist.

Entstanden ist der Park jedoch unter dem englischen Kaufmann John Thornton (1764–1835). An ihn erinnert das halb-
mondförmige ehemalige Wirtschaftsgebäude von 1795/96,
ein Christian-Frederik-Hansen-Bau (Elbchaussee 228), der
ursprünglich mit dem heute nicht mehr vorhandenen gegenüberliegenden Landhaus korrespondierte (Elbchaussee 215).

Der Hamburger
Kaufmann Jo-
hann Heinrich
Schröder (1784–
1883), Sohn des
Bürgermeisters
Christian Mat-
thias Schröder er-
warb 1824 Thorn-
tons Anwesen.
Er begründete das
Schröderstift an
der gleichnami-
gen Straße.

Dieses Landhaus (ehemals Elbchaussee 215, gegenüber dem „Halbmond") wurde 1795/96 von Christian Frederik Hansen für John Thornton errichtet. Die Fassade wurde beherrscht von einem Mittelrisalit, der die Umrahmung für ein Säulenportal mit Freitreppe bildete.

In dem im Stil eines englischen Landschaftsgartens angelegten Park ist Thorntons Tochter aufgewachsen, die später als Charlotte Paulsen (1797–1862) – die demokratische und liberale Gegenspielerin von Amalie Sieveking (1794–1859) – eine wichtige Rolle in der Armenfürsorge und in der Frauenbewegung spielen sollte.

Thornton musste als Engländer in der sogenannten Franzosenzeit fliehen und verlor während der napoleonischen Kriege sein Vermögen, sodass er den Landsitz 1819 an den Bankier Marcus Abraham Heckscher verkaufte. Heckscher hatte zuvor gemeinsam mit Salomon Heine ein Bankhaus aufgebaut (siehe S. 53) und war der Vater des berühmten Juristen Dr. Moritz Heckscher, der Hamburg 1848 in der Nationalversammlung in der Frankfurter Paulskirche vertrat. Heckscher senior veräußerte den Landsitz 1824 an Johann Heinrich Schröder. Nach dem Tod von dessen Witwe Henriette Schröder (1798–1889) wurde der Grundbesitz geteilt. Das Haus erwarb 1913 die Witwe des Bankiers Hardy, die den

Johann Heinrich Schröders Nach-fahren haben 1953 den Rest des ehemals weiträu-migen Parkgelän-des der Stadt Hamburg ge-schenkt. Schrö-ders Elbpark bie-tet neben uralten Eichen unter an-derem mehrere Urweltmammut-bäume (rechts im Bild) sowie einen herrlichen Blick auf die Elbe.

Hansen-Bau abreißen und einen Neubau errichten ließ, in dem heute die Jung-Stiftung für Wissenschaft und For-schung untergebracht ist.

Schröders Elbpark ist zwar nicht besonders groß, bietet aber grandiose, von uralten Eichen gerahmte Blicke auf Elbe und Hafen. Beeindruckend sind auch die gewaltigen Rhododendronhecken, die den Park zur Elbchaussee hin abgrenzen. Westlich des Övelgönner Hohlwegs bedeckt den Geesthang eine inzwischen private, ehemals zum Park ge-hörende Wiese, die gerade im Frühsommer, wenn sie sich in ein wahres Meer von weißen Margeriten verwandelt, dar-an erinnert, dass in englischen Landschaftsgärten um 1800 keine kurz geschorenen Rasenflächen zu sehen waren – zu-mal der Rasenmäher erst in den 1830er-Jahren erfunden wurde –, sondern vielmehr hohe blühende Wiesen. Unten, fast an der Elbe, steht auf der Wiese eine uralte mächtige Esskastanie.

Das Vossische Landhaus, heute Kallmorgen-Villa, und die ehemalige Booth'sche Gärtnerei

Ungefähr dort, wo die Parkstraße in die Elbchaussee einmündet, fällt eine stattliche Villa mit grünem Kapellendachreiter ins Auge. Zuvor stand hier das seinerzeit größte Othmarscher „Pracht- und Prunkgebäude", erbaut von dem Altonaer Architekten Johann Nikolaus Möller: Das Vossische Landhaus war zweistöckig und mit vier ionischen Säulen geschmückt.

In Auftrag gegeben hatte diesen Palast ein erfolgreicher mennonitischer Altonaer Kaufmann, Herman de Voss (1762–1807), der in Altona an der Ecke Breite Straße und Lange Straße die Voss'sche Brauerei bereits in der siebten Generation betrieb. Die Brauerei, die bis zu ihrem Abbruch 1893 im Besitz der Familie blieb, gilt als Keimzelle der 1897 gegründeten Bavaria-St. Pauli Brauerei, die heute zum Holsten-Konzern gehört.

Doch nicht jedem gefiel der neue Palast an der Elbe. Der holsteinische Kaufherr von Hennings, der einige Male bei Voght zu Gast war, beobachtete nicht nur kritisch die seiner Ansicht nach rastlose Bautätigkeit in Othmarschen. Beim Vossischen Landhaus missfielen ihm zudem die Herkunft des Besitzers und dessen Beruf. Auch mokierte er sich darüber, dass das Landhaus „auswendig (...) griechische Säulen" habe, „inwendig" aber „plattdeutsch gesprochen" werde.

Selbst der viel gerühmte Blick auf die Elbe konnte langweilig werden. So gab Frau de Voss einem Gast, der den Blick von ihrem Landhaus pries, zur Antwort: „Ach ich weiß doch nicht, es ist doch langweilig und immer dasselbe. Ich habe mir mein Zimmer nach der vorderen Seite der Landstraße genommen; da ist doch immer Passage, und man sieht doch etwas!"

Das um 1800 für den mennonitischen Altonaer Kaufmann Herman de Voss von dem Altonaer Architekten Johann Nikolaus Möller erbaute Vossische Landhaus war seinerzeit das größte Othmarscher „Pracht- und Prunkgebäude". Heute erhebt sich hier die Kallmorgen-Villa.

Die Kallmorgen-Villa mit ihrem wieder kupferfarbenen Kapellendachreiter (Elbchaussee 239) wurde 1904 für den Hamburger Kaufmann Carlos de Freitas von dem Hamburger Architektenbüro Lundt & Kallmorgen erbaut. Vorher stand hier das Vossische Landhaus.

Später ging das Anwesen durch die Hände von mehreren Besitzern, darunter der Konsul Johann Wilhelm Rücker sowie die Kaufleute Johannes Eduard Mutzenbecher und Carlos de Freitas. Letzterer ließ das Vossische Landhaus

Diese kolorierte Lithografie von Wilhelm Heuer zeigt Booth's Gärtnerei und Baumschule in Flottbek 1857. Zu sehen sind mehrere Gewächshäuser. Die Baumschule lieferte viele der Bäume, die den einst kargen Höhenzug zwischen Altona und Wedel in einen abwechslungsreichen Grüngürtel verwandelt haben.

durch die Kallmorgen-Villa mit grünem Kapellendachreiter ersetzen, die heute noch steht (Elbchaussee 239). Die Villa wurde 1904 von dem renommierten Hamburger Architektenbüro Lundt & Kallmorgen erbaut. Georg Kallmorgen (1862–1924) und Werner Lundt (1859–1938) sind für eine Reihe von Villen (unter anderem die Villa Ballin in der Feldbrunnenstraße) und repräsentative Bauten (unter anderem das Oberlandesgericht) in Hamburg und Umgebung verantwortlich. Georg Kallmorgens Sohn Werner Kallmorgen hat später das Ernst Barlach Haus im Jenischpark erbaut.

Gegenüber vom Vossischen Landhaus lag die Booth'sche Gärtnerei und Baumschule (siehe auch S. 161), eine Attraktion in der Mitte des 19. Jahrhunderts: Unter den 17 Gewächshäusern waren das Orchideenhaus, das Haus der indischen Azaleen sowie das große Palmen- und Kakteenhaus besonders beliebt. In den 1880er-Jahren übernahm Carl Ansorge (1849–1915) – ehemals Obergärtner bei Booth – die Gärtnerei, die bis zum Anfang des 21. Jahrhunderts bestand.

Der Hindenburgpark und das ehemalige
„Park-Hotel Teufelsbrücke, Sommer- und Winter-Luftkurort"

Zwischen Schröders Elbpark und Teufelsbrück liegt der Hindenburgpark: eine schmale, von Bäumen gerahmte steil abfallende Wiese, die 1932 zunächst als Bülow-Park und ab 1934 als Hindenburgpark der Öffentlichkeit übergeben wurde. Der Name des Parks ehrt Paul von Hindenburg, Generalfeldmarschall und letzter Reichspräsident der Weimarer Republik, der 1933 Adolf Hitler zum Reichskanzler ernannte und 1934 verstarb; es wäre zu überlegen, ob eine solche Widmung noch zeitgemäß ist.

Der Hindenburgpark ist Teil eines ehemals sehr viel weitläufigeren Anwesens, das (nach wechselnden Besitzern, unter ihnen die Altonaer Mennonitenfamilie Linnich und der Engländer John Blacker) in den 1820er-Jahren der Hamburger Konsul Johann Wilhelm Rücker erworben hatte. Oben auf dem Geesthang stand die für seinen Sohn von dem Architekten Auguste de Meuron (1813–1898) errichtete sogenannte Elbpark-Villa, die später Bernhard von Bülow (1849–1929) regelmäßig als Sommerdomizil diente. Der von 1900 bis 1909 als Reichskanzler amtierende von Bülow, dessen Mutter eine geborene Rücker war, wurde im benachbarten Vossischen Landhaus geboren. Als er verstarb, wurde die Elbpark-Villa niedergerissen, der Landsitz parzelliert und – ebenso wie die angrenzenden ehemaligen Parkflächen – mit einzelnen Villen bebaut. Einzig ein schmaler Taleinschnitt, der heutige Hindenburgpark, konnte für die Allgemeinheit als Grünfläche gerettet werden. Ein Tunnel unter der Elbe, mit dem Fernwärme aus dem Hafen in den Westen der Stadt gebracht wird, soll ab 2024 den Hindenburgpark mit dem gegenüberliegenden Ufer verbinden.

Erhalten ist bis heute das nach dem Reeder August Joseph Schön benannte Landhaus Schön, in dem bis zum Umzug in

Eine schmale, von Bäumen gerahmte, steil abfallende Wiese wurde 1932 zunächst als Bülow-Park, ab 1934 als Hindenburgpark der Öffentlichkeit übergeben. Dieser war Teil des einst viel weitläufigeren Anwesens des Hamburger Konsuls Johann Wilhelm Rücker.

Das Landhaus Schön (rechts) und der benachbarte Neubau bildeten um 1900 zusammen mit dekorativen Terrassen und Gartenpavillons das „Park-Hotel Teufelsbrücke". Heute residiert in dem Neubau das „Weiße Hotel" (Elbchaussee 279).

die HafenCity Peter Tamms privates Schifffahrtsmuseum untergebracht war. August Joseph Schön (1802–1870) war nach Godeffroy, Sloman und der HAPAG der viertgrößte Reeder in Hamburg und bedeutendster Westindien-Reeder der Segelschiffzeit. Er hatte sein Unternehmen gemeinsam mit Karl Heinrich Willincks zunächst in St. Thomas gegründet, einer Insel im damaligen Dänisch-Westindien. Seit den 1840er-Jah-

Das in den 1860er-Jahren erbaute, nach dem Reeder August Joseph Schön benannte Landhaus Schön (Elbchaussee 277, rechts im Bild) beherbergte bis zum Umzug in die HafenCity Peter Tamms privates Schifffahrtsmuseum.

ren führte er eine Niederlassung in Hamburg, in den 1860er-Jahren kaufte er sich an der Elbchaussee ein und ließ sich das damals größte Landhaus an der Elbe errichten. Das Landhaus Schön ging 1883 in den Besitz des Hoteliers C. F. Möller über, der 1890 ein noch größeres Haus nebenan (heute das 2002 grunderneuerte sogenannte Weiße Hotel an der Elbchaussee 279) errichten ließ und das Ensemble mit dekorativen Terrassen und Gartenpavillons bis zum Elbewanderweg hinunter „Park-Hotel Teufelsbrücke, Sommer- und Winter-Luftkurort" nannte. Das teure und elegante Park-Hotel, in dem sich alles von Rang und Namen traf – selbst Kaiser Wilhelm II. logierte hier –, war damals noch mit einem eigenen Anleger versehen. Ungefähr auf gleicher Höhe wächst am Elbuferweg ein Japanischer Schnurbaum. Sein natürliches Verbreitungsgebiet erstreckt sich von Korea bis China, in Europa findet man ihn als Park- und Alleebaum. Er stellt aufgrund seiner Spätsommerblüte im August eine Besonderheit dar: So spät blüht in Hamburg fast kein anderer Baum! Die Blüten sind gelblichweiß und in langen, rispenartigen Trauben angeordnet.

Ungefähr auf gleicher Höhe wächst am Elbuferweg ein Japanischer Schnurbaum, der im Spätsommer seine Blütenpracht entfaltet. Er wird auch „Honigbaum" oder „Japanischer Pagodenbaum" genannt.

Teufelsbrück

Der kleine Freizeithafen bei Teufelsbrück hat sich aus einer Hafenmole entwickelt, die 1888 von den Gemeinden Nienstedten und Klein Flottbek angelegt worden war und noch bis kurz vor dem Zweiten Weltkrieg als kleiner Handelshafen diente. Eine Reihe von Japanischen Kirschen, die im Frühjahr ihre Blütenpracht entwickeln, säumen den Weg. Unter ihnen steht die Skulptur eines Teufels, der einen Hasen an den Ohren hält.

Ein Ortsname wie „Teufelsbrück" fordert zur Legendenbildung geradezu heraus (es existieren mehrere leicht voneinander abweichende Versionen): Ein Brückenbaumeister namens Appelsteert soll vom Flottbeker Gemeinderat den Auftrag erhalten haben, an jener Stelle, an der die Große Flottbek in die Elbe mündet, eine Brücke zu bauen. Doch der Boden war morastig, so sackten ihm die Pfeiler immer wieder weg. Bis eines Tages der Teufel aus dem Fluss auftauchte und Appelsteert ein Angebot machte: Er werde ihm beim Bau der Brücke helfen, doch als Gegenleistung erwarte er die Seele des ersten Wesens, das diese Brücke betrete. Was blieb dem armen erfolglosen Brückenbaumeister übrig, als auf den Pakt mit dem Teufel einzugehen.

Der Teufel hielt sein Versprechen, die Brücke hielt, und zur Einweihung kamen unter anderem der Pastor und der Landrat. Die beiden konnten sich jedoch nicht einigen, wem denn nun die Ehre gebühre, die Brücke als Erster zu betreten. Wir dürfen annehmen, dass der Teufel sich besonders auf die Seele des Pastors freute ... Doch während die beiden noch stritten, lief ein kleiner Hase – aufgeschreckt durch den Disput – über die Brücke und wurde so das Opfer des Teufels.

Es heißt, dass dieser daraufhin voller Wut in die Elbe gesprungen und dort im Morast verschwunden sei. Das soll

Der Teufel von Teufelsbrück unter blühenden Japanischen Kirschen. Warum der Teufel einen Hasen an den Ohren hält, erklärt eine lokale Anekdote.

Links: In dem bereits 1888 angelegten Handelshafen bei Teufelsbrück liegen heute ausschließlich Sportschiffe.

auch der Grund dafür sein, dass es noch heute an dieser Stelle manchmal nach Schwefel stinkt ... Die aktuelle Teufelsskulptur hatte in den letzten Jahren eine Reihe von Vorgängern, die jedoch immer wieder bei Nacht und Nebel verschwanden oder zerstört wurden.

Der Reemtsma-Park

Philipp Fürchtegott Reemtsma erwirbt
einen Landschaftsgarten in Othmarschen

Der Reemtsma-Park, von dem nur noch ein Teil erhalten ist, wurde zu Beginn des 20. Jahrhunderts als moderner Reformgarten angelegt. Seine Ursprünge reichen allerdings weiter zurück.

Philipp Fürchtegott Reemtsma (1893–1959) verlegte 1923 als neuer Firmenchef das Tabak-Unternehmen „Reemtsma Cigarettenfabriken" von Erfurt nach Altona-Bahrenfeld. Als erfolgreicher Altonaer Unternehmer wohnte er zunächst in der

Der Reemtsma-Park in Othmarschen wurde 1931/32 von Leberecht Migge (1881–1935) in enger Abstimmung mit Martin Elsässer (1884–1957), dem Architekten der modernen Villa, für den Tabakindustriellen Philipp Fürchtegott Reemtsma entworfen.

Palmaille. 1929 ergab sich die Gelegenheit, aus dem Nachlass des Hamburger Kaufmanns Heinrich Friedrich Kirsten zwei Grundstücke östlich des Jenischparks zu erwerben.

Das Anwesen war bereits ab 1865 von dem Hamburger Gärtner Friedrich Joachim Christian Jürgens (1825–1903) für Senator Schütte als Landschaftsgarten überformt worden. Jürgens war der Besitzer einer renommierten Landschaftsgärtnerei in Ottensen, die auf die Aufzucht großer Baumsolitäre spezialisiert war. Er schuf zahlreiche Guts- und Villenparks im Stil eines englischen Landschaftsgartens, gestaltete den 1863 eröffneten alten Zoologischen Garten am Dammtor (die vom Senat unterstützte „offizielle" Konkurrenz zu Hagenbecks Tierpark) und konzipierte die erste Internationale Gartenbau-Ausstellung 1869 auf dem Stintfang. Das bereits bestehende Parkgelände konnte Reemtsma durch den Aufkauf einer Weidefläche ergänzen, sodass ihm nunmehr über 50 000 Quadratmeter Land zwischen Holstentwiete und Parkstraße für die neue Gartenanlage zur Ver-

118

fügung standen. Den neuen Garten am Kreetkamp (in der
Literatur wird häufig nicht der Straßen-, sondern der Flur-
name „Kretkamp" verwendet) gestaltete Leberecht Migge
ganz im Sinn der Lebensreformbewegung.

Leberecht Migge als Wegbereiter des modernen Reformgartens, die Entwicklung öffentlicher Parkanlagen in Hamburg und die Entstehung des Villenviertels Neu-Othmarschen

Leberecht Migge (1881–1935), der in Hamburg gelernt hatte,
seit 1904 bei der Hamburger Gartenbaufirma Jacob Ochs arbeitete und seit 1913 selbstständig war, führte allein in Hamburg circa 20 Projekte durch. Er war so populär, dass der
Spruch „Keine feine Bildung ohne Knigge, kein guter Garten
ohne Migge" auf seine Tätigkeit gereimt wurde.
Neben privaten Gärten schuf Migge in Hamburg 1910 auch
den – noch bestehenden – öffentlichen Wacholderpark in
Fuhlsbüttel, ein damals viel beachteter Beitrag zur Reform
der Gartenarchitektur. Diese formal gestaltete Anlage sollte –
amerikanischen Vorbildern folgend – der Erholung dienen
und auf vielfältige Weise für Spiel und Sport nutzbar sein.
Damit gehört der Wacholderpark nicht nur zu den ersten öffentlichen Grünanlagen in Hamburg, die von Anbeginn an
als Volkspark konzipiert waren, sondern auch stilistisch hielt
mit dem Wacholderpark die Moderne in Hamburg Einzug.
Zwar gab es durchaus eine Tradition öffentlicher Grünanlagen in der Hansestadt. Von 1805 bis 1834 wurden die barocken Festungswerke, wenn auch mit Unterbrechungen in
der französischen Besatzungszeit, von dem Bremer Kunstgärtner Isaak Hermann Altmann (1777–1837) zu ausgedehnten Grünanlagen im englischen Landschaftsstil umgestaltet.
Auch entstanden seit den 1860er-Jahren im Zuge der Er-

Der Wacholder-park in Hamburg-Fuhlsbüttel ist seit Anbeginn ein öffentlicher Stadtteilpark mit Wiese und Spielplatz, entworfen von Leberecht Migge im Jahr 1910. Romantisch wirkt der Park durch seine beiden Lindenlaubengänge, die ihn im Osten und Süden begrenzen.

Dieser Plan von Migges Wacholderpark verdeutlicht die Abkehr vom Konzept des englischen Landschaftsgartens und die erneute Hinwendung zu architektonischen Gestaltungselementen um 1900.

schließung von neuem Bauland für Villenviertel kleine Parkanlagen. Der Innocentiapark in Harvestehude beispielsweise, der stilistisch einen englischen Landschaftsgarten en miniature darstellte, diente letztendlich der Steigerung des Verkaufswerts der umliegenden Villengrundstücke.

In der zweiten Hälfte des 19. Jahrhunderts wurden ganze Viertel als parkähnliche Gartenstädte angelegt, so auch das an den Reemtsma-Park angrenzende Villenviertel Neu-Othmarschen. Nach dem Großen Brand in Hamburg von 1842 und der Aufhebung der Torsperre 1860/61 zogen immer mehr wohlhabende Hamburger in die Vororte, die gleichzeitig verkehrstechnisch immer besser an die Innenstadt angebunden wurden. Das Landhaus wurde zur Villa, zum dauernd bewohnten repräsentativen Einzelhaus mit Garten in landschaftlich reizvoller Lage. 1867 eröffnete die Bahnstrecke Altona–Blankenese. Ab 1882 begannen zwei Hamburger Kaufleute, Ferdinand Ancker und Johann Jakob Burchard, systematisch und spekulativ Land entlang der Bahnstrecke

Die um 1905 entstandene historische Fotografie vom Schleidenpark im Hamburger Stadtteil Barmbek-Süd zeigt den Teich, an dessen Ufer man für Kinder einen flachen Sandstrand zum Spielen angelegt hatte. Migge hielt diesen Park für vorbildlich.

aufzukaufen, um es dann zu parzellieren. Villen und Gärten wurden ebenso angelegt wie Straßen und Plätze, Siel- und Wasserleitungen. Unterstrichen wurde die Modernität der Siedlung durch ein eigenes Elektrizitätswerk und eine eigene Straßenbeleuchtung. Zudem erwirkten die Gründer der Villenkolonie Neu-Othmarschen die Genehmigung für eine eigene Bahnstation. Allein für die Anlage der Promenaden und Alleen wurden 30 000 Bäume und Sträucher gekauft. Die Straßennamen erinnern an den parkähnlichen Charakter der Villenkolonie: Parkstraße, Grottenstraße, Eichenallee etc.

Während die wohlhabenden Hamburger in die neu entstehenden Villenviertel zogen, wuchs die Bevölkerung in der Stadt selbst rasant. Vor allem im Norden und Osten Hamburgs entstanden Arbeiterviertel – und hier gab es zunächst kaum Grün. Die ersten öffentlichen Grünanlagen in Hamburg, die als Sport- und Erholungsparks für die Arbeiterschicht konzipiert wurden, waren der – von dem englischen

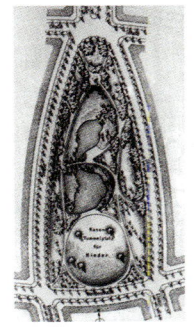

Plan des Schleidenparks in Barmbek-Süd. Der 1903/04 konzipierte Park stellt die erste öffentliche Erholungsanlage für ein Arbeiterviertel dar.

Ingenieur William Lindley (1808–1900) vorgeschlagene – Sternschanzenpark aus den 1850er-Jahren sowie der um 1900 angelegte Schleidenpark in Barmbek-Süd. Der nur 2,6 Hektar große Schleidenpark war der erste Park, der für ein dicht bebautes Arbeiterviertel geplant wurde. Zwar entsprach er stilistisch mit seinen geschwungenen Wegen und einer Teichpartie weiterhin den traditionellen Vorgaben englischer Landschaftsgärten, kam aber gleichzeitig mit seinen für Kinder ausgewiesenen Spielflächen erstmals den neuen Bedürfnissen der Großstadtbewohner nach aktiven Erholungsmöglichkeiten entgegen. Migge lobte den für die „Lütten" angelegten Strand und Rasentummelplatz und forderte auch für den in Planung begriffenen Hamburger Stadtpark Zonen für die sportliche Betätigung. Darüber hinaus unterstützte Migge in dem um 1900 angesichts der Stadtparkplanungen entbrannten Streit um den „richtigen" Stil die Verfechter der Moderne, das heißt einer architektonisch verfassten Gartenanlage (siehe S. 299 f.).

Migge war ab 1912 Mitglied im Deutschen Werkbund und entwickelte in den folgenden Jahren in Anlehnung an die aus England stammende Idee der Gartenstadt seine eigenen Vorstellungen über die sozialen Funktionen städtischen Grüns, zum Beispiel in den 1918 und 1926 veröffentlichten Publikationen „Jedermann Selbstversorger" und „Das soziale Grün. Ein grünes Manifest". Ab 1920 lebte Migge mit seiner Familie auf dem Sonnenhof in Worpswede, auf dem er seine Reformideen umsetzte, inspiriert unter anderem durch die künstlerische Auseinandersetzung mit den Idealen der Heimatschutz- und Volksparkbewegung.

1926 wechselte er nach Berlin und hatte dort Kontakte zu Anhängern der Wohnungsreformbewegung. In der Weimarer Republik gestaltete Migge viele Außenanlagen in Zusammenarbeit mit Architekten des Neuen Bauens, einer Bewe-

Diese Aufnahme des Reemtsma-Anwesens von 1934 zeigt den Blick auf die Terrasse mit Sonnenuhr und Springbrunnen sowie auf die Parklandschaft. Leberecht Migge, der den Gartenanlagen am Kreetkamp programmatischen Charakter zusprach, gilt als einer der wichtigsten deutschen Gartenreformer.

gung, deren Vertreter ebenfalls die soziale Verantwortung gegenüber den späteren Bewohnern betonten. Dass Gärtner nicht nur für eine bürgerliche Klientel arbeiteten, sondern Grünanlagen auch für den sozialen Wohnungsbau entwickelten, war noch neu. Migge entwarf für den öffentlichen Raum vielfältige nutzungsorientierte Konzepte, unter anderem auch Spielbereiche für Kinder und Ruhezonen für ältere Menschen. Seine Zielsetzung ging jedoch noch weiter: Er wollte, dass „jedermann einen Garten", das heißt einen „erweiterten Wohnraum", erhält.

Das Reemtsma-Anwesen als modernes Gesamtkunstwerk

Philipp Fürchtegott Reemtsma ließ sich von dem Architekten Martin Elsässer (1884–1957) unter der Bezeichnung „Haus K. in O." am Kreetkamp in Othmarschen eine moderne Villa im Stil des Neuen Bauens errichten (1930 bis 1932). Haus und Garten wurden von Elsässer und Migge als Gesamt-

123

kunstwerk konzipiert. So war beispielsweise die ganze Front zum Park hin verglast, und die Fenster ließen sich vollständig im Boden versenken, sodass die Differenz zwischen Architektur und Natur scheinbar aufgehoben wurde; Migge wiederum gestaltete den Garten in Bezug auf das Haus und gliederte die Gartenräume in der Nähe des Hauses streng formal. Auch im Garten kam modernste Technik zum Einsatz: Ein ganzer Fuhrpark an Maschinen stand für die Anlage und Pflege des Parks zur Verfügung, der nachts mithilfe von elektrischem Licht erleuchtet wurde.

Die Gesamtanlage war in verschiedene Funktionsbereiche unterteilt. Migge propagierte die Selbstversorgung durch den Garten; entsprechend gab es im Osten einen Wirtschaftsgarten mit einem Obst- und einem Nutzgarten sowie Gewächshäusern. Der Garten sollte zudem ein Ort aktiver Freizeitgestaltung sein. Eine Reitbahn, ein Tennisplatz, ein Spiel-Garten und das sogenannte Heimstadion mit einem Teich zum Schwimmen, einer Wasserrutsche, einem Sprungturm und einem kleinen Strand standen ganz im Zeichen einer Licht, Luft und Sonne anpreisenden Körper- beziehungsweise Kulturreformbewegung. Darüber hinaus sollte der Garten den als entfremdet imaginierten Menschen zur Natur zurückführen. Zwischen dem Heimstadion und der Villa lag der landschaftlich angelegte Teil des Gartens mit seinen schönen alten Solitärbäumen. An den Rändern entstand eine dichtere Bepflanzung, die Wildblumen- und Immergrüngärten einschloss.

Hatte Migge in den 1920er-Jahren noch für die Kombination einheimischer und fremdländischer Pflanzen votiert, so sprach er in den 1930er-Jahren von einer „einflussreichen Überfremdung" und dem „unverdorbenen Blut der Wildpflanzen". Migge, der zeitweise mit dem Kommunismus sympathisiert hatte, begeisterte sich ab 1932 zunehmend für den Nationalsozialismus.

Das gesamte Anwesen der Villa Reemtsma, hier auf einem historischen Luftbild von Südosten zu sehen, war in unterschiedliche Funktionsbereiche aufgeteilt. So standen sich der auf dem Ostteil gelegene Wirtschaftsgarten und eine parkähnliche Freizeitanlage im Westen gegenüber.

Die Entwicklung des Reemtsma-Anwesens nach 1935

Als Migge 1935 starb, übernahm zunächst Camillo Karl Schneider (1876–1951), Berater der Grünplanung beim Bau der Reichsautobahn, die weitere Pflege und Umgestaltung der Othmarscher Parkanlagen. Sein Nachfolger wiederum wurde Heinrich Friedrich Wiepking-Jürgensmann (1891–1973), der im Nationalsozialismus unter anderem für Leni Riefenstahl und Baldur von Schirach arbeitete und 1934 zum Professor und Direktor des Instituts für Gartengestaltung in Berlin berufen wurde. Sein konservativ-völkisches Weltbild stand seinem beruflichen Erfolg weder in der Weimarer Republik noch in der Bundesrepublik im Weg.

In den 1950er-Jahren wurden die Villa, inzwischen Firmensitz des Reemtsma-Tabakkonzerns, und das Gelände von dem Architekten Godber Nissen (1906–1997) neu gestaltet. Nissen, der in den 1920er-Jahren unter anderem für Gustav Oelsner und in den späten 1930er-Jahren für die Reemtsma-

Betriebe gearbeitet hatte, setzte seine Tätigkeit in der Firma nach 1945 fort und konnte Oelsner 1949 von der Umwidmung des Reemtsma-Anwesens überzeugen: So wurde das Wohnhaus zum Kasino umgebaut, und es entstanden neue Verwaltungsgebäude. Der südliche und westliche Teil des Grundstücks wurden der Stadt Hamburg übergeben und als „Reemtsma-Park" der Öffentlichkeit zugänglich gemacht. Erneut übernahm der Gartenarchitekt Heinrich Friedrich Wiepking-Jürgensmann, inzwischen Professor an der Technischen Universität Hannover, die Gestaltung des Parks.

Nach dem Verkauf des Geländes wurde das Ensemble aus Gebäuden und Gartenanlage 2005 unter Denkmalschutz gestellt, die ehemaligen Verwaltungsgebäude wurden in Wohnungen umgewandelt. Der Park, von dem der südliche und der westliche Teil seit 1954 öffentlich sind und der in Teilen verwildert war, wurde im Zuge der Neugestaltung behutsam ausgelichtet, sodass die Baumsolitäre wieder voll zur Geltung kommen.

In dem ehemaligen Badeteich wachsen jetzt Schilf und Seerosen. Vor allem der Baumbestand ist bemerkenswert. Der in Hamburg ausgesprochen selten vorkommende Wein-Ahorn, auffallend durch seine nahezu am Boden liegenden Äste, besticht Anfang Mai durch seine rot-weißen Blüten und im Herbst durch seine ausdrucksvolle orangerote Färbung der Blätter. Weiterhin zu entdecken sind in Richtung Teich eine beeindruckende Sumpf-Eiche, deren Laub sich ebenfalls im Herbst rötlich färbt, und direkt am Wasser drei Sumpfzypressen. Auf der anderen Seite des Teiches steht eine riesige alte Platane, neben ihr eine fast ebenso mächtige sogenannte Zerr-Eiche, dahinter wachsen zwei Edelkastanien nahe am Weg. In Richtung Gebäudekomplex sind ganz im Norden des Grundstücks drei Exemplare des Urweltmammutbaums (auch „Chinesisches Rotholz" genannt) zu sehen,

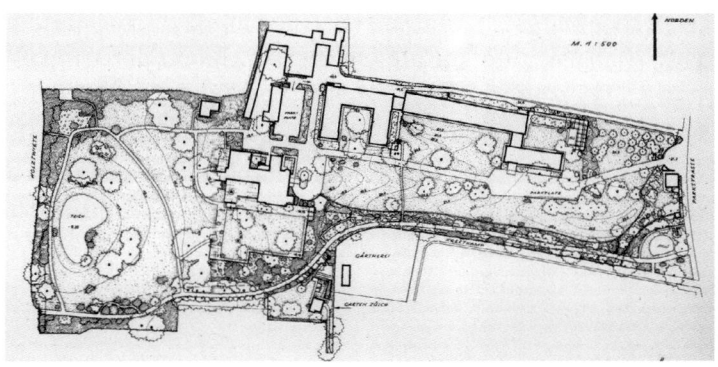

Der Gartenarchitekt Heinrich Friedrich Wiepking-Jürgensmann (1891–1973) übernahm in den 1950er-Jahren die Überarbeitung der Reemtsma-Parkanlagen in Othmarschen. In der Gesamtdisposition konnte er an seinen nicht ausgeführten Plan von 1940 anknüpfen. Dieser Plan von Wiepking-Jürgensmann stammt aus dem Jahr 1953.

weiter westlich davon eine mächtige mehrstämmige Rosskastanie.

Der Reemtsma-Park ist vom Jenischpark nur durch die Straße Holztwiete getrennt, die im Süden in die Elbchaussee einmündet.

Um die Eleganz zu erreichen (...) und um dem Menschen das Wohlbefinden zu vermitteln, das er in der Landschaft sucht, (...) dazu bedarf es eines ausgewogenen Plans, einer adäquaten Umsetzung und einer genauen Kenntnis der Landschaft (...) einer ungeheuren Sensibilität der Bepflanzung etc.; denn soviel Schönheit hängt von der Größe der Bäume und der Farbe ihres Laubes ab, um exakt die Wirkung von Licht und Schatten zu erzielen, die so wesentlich für die Vollendung eines gelungenen Plans ist.

Lancelot („Capability") Brown (1715–1783)

Der Jenischpark

Caspar Voght und seine „Flottbeker Farm"

Caspar Voght geht auf Grand Tour, übernimmt das Handelshaus und verliebt sich

Der Hamburger Kaufmann Caspar Voght (1752–1839) schuf an der Elbe eine Parklandschaft, von der der heutige Jenischpark nur ein Teil war. Hier sein Porträt von Jean-Laurent Mosnier aus dem Jahr 1801.

Der wohl bekannteste Park an der Elbe ist der Jenischpark. Benannt ist er nach dem Hamburger Kaufmann Martin Johan Jenisch, der das Anwesen 1828 erwarb. Begründet jedoch wurde der sogenannte Flottbeker Park, der fast sechsmal so groß war wie der heutige Jenischpark, von Caspar Voght (1752–1839), einer der faszinierendsten Persönlichkeiten der Hamburger Aufklärungszeit.

Caspar Voght wuchs in wohlhabenden Verhältnissen auf. Sein Vater, der als junger Mann noch in den Diensten einer fremden Firma stand, hatte die Tochter seines Prinzipals Jürgen Jencquel geheiratet und somit den wirtschaftlichen und sozialen Aufstieg vorbereitet: Er gründete ein eigenes, auf Leinen- und Seidenhandel spezialisiertes Handelshaus und wurde später Senator in der Stadtrepublik Hamburg. Entsprechend konnte die Familie Voght es sich leisten, in Hamm einen Garten nach französischen Vorbildern mit Bäumen „architectonisch in Säulen und Bögen geschnitten", langen Gängen „zwischen hohen Hecken", Damwild und einer Fasanerie anzulegen. Zum Garten gehörte auch ein Bauernhof. Caspar Voght erinnerte sich später, wie gern er den Männern hinter dem Pflug gefolgt sei und die Kuhmelkerinnen begleitet habe.

Wie so viele damals erkrankte Caspar Voght mit zwölf Jahren an den Pocken, die immer wieder endemisch auftraten und in vielen Fällen zum Tode führten, fast immer jedoch Narben zurückließen. Caspar Voght wurde zunächst von einem Hauslehrer erzogen und machte als junger Mann eine Lehre im väterlichen Handelshaus. Hier lernte er Georg Heinrich

Der Jenischpark gilt als einer der bedeutendsten englischen Landschaftsgärten in Norddeutschland. Mit seinen weich modulierten Wiesenflächen, dem herrlichen alten Baumbestand und dem Flottbektal zählt er zu den landschaftlich reizvollsten Hamburger Parks.

Sieveking kennen, der wiederum mit Johann Michael Hudtwalcker befreundet war (siehe S. 77 f.). Die Freunde rezitierten Gedichte Friedrich von Hagedorns und Salomon Gessners, verehrten den in Hamburg lebenden Dichter Friedrich Gottlieb Klopstock, gründeten eine Lesegesellschaft und stahlen sich vor dem Morgengrauen aus dem Haus, um am Elbufer oder an der Alster den Sonnenaufgang zu begrüßen. Voght träumte davon, „die große Welt, die merkwürdigen Gelehrten und berühmten Männer jeder Art in Europa und die Mittel kennen zu lernen durch welche ihnen die Cirkel der berühmten Frauen geöffnet waren, in denen hohe Geistes-Entwickelung so viel mehr galt als hoher Rang [im Original kursiv]". Stattdessen sollte er, den Kaufmannstraditionen entsprechend, die väterliche Firma in Portugal vertreten. Um den von ihm wenig geschätzten „commercialischen Arbeiten" zu entgehen, nutzte er geschickt die Ängste seiner Mutter, die bei dem großen Erdbeben von Lissabon 1755 zwei Brüder verloren hatte.

Für einen bürgerlichen Kaufmannssohn höchst ungewöhnlich, erhielt Voght von seinen Eltern die Erlaubnis, eine Grand
Tour zu machen, eine mehrjährige Bildungsreise durch Europa, die sonst nur junge vermögende Adlige unternahmen.
Seine Reise führte ihn in die Niederlande, nach England,
Frankreich, Spanien und Italien sowie in die Schweiz. Zwi-
schendurch musste er immer wieder Geschäftskontakte für
seinen Vater herstellen, doch vor allem hielt Voght sich an
den Höfen der Königshäuser und in den intellektuellen Salons der europäischen Großstädte auf. Trotz eines Empfeh-
lungsschreibens des schwedischen Königs – der Vater hatte
seine Verbindungen spielen lassen – wurde er allerdings
mehrfach mit der demütigenden Tatsache konfrontiert, dass
ihm als Bürgerlichem der Zugang zu den höheren Kreisen
verwehrt wurde. Immer wieder waren es Frauen, die ihm das
Entree zu den begehrten Zirkeln verschafften.
Voght traf herausragende Schriftsteller/innen, Wissenschaftler, Herrscher/innen und Salonièren: Er begegnete in der
Schweiz Johann Caspar Lavater, der gerade durch seine Physiognomielehre Aufsehen erregt hatte, er besuchte Voltaire
(1694–1778) im Exil in Ferney bei Genf, er traf auf Albrecht
von Haller (1708–1777), der gerade sein berühmtes Gedicht
über die Schönheit der Alpen verfasst hatte. In Rom wurde
er dem Papst vorgestellt, in Frankreich nahm er an den Hof-
festen von Ludwig XV. teil. Auf der Rückreise lernte er in
Weimar Wieland, Herder und Schiller kennen (wie später in
Karlsbad Goethe), und im Park von Sanssouci sah er Friedrich den Großen.
Mit 23 Jahren traf er 1775 als „erster Gentleman Hamburgs" – so der Kommentar eines Freundes – wieder in seiner Heimatstadt ein. Nach dem Tod seines Vaters 1781 übernahm Voght gemeinsam mit seinem Freund Georg Heinrich
Sieveking, der früh und hochbegabt als Lehrling in das

Voght'sche Handelshaus gekommen war, das Geschäft unter der Bezeichnung „Caspar Voght und Co.", das ab 1788 unter dem Namen „Voght und Sieveking" geführt wurde. Schnell konnten sie in den politisch turbulenten Zeiten hohe Gewinne verzeichnen: Zum einen gehörten sie zu den Ersten, die mit nordamerikanischen Kolonien Handel trieben, zum anderen konnte Sieveking seine auch politisch motivierten guten Beziehungen zum revolutionären Frankreich nutzen. 1793 jedoch hörte der erst 41-jährige Voght ganz auf und überließ das Geschäft (mit Ausnahme des Amerikahandels, das er einem Verwalter anvertraute) seinem Partner Sieveking. Er habe, so Voght, nie den Gedanken ausstehen können, die kostbare Lebenszeit zur Vermehrung des Vermögens zu verwenden.

Nunmehr wandte er sich stärker noch als zuvor zwei ihm wichtigen Aufgabenbereichen zu, nämlich der Armenfürsorge und der Ausgestaltung des Flottbeker Parks. Im Westen Hamburgs am Hohen Elbufer begann Voght mit dem Aufbau eines landwirtschaftlichen Mustergutes und entwickelte – Kaufmann und Agronom zugleich – in wenigen Jahren eine Parklandschaft, die nicht nur seinen ästhetischen und ökonomischen, sondern darüber hinaus auch seinen sozialpolitischen Vorstellungen entsprach.

Er unternahm immer wieder ausgedehnte Bildungsreisen: In der Zeit zwischen 1772 und 1812 war er etwa 15 Jahre auf Reisen, davon mehrere Jahre in England. Er erkundete Gärten und landwirtschaftliche Betriebe, besuchte Gefängnisse und Armenanstalten und studierte in der schottischen Hauptstadt Edinburgh Chemie, Anatomie, Philosophie, Geschichte. Am dortigen ersten landwirtschaftlichen Lehrstuhl in Großbritannien hörte er Vorlesungen in Agrikultur.

Mit Madame de Staël (1766–1817) und Madame Récamier (1777–1849), den beiden berühmten Salonièren, war Voght befreundet, und er hatte bedeutenden Einfluss auf Madame de Staëls Werk „De l'Allemagne" (1810), das entscheidend die Idealvorstellung von Deutschland als „Land der Dichter und Denker" geprägt hat.

In Hamburg war Voght Mitglied der Patriotischen Gesellschaft und pflegte enge Kontakte zu den Protagonisten der Hamburger Aufklärung. Einmal im Monat besuchte er die Altonaer Donnerstagsgesellschaft (siehe S. 91), wo er unter anderem Büsch und Klopstock traf.

Voght blieb trotz einer Reihe amouröser Abenteuer unverheiratet, nicht zuletzt weil seine große Liebe Magdalena Pauli, geb. Poel (1757–1825), bereits verheiratet war, als er sie kennenlernte. Ihre Ehe mit dem Lübecker Kaufmann Adrian Pauli war eine Konvenienzehe, wie sie damals üblich war. Voght sollte später bitter die Ehe als Institution anklagen: „Grausam sind unsere ehelichen Einrichtungen! Der Irrtum in der ersten Wahl entscheidet unwiederbringlich das Unglück des ganzen Lebens. Unzählich sind die Trähnen, die diese barbarischen Gesetze den bessern Menschen gekostet haben!"

Magdalena Pauli beherrschte ebenso wie Voght mehrere Sprachen fließend und teilte auch sonst mit ihm eine Reihe von Interessen. Noch im Alter, in seinen Lebenserinnerungen, schwärmte Voght: „Sie sprach und schrieb, mit Ausdruck und Eleganz, Deutsch und Französisch, Englisch und Italienisch; ich auch. Sie kannte diese Literaturen vollkommen, wußte die schönsten Stellen ihrer Dichter auswendig; ich auch. Sie tanzte gern; ich mit Leidenschaft. Sie ritt; ich war es, der ihre Pferde zuritt und sie begleitete. Sie, noch von den guten italienischen Sängerinnen unterrichtet, sang die großen italienischen Arien der Zeit mit dem rührendsten Ausdruck (...) War es ein Wunder, wenn wir uns unentbehrlich und endlich unzertrennlich wurden?"

Zunächst konnten die beiden ihr Glück in Klein Flottbek
ohne Aufsehen zu erregen genießen. „Wir sind vereint in
dem elysischen Flotbeck und so glücklich und so sorgenlos
wie die Unsterblichen! (...) Wohl zwei Jahre dauerte dieses
glückliche Leben. Es fiel in die Zeit des frühen Besitzes Flotbecks, meiner ersten Verschönerungen, des Gefühls, welches ich da um mich verbreitete. Durch sie, für sie war alles.
Jeder Punkt am hohen Elbufer, wo die Natur uns hoch ent-
zückt hatte, erhielt sein Monument, jeder Ort, der durch ihr
Wort, ihren Blick mir heilig geworden war. Heimlich und un-
zugänglich war der Ort, wo der seelenerhebenden Liebe, den
Umarmungen des Amor und der Psyche ein Altar stand."
Doch es folgte, was folgen musste: Der gehörnte Ehemann
erfuhr von dem Verhältnis seiner Frau mit Voght und verbot
ihr fortan den Kontakt. Voght ging in seinem Liebeskummer
auf Reisen, sie schrieben sich aber heimlich weiterhin Briefe,
die die gemeinsame Freundin Hannchen Sieveking weiter-
leitete. Noch nach zehn Jahren schrieb Voght leidenschaft-
liche Liebesbriefe an Magdalena. In einem dieser Briefe
zitierte er aus Rousseaus Roman „Julie ou La Nouvelle Héloïse". Voght identifizierte sich in dem Brief an Magdalena
Pauli mit St. Preux, dem Geliebten von Julie, der dieser Liebe
jedoch entsagen muss, da er als einfacher Hauslehrer für
sie – die Tochter von Adel – nicht standesgemäß ist.

Die Anlage des Parks und der Bau eines Landhauses

Bereits 1785 hatte Caspar Voght begonnen, in der Flottbeker
Gegend Land zu erwerben. Es dauerte allerdings noch 20
Jahre, bis er das Gebiet des Flottbeker Parks arrondiert hatte.
Voght teilte den Flottbeker Park auf in den Norderpark (heute
Neuer Botanischer Garten, Hamburger Polo-Club, Jenisch-
Schule), Osterpark (Großflottbeker Tennis-, Hockey- und

Die Flottbek fließt durch das teilweise unter Naturschutz gestellte Flottbektal und mündet in die Elbe. Der südliche Teil des Tals, der dem Tide-Einfluss der Elbe ausgesetzt ist, wirkt mit Silberweiden, Schilfrohr, Riedgräsern und einzelnen Baumskeletten wildromantisch.

Vorn links im Bild ist der Bäckerweg zu sehen, benannt nach der Gastwirtschaft „Zum Bäcker", die sich noch bis zum Zweiten Weltkrieg auf dieser Höhe an der Elbchaussee befand. Der Bäckerweg gewährt besonders schöne Aussichten in das Flottbektal.

Golf-Club, Christianeum, Gymnasium Hochrad), Westerpark (heute Westerpark und Einfamilienhaussiedlungen im Westen) und schließlich den Süderpark (heute Jenischpark).

Gerade im Winter kommen die malerische Struktur der Baumsolitäre sowie die kompositorische Schönheit der Parkanlage zur Geltung. Den Bedürfnissen der Großstadtmenschen und ihren vierbeinigen Freunden Rechnung tragend, ist im Osten des Jenischparks eine Hundezone eingerichtet.

Voght verband mit der Anlage seines Flottbeker Landgutes, seiner „Ornamented Farm", das ästhetisch Angenehme mit dem ökonomisch Nützlichen, die Parklandschaft mit einem modernen Landwirtschaftsbetrieb. Das war keine einfache Aufgabe. Was er vorfand, war „großentheils verwildertes Land", das „unter der nachlässigsten Bewirthschaftung" litt oder aus „sumpfigen Moorwiesen, dürren Hügeln und verwüsteten Thälern" bestand. Zunächst musste der Boden also be- oder entwässert und gedüngt werden, um sodann Bäume anzupflanzen, Hügel aufzuwerfen, Bänke aufzustellen ...

Abgesehen von der schlechten Bodenqualität eignete sich das Gelände aber besonders gut für die Anlage eines englischen Landschaftsgartens: Es gab mit der Großen und der Kleinen Flottbek gleich zwei natürliche Wasserläufe, zudem war das Gebiet hügelig, da das Flottbektal sich tief in den Geesthang eingräbt. Und immerhin gab es ein Waldstück aus Eichen und Hainbuchen, das einen Teil des Geestrückens bedeckte.

Zu den Park-
architekturen des
Jenischparks
zählt die ur-
sprünglich ganz
aus Naturmateria-
lien erbaute Hohe
Brücke, deren
Nachbau – im
Volksmund auch
„Knüppelbrücke"
genannt – aller-
dings im Gegen-
satz zum Original
keine gekrümm-
ten Zweige im
Geländer auf-
weist. Mit dieser
Waldbrücke be-
zog Voght sich
auf die in den
Wörlitzer Anla-
gen veranschau-
lichte Geschichte
der Brückenbau-
kunst.

Voght schuf einen ästhetisch überzeugenden englischen Landschaftsgarten, indem er das Gelände durch ein sorgfältig geplantes Wegenetz erschließen ließ. Auf den geschwungenen Pfaden sollten die Besucher/innen die Dramaturgie der vom Gärtner gestalteten Landschaftsbilder erfahren. Baumgruppen und Gehölze wurden so angelegt, dass sie malerische Ansichten betonten oder Panorama-Ausblicke auf die Elbe oder die umgebende Landschaft rahmten. Solitäre oder sogenannte Clumps, zwei bis drei zusammengefasste Bäume, die von Weitem wie ein einziger Baum aussehen, bildeten den Fluchtpunkt von langen kunstvoll geschaffenen Blickbeziehungen, die teilweise bis heute erlebbar sind. Zwar hat der Flottbeker Park keine Geschichte der Brückenbaukunst zu bieten wie die Wörlitzer Anlagen, aber mit der Hohen Brücke (der Nachbau von 1997 wird im Volksmund „Knüppelbrücke" genannt), die ursprünglich ganz aus Baumstämmen und Ästen gefertigt und mit einem Geländer aus gekrümmten Zweigen versehen war, gibt es eine deutliche Bezugnahme auf den Park bei Dessau.

Hütten aus natürlichen Baumaterialien boten den Freunden und Liebenden Ruhe und Schutz. Noch heute erinnert daran im Jenischpark die inzwischen wieder aufgebaute sogenannte Eierhütte. Dem damaligen Parkbesucher fiel es leicht, die im Park verwendeten Antikenzitate sowie weitere Inschriften auf Latein, Französisch oder Englisch zu übersetzen, wie zum Beispiel die Inschrift „Amicis et Quieti" (Den Freunden und der Muße) an der Eierhütte. Eine weitere Inschrift war an einem antikischen Pavillon, wahrscheinlich in der Nähe des Eingangs, zu lesen: „Fortunatus et ille deos qui novit agrestes", übersetzt: „Selig auch jener, dem die ländlichen Götter vertraut sind", ein Zitat von Vergil (70 v. Chr.–19 v. Chr.), der einen Text „Über den Landbau" geschrieben und darin das Landleben idealisiert hatte.

„Klein-Flottbek – Auf dem Landgut Voght". Johann Baptist Theobald Schmitts Aquarell von 1794 zeigt die Flottbek mit zwei Anglern, einen Eichen-„Clump", die heute „Eier-hütte" genannte Mooshütte, Land-arbeiter und wei-dende Rinder. Es dokumentiert anschaulich die Mischung von Parkanlage und landwirtschaft-licher Nutzung.

In den ersten Jahren wohnte Voght in einem alten strohge-deckten Bauernhaus. Erst als es einem Brand zum Opfer fiel, entschloss er sich, ein modernes zweigeschossiges Landhaus mit teilweisem Säulenumgang und 23 Gästezimmern bauen zu lassen. Während sein neues Landhaus entstand, wohnte Voght vorübergehend im sogenannten Tempel, einem einfa-chen Kätnerhaus, an das er eine Tempelfront aus Holz an-bauen ließ. Damit avancierte das Gebäude zu einem klassi-schen Bauwerk, so wie der Landschaftsmaler Claude Lorrain sie im 17. Jahrhundert in seine arkadischen italienischen Landschaften hineingemalt hatte. Die Zypressen wurden bei Voght durch Pappeln ersetzt. Diese Mischung aus nieder-deutschem Bauernhaus und Antike – im Giebeldreieck war die Inschrift „Loci Genio" (Dem Geist des Ortes) zu lesen – hat Voght später an den Gastronomen Rainville verpachtet. 1810 brannte der Tempel ab. Ein halbes Jahrhundert später entstand hier mit dem Landhaus Schön das damals größte Landhaus an der Elbchaussee. Es wurde in den 1890er-Jah-ren Teil des „Park-Hotels Teufelsbrücke, Sommer- und Win-ter-Luftkurort" (siehe S. 113 ff.).

1797 ließ Caspar Voght sich von Johann August Arens (1757–1806), dem neben Christian Frederik Hansen bedeutendsten klassizistischen Baumeister in Hamburg, ein zweigeschossiges Landhaus mit teilweisem Säulenumgang errichten (Baron-Voght-Straße 63). Es ist das einzige erhaltene Bauwerk von Arens in Hamburg.

Interessanterweise wählte Voght als Architekten für den Bau seines Landhauses nicht wie die meisten am Hohen Elbufer den königlich-dänischen Landbaumeister Christian Frederik Hansen, sondern vielmehr den zweiten bedeutenden klassizistischen Baumeister dieser Zeit, nämlich Johann August Arens (1757–1806). Nach ihm ist der Arensweg in Hamburg-Winterhude benannt.

Arens, Sohn eines Tischlers aus Stralsund, war von der 1765 in Hamburg gegründeten Patriotischen Gesellschaft ausgebildet und unterstützt worden, hatte in Kopenhagen studiert, eine Studienreise nach Frankreich, England und schließlich nach Rom unternommen, wo er die Bekanntschaft Goethes machte, durch dessen Vermittlung er einige Bauaufträge in Weimar bekam und schließlich ganz in die Dienste des Weimarer Herzogs trat. Doch schon bald kehrte Arens nach Hamburg zurück und baute hier unter anderem für die Mitglieder der Patriotischen Gesellschaft Stadt- und Landhäuser.

Die Voght'sche Abendgesellschaft, nach 1817. Links am Tisch sitzend Caspar Voght im Gespräch mit Hannchen Sieveking. Pieter Poel, Mitbegründer des Donners Parks und Freund von Caspar Voght, betritt gerade den Raum. In der Bildmitte steht Voghts Patenkind Karl Sieveking, Sohn seines verstorbenem Freundes Georg Heinrich Sieveking.

Caspar Voght wiederum war Mitglied der Patriotischen Gesellschaft und hatte somit zu Arens' Karriere beigetragen. Er beauftragte ihn nunmehr (1797), sein Landhaus zu bauen. Dieses sollte – so die Anweisung des Bauherrn, der gerade wieder einmal in England weilte – zwar bescheiden und, „um seine Größe zu verbergen, zum Theil im Buschwerk versteckt" sein, dennoch aber die Annehmlichkeiten der englischen Bauart aufweisen. Es sollte „im Inneren mehr leisten, als es im Äußeren versprach", und die Toiletten sollten mit den neuartigen „englischen Maschinen" zur Wasserspülung ausgestattet werden! Für die luxuriöse Inneneinrichtung mit Marmorkabinen, Einbauschränken aus Mahagoni, reichen Stuckaturen im Festsaal und französischen Deckengemälden konnte Voght den in Hamburg vor allem als Gartenkünstler und Architekten bekannten Joseph Jacques Ramée gewinnen. Der alte Teich mit Viehtränke vor dem Haus blieb erhalten, und eine palladianisch anmutende Brücke zeugt von den künstlerischen Ambitionen des Besitzers und des Architekten. Arens' Rolle bei der Anlage des Parks ist nicht endgültig geklärt, doch wahrscheinlich hat er auch entscheidend zu dessen künstlerischer Ausgestaltung beigetragen. Voghts Landhaus erinnert auffällig an das von George Washington in Virginia, das tatsächlich eine Inspirationsquelle gewesen sein könnte, zumal Voght enge Handelsbeziehungen zu Nordamerika hatte. Hier im Landhaus empfing er auf Abendgesellschaften seinen Freundeskreis.

Vorbilder

Landschaftsgärten in England und die bildende Kunst

Voght kannte die gartentheoretischen Schriften, in denen die zeitgenössischen Gärten beschrieben, eingeordnet und kommentiert wurden. Allein in dem wichtigsten deutschsprachigen Werk, der „Theorie der Gartenkunst" von Christian Cay Lorenz Hirschfeld, das zwischen 1779 und 1785 erschien, sind unter anderem Stowe, Painshill und The Leasowes in England, Ermenonville in Frankreich und der Kasseler Karlsberg beschrieben.

Voght orientierte sich bei der Anlage seines Parks an dem, was er in Frankreich, vor allem aber in England gesehen hatte. Er hatte zwischen 1772 und 1795 teils mehrjährige Reisen nach England (1772, 1786, 1793–95) unternommen. Hier konnte er bereits eine Stilgeschichte des englischen Landschaftsgartens studieren: Von Rousham, den William Kent für Lord Cobham entworfen hatte, über den Garten Stourhead des Bankiers Henry Hoare II., die Ornamented Farm „The Leasowes" des Dichters William Shenstone und die vielen von dem Landschaftsgärtner Capability Brown ausgeführten Gärten bis hin zu Kew Gardens, einem Werk des China-Reisenden William Chambers.

William Kent (um 1685–1748) – von Hause aus Landschaftsmaler – hatte die Kompositionsregeln der Malerei auf die Anlage von Gärten übertragen und so eine Bildergalerie im dreidimensionalen Raum geschaffen, die dem Besucher über die
Wegeführung wirkungsvoll erschlossen wurde. Kurvenreiche
Wege („die Natur verabscheut gerade Linien", so Kent) führten durch eine hügelige Landschaft zu immer neuen und
überraschenden Aussichten. Kent benutzte die Pflanzen –
die Baumstämme, die Äste, die verschiedenfarbigen Blätter,
Blüten und unterschiedlichen Wuchshöhen – wie der Maler
die Farben als Werkstoff, um seinen Kompositionen Gestalt
und Farbe zu verleihen. Dafür verwendete er vorwiegend ein-
heimische Baum- und Strauchsorten, zählten doch visuelle
Werte für ihn weit mehr als die Seltenheit einer bestimmten
Gattung.

Die Bilderwelten wiederum, die Kent schuf, orientierten sich
an der Landschaftsmalerei aus dem 17. Jahrhundert: Vor
allem Claude Lorrain (1600–1662) hatte in der Nähe von
Rom weiträumige, von warmem Sonnenlicht durchflutete
Landschaftsbilder geschaffen, die den englischen Adligen
nach Abschluss ihrer Grand Tour später als Reiseerinnerun-
gen dienen sollten. Trotz präziser Naturbeobachtung ent-
warfen Lorrain und andere Künstler durch Weglassung und
Hinzufügung idealisierte arkadische Landschaften, die wiederum von englischen Adligen ins Dreidimensionale der
eigenen Parkanlage – samt antiken Staffagebauten – übertragen wurden.

Nicht von ungefähr waren die führenden englischen Landschaftsarchitekten zumeist persönlich mit der italienischen
Landschaft vertraut und erhielten darüber hinaus entschei-
dende Anregungen aus der Landschaftsmalerei. So hatte
William Kent mehrere Jahre in Italien gelebt und als Landschaftsmaler vorzugsweise Claude Lorrain studiert.

Wie stark die Sehgewohnheiten und die Schönheitsvorstel-
lungen der Reisenden durch die Vorgaben der bildenden
Kunst geprägt waren, zeigt sich nicht zuletzt daran, dass viele
Italien-Reisende mit einer „Claude-Brille" – einem Spiegel,
mit dem jede Landschaft einem Claude-Lorrain-Bild ange-
glichen wurde – auf Besichtigungstour gingen.

Der Weg durch den Garten wiederum wurde den englischen
Lords zur „sentimental journey", die Erinnerungen an die
obligate Grand Tour wachrief: So hatte beispielsweise der
Bankier Henry Hoare II. nach seiner dreijährigen Europa-
Tour begonnen, den ererbten Landsitz Stourhead in eine arkadische Landschaft umzuwandeln, eine Komposition aus
Grüntönen, ergänzt durch das Blau des Sees und das Weiß
der antiken Staffagebauten – ganz wie auf einem Bild von
Claude Lorrain. Noch keine 40 Jahre alt hatte Hoare II. sich
von den Geschäften und der Stadt aufs Land zurückgezogen,
gemäß der Devise des römischen Dichters Horaz (65–8 v.
Chr.): „Glücklich, der fern von den Geschäften lebt!" (Beatus
ille qui procul negotiis).

Als Voght England besuchte, hatte Capability Brown sein
umfangreiches Werk bereits geschaffen. Brown war der erste
professionelle Landschaftsplaner (zunächst noch unter Kents
künstlerischer Leitung), der als „Shakespeare der Gartenkunst", wie Fürst Pückler ihn nannte, über 200 Gärten neu-
oder umgestaltete. Dabei ging er immer von den naturgege-
benen Möglichkeiten („capabilities") eines Grundstücks aus,
um auf dieser Grundlage dem Eigentümer „Verbesserungen"
vorzuschlagen. Die Natur sollte lediglich optimiert werden,
sodass Park und Landschaft in Browns Arbeiten nah anei-
nanderrücken. Gartenarchitekturen verwendete Brown nur
sehr sparsam, alles sollte den Charakter natürlicher Landschaft wahren. Dieser postulierten Naturnähe fielen allerdings eine Reihe historischer Barockgärten zum Opfer.

Wie auf einem Gemälde wirkt diese Reihe von alten Stieleichen im Flottbektal des Jenischparks.

In Voghts Reflexionen über die Anlage seines Flottbeker Parks findet sich sowohl die Idee des englischen Landschaftsgartens als ideale Natur in dreidimensionalen, begehbaren „Bildern" (Kent) als auch diejenige, der zufolge die natürlichen Gegebenheiten lediglich von einigen „Fehlern" befreit werden müssten, damit die „Natur" ihr volles Potenzial entfalten könne (Brown).

In der 1824 von Voght verfassten Schrift „Flotbeck in ästhetischer Ansicht" heißt es: „Der Besitzer und, er darf wohl in mancher Hinsicht sagen, der Schöpfer Flotbecks, hat von jeher geglaubt, dass die Kunst der Gartenanlage es hauptsächlich erfordere, eine Reihe von Landschaften zu bilden, deren malerische Beleuchtung für gewisse Tages- wie für die Jahreszeiten berechnet den dafür empfänglichen Gemüthern, nicht allein Natur- und Kunstgenuß zugleich verschaffe; sondern, daß es ihr noch höherer Beruf sey, jeder dieser Landschaften den Charakter abzulauschen, den die Natur ihr verlieh; diesen mit sorgsam schüchterner Hand auszubilden,

Das „Quellenthal" im Süden des Westerparks gehörte zu den Lieblingsplätzen von Caspar Voght. 1797 hatte er einen weiteren Hof, der wegen der hier wachsenden Nesseln, vielleicht aber auch wegen seiner „niederen" Lage „Nettelhof" genannt wurde, erworben und ihn in das idyllische Quellental verwandelt.

und dem Beschauer zu verdeutlichen: glücklicher noch, wenn es ihr gelingt, durch den Gesammt-Eindruck das Gemüth zu beruhigen oder zu bewegen (...)."

Voghts malerische Kompositionen beeindrucken bis heute, so zum Beispiel, wenn man von der Anhöhe des Jenisch Hauses nach Südwesten blickt: Einzelne Bäume geben dem Bild seine Tiefenschärfe, indem sie den Übergang von der Hauswiese zum Buchenwald wohlkalkuliert auflockern. Auch das „Malen" mit den unterschiedlichen Blattfarben ist gerade im Frühjahr im Jenischpark gut nachvollziehbar.

Die Vorlagen für die von Voght kreierten begehbaren dreidimensionalen Bilder sind seltener in der französischen beziehungsweise italienischen Malerei zu finden als vielmehr in der holländischen Landschaftsmalerei des 17. Jahrhunderts. Mehrfach bezieht Voght sich auf den holländischen Landschaftsmaler Jacob Isaackszoon van Ruisdael (1628/29–1682). Hier zeigt sich wieder die Nähe vieler Hamburger zur niederländischen Kultur, vermittelt seit Generationen durch Handelsbeziehungen und die vielen niederländischen Immigranten, die nach Hamburg und Altona gekommen sind.

An anderer Stelle beschreibt Voght, wie er versuchte, „das auszuführen, was der Dichter so richtig als schön ausgedrückt hat". So sei das Quellental – einer seiner Lieblingsorte – literarisch inspiriert gewesen und das vollendete Werk habe folgendermaßen ausgesehen: „Bald erblickt man einen aus den bemooßten Steinen und unter hohen Bäumen hervorquellenden kleinen Wasserfall (...). Dieses Geräusch der Gewässer, der Gesang der hier so häufigen Nachtigallen, die Ueppigkeit der Vegetation, das Farbenspiel der über dem Wasserfall sich erhebenden, von hellgrünen Lärchenbäumen umgebenen Blutbuche; die kleine Brücke, der niedre Sitz am Wasserfall; die auf die beschattete Anhöhe freundlich hinaufladende Schweitzerhütte, machen in dem Zauberlichte einer hell erleuchtenden Mittagssonne, eine, jeden Sinn ansprechende, jedes Gemüth bewegende Wirkung."

Literarische und philosophische Einflüsse

Literarische Grundlage von Voghts Parkbildern sind Verse von antiken und englischen Dichtern, wie zum Beispiel das 5000 Zeilen umfassende Gedicht „The Seasons" des schottischen Schriftstellers James Thomson (1700–1748), ein Schlüsselwerk der europäischen Aufklärung, in dem die Natur minutiös und emphatisch beschrieben worden war. Barthold Hinrich Brockes, Hamburger Ratsherr und Verfasser der naturlyrischen Gedichtsammlung „Irdisches Vergnügen in Gott" (siehe S. 13), hat wiederum die Jahreszeiten von Thomson ins Deutsche übertragen, und Joseph Haydn hat sie später vertont.

Auf der Flottbeker Farm konnten die Besucher über Voghts Tür ein Zitat aus den „Jahreszeiten" lesen. Aus dem Englischen übersetzt lautet es: „Geschmackvolle Angemessenheit, zufriedenes, zurückgezogenes Leben, ländliche Ruhe,

Freundschaft, Bücher, Muße im Wechsel mit Arbeit, ein nützliches Leben, wachsende Tugend und des Himmels Segen." Eine weitere Inspirationsquelle für Voght waren die Dichtungen von John Stuart Milton (1608–1674), besonders dessen berühmtes episches Gedicht „Paradise Lost".

Der englische Philosoph und Staatsmann Edmund Burke (1730–1797) hatte 1756 eine wirkungsreiche Schrift verfasst, in der bestimmte Gefühle bestimmten Kategorien der Ästhetik zugeordnet wurden. Dabei unterschied er zwei Arten von Schönheit: das Schöne einerseits, das er mit Harmonie, Ordnung und Gefälligkeit identifizierte, und das Erhabene andererseits, das gerade durch die Sprengung des menschlichen Maßes, durch den Verlust von Übersicht, Gleichgewicht und Harmonie definiert sei. Zum Erhabenen gehört das Überdimensionale, das Abwechslungsreiche, das Bizarre, Dunkle und Chaotische, das Schöne ist demgegenüber weitgehend identisch mit dem klassischen Winckelmann'schen Schönheitsideal, inspiriert durch die griechische Antike.

Die Gärten von Brown erfüllen die Kriterien des Burke'schen Schönheitsbegriffs: weite, sanft geschwungene Wiesen, auf denen Baumgruppen leise Akzente setzen ... Flottbeks Charakter wiederum sei – so Voght – „heitere Ruhe und frohe Gemüthlichkeit". Das Gemüt des Besuchers finde sich hier mehr „sanft angezogen, als lebhaft aufgeregt", das heißt, in den Kategorien Burkes hat Voght bewusst einen Landschaftsgarten geschaffen, der dem Schönen, nicht aber dem Erhabenen zuzurechnen ist.

Dass die Besucher des Parks ebenso gebildet waren wie Voght, also die griechischen und römischen sowie die zeitgenössischen Dichter/innen kannten, über die unterschiedlichen Stilrichtungen des englischen Landschaftsgartens unterrichtet waren und damit zu schätzen wussten, dass Voght hier am Hohen Elbufer ein ganz eigenes Kunstwerk geschaffen hatte, verdeutlicht folgendes Lob der Anlagen aus der Feder eines Besuchers:

„Lieblicher ort! Hätte Plato in Hamburg gelebt, zu dir hin hätte er die szene seines gastmahls verlegt! Alles ist in Flodbeck in einem geiste gedacht, ein ganzes! Die kunst hat nicht weiter verschönert, als in so fern sie den gütigen absichten der natur für diesen ort zu hülfe gekommen ist. Man geht über felder voll der schönsten saaten, umgeben von waldung: nun! Hier sind hin und wieder ein paar bäume ausgehauen, um eine aussicht zu eröfnen. Gewiß, so wollte es die natur, die bäume standen ihr selbst im wege! Denn zeigt sie sich nun nicht viel schöner in dem großen becken der Elbe, die sich zwischen den stehen gebliebenen bäumen dem auge darbietet, und auf der, wie im chinesischen blendwerk, ein schiff mit vollen segeln erscheint und verschwindet!"

Die Ornamented Farm

Voght schuf jedoch nicht „nur" einen ästhetisch schönen englischen Landschaftsgarten, sondern vielmehr eine sogenannte Ornamented Farm (auch „ornamental farm", „ferme ornée"), in der das Schöne mit dem Nützlichen verbunden wurde.

Westlich von Birmingham hatte Voght eine Gartenanlage kennengelernt, die ihn tief beeindruckte: den bereits erwähnten Park „The Leasowes" („Die Hirtenfelder") des Dichters William Shenstone (1714–1763).

Dieser hatte 1745 das Landgut seines Vaters geerbt und das malerisch-hügelige Gelände durch eine geschickte Wegeführung erschlossen. Wie Brown meinte auch Shenstone, die Bodengestaltung eines Parks müsse sich der natürlichen Geländeformation anpassen, und es sei keine Form zugelassen, die einen künstlichen Eindruck mache. Es komme

Diese kolorierte Lithografie von H. Berger nach einer Zeichnung von Ludwig Matthias Anton Brammer, die um 1840 entstanden ist, zeigt die Verbindung von Ästhetik und Landwirtschaft im Sinne der Ornamented Farm.

hauptsächlich darauf an, eine Anzahl „Landschaftsgemälde" mit verschiedenen Stimmungsgehalten zu komponieren.

Für eindrucksvolle Gartentempel fehlte es Shenstone allerdings an finanziellen Mitteln. Um trotzdem zu gewährleisten, dass der Besucher die mit den einzelnen Parkbildern assoziierten Stimmungen nachvollziehen konnte, markierte Shenstone wichtige Aussichtspunkte durch Gartenbänke oder Inschriftentafeln, auf denen griechische und römische Autoren zitiert wurden.

In seiner postum herausgegebenen gartentheoretischen Schrift „Unconnected thougts on gardening" (1764) verwandte Shenstone als Erster den Begriff „Landskip-gardener", übersetzt „Landschaftsgärtner". Seine Gartenanlage machte den Dichter zeitweise zu einer Berühmtheit, und die Scharen von Besuchern wiederum verbreiteten seinen Ruhm über ganz Europa. Die Idee, die der Anlage zugrunde lag, musste auch dem Hamburger Kaufmannssohn gefallen, galt es doch das ästhetisch Angenehme mit dem ökonomisch Nützlichen zu verbinden: Flächen landwirtschaftlicher Nutzung sollten in eine Parklandschaft integriert werden.

Shenstone griff damit einen Gedanken auf, den der englische Politiker und Essayist Joseph Addison (1662-1719) bereits 1712 formuliert hatte: Kornfelder böten einen hübschen Anblick, und wenn man den „natürlichen Schmuck der Wiesen durch einige Zutaten aus dem Bereich der Kunst" veredeln und verbessern würde, so könne „jedermann aus seinen Besitzungen ein hübsches Landschaftsbild" machen.

Auch Voght schuf in Flottbek eine Parklandschaft, in die er einen modernen Landwirtschaftsbetrieb integrierte, der wiederum wesentlich zur Schönheit des Ganzen beitrug. So wurden unter anderem Kartoffel- und Haferfelder, das Vieh und die Landarbeiter zu integralen Bestandteilen dieses Gesamtkunstwerks:

„Es ist bey geringem Aufwande ein wunderbar großer Reichthum; die Formen, die die Natur so mannigfaltig bildet, erscheinen hier in ihrer vollen Schönheit, und wenn auf den entfernteren grünenden Koppeln, die man von hier übersieht, wohlgenährtes Vieh weidet, oder der emsige Landmann froh seinen Pflug forttreibt, oder die Heuwendung viele Hände beschäftigt, und mancher ländliche Gesang ertönt, so entsteht aus dem Total-Eindruck äußerer Schönheit und des uns umgebenden frohen Seyns, etwas, welches mächtig auf das Gemüth zurückwirkt, in welchem sich die frohe Schöpfung spiegelt; das dankerfüllt sein Erdendaseyn segnet."

Voghts Engagement für die Armenfürsorge

Der Mitbegründer der Patriotischen Gesellschaft und Gründer und Leiter der Hamburger Handelsakademie Johann Georg Büsch hatte die damals landläufige Meinung, dass die Armen an ihrer Armut selbst schuld seien, als Vorurteil entlarvt und gefordert, die strukturellen Ursachen von Armut in Hamburg, nämlich Landflucht und Konjunkturschwankungen, zu benennen und zu bekämpfen.

Den Armen sollte geholfen werden, jedoch nicht wie zuvor durch Almosen, sondern dem Credo der Aufklärung entsprechend durch Arbeit. Private Wohltätigkeit sollte den „besten Armen" zukommen und deren moralischen Wert erhöhen. Im Zuge der Hilfsleistungen für Arme galt es, die bürgerlichen Tugenden (letztlich durch Zwang und Erziehung) durchzusetzen, so wurde zum Beispiel Betteln nunmehr unter Strafe gestellt, und in sogenannten Arbeitsschulen mussten schon die fünf bis zwölf Jahre alten Kinder die Hälfte ihres Auskommens selbst verdienen.

Caspar Voght war neben Büsch und dem Juristen Johann Arnold Günther wesentlich an der Neuordnung des Armenwesens und der Gründung der Allgemeinen Armenanstalt ab 1788 in Hamburg beteiligt. Grundlage der Reform war die Einteilung der Stadt in einzelne Pflegebezirke, deren Bewohner von rund 200 ehrenamtlichen Armenpflegern betreut wurden. Die Reformen setzten bei den konkreten wirtschaftlichen Bedürfnissen der Betroffenen an. Die Armen wurden medizinisch versorgt, die Kinder bekamen Unterricht. Die notwendigen Gelder wurden durch Spenden aufgebracht.

In der Folge trug Voght wesentlich dazu bei, das Hamburger Armenwesen zu exportieren: So war er an der Reorganisation des Armenwesens zum Beispiel in Wien, Berlin, Paris und Rom maßgeblich beteiligt. Dass Caspar Voght sich ab 1802 Reichsfreiherr von Voght nennen durfte, hatte er seinem Engagement in der Armenfürsorge zu verdanken: Für seine Tätigkeit in Wien erhielt er vom letzten Kaiser des Heiligen Römischen Reiches Deutscher Nation Franz II. seine Nobilitierung, also seine Erhebung in den Stand eines Reichsfreiherrn. Teile eines 47-teiligen Tafelservice aus der

Königlichen Porzellan-Manufaktur Berlin, mit dem sich der
preußische König Friedrich Wilhelm III. bei Voght für seine
Reform des Berliner Armenwesens bedankt hat, sind noch
heute im Jenisch Haus zu bewundern.

Voght war darüber hinaus nicht nur Mitglied der Hamburger
Patriotischen Gesellschaft, sondern auch der Schleswig-Holsteinischen in Altona, für die er ein „Gutachten über den Zustand des Armenwesens in den Herzogtümern und über die
Mittel ihn zu verbessern" (1818) verfasste.

Vor dem Hintergrund der Ereignisse der Französischen Revolution schien die Aufgabe der Armenfürsorge umso dringender, wollte man den Ausbruch von Chaos und Gewalt in
Hamburg verhindern. Gelänge nämlich die Erziehung der
Unterschichten nicht, dann drohe – so Voght – eine Revolution: „Sinkt der Arme zur Hülfsbedürftigkeit, so wird er erst
ein Proletarier im schlimmsten Sinne und da entsteht der
pauperism, der die Quelle fast aller Laster und Staats-Unru-
hen ist, die das Eigenthum bedrohen. Wehe dem Staate, wo
diese Hülfsbedürftigen einen Stand ausmachen."

Voght verurteilte – wie die meisten deutschen Intellektuellen
der Zeit – angesichts der gewaltsamen Ausschreitungen die
Französische Revolution. Während Georg Heinrich Sieveking an den Idealen der Aufklärung ohne Abstriche festhielt
und sich öffentlich gegen Vorwürfe verteidigte, ein Jakobiner
zu sein, reiste Voght 1793 nach England, um landwirtschaftliche Studien zu betreiben. An seine Freundin Magdalena
Pauli schrieb er: „Wie ein entzückender Traum schweben die
Jahre 89 und 90 vor meiner Seele. Ich bin schrecklich er-
wacht."

Stattdessen wurde ihm England zum politischen Vorbild.
Solange die „sittliche" Verbesserung der Einzelnen keine
Fortschritte mache, hielt Voght sogar die vollkommene Pres-
sefreiheit für fragwürdig.

Kein Tagelöhner hatte es so gut wie derjenige, der auf Caspar Voghts Farm in Klein Flottbek arbeiten durfte: Schon der Begriff Tagelöhner ist hier nicht mehr korrekt, da Voght seine Landarbeiter das ganze Jahr über beschäftigte. Darüber hinaus baute er ihnen zwischen 1786 und 1798 an der heutigen Baron-Voght-Straße 52–72 und Jürgensallee 102–124 trockene Wohnungen, nämlich die sogenannten Instenhäuser, für die sie nur eine geringe Miete zahlen mussten. Als „Insten" („Inste" ist die niederdeutsche Form für Insasse) wurden Menschen auf dem Land bezeichnet, die weder Grund und Boden noch ein Haus besaßen und deswegen Wohnraum mieten mussten. Die Instenhäuser von Caspar Voght wurden mehrfach durch Brand zerstört und von Jenisch zwischen 1832 und 1836 wieder aufgebaut. Im März 1992 wurden die Instenhäuser an der Baron-Voght-Straße erneut durch Brandstiftung zerstört und wieder aufgebaut. Die Instenhäuser an der Jürgensallee 75–95 baute Voghts Nachfolger Martin Johan Jenisch 1836.

Erkrankte einer seiner Arbeiter, so übernahm Voght die Arztkosten und zahlte weiterhin die Hälfte des Lohns. Er zahlte Witwenpensionen und ließ einen Lehrer kommen, der die Kinder der Landarbeiter unterrichtete. Entsprechend stolz resümierte Voght: „Flottbek war unterdessen vergrößert und verschönert worden. Glückliche Tagelöhnerfamilien saßen am Sonntag vor den freundlichen Wohnungen, die ich ihnen erbaut hatte, mit ihren in eigener malerischer Landestracht wohlgekleideten Kindern, die ich durch einen jungen genialen Mann, der sie auch Gesang und Musik lehrte, zu höherer Bildung bei einfachen Sitten erziehen ließ, und frühe an ländliche Arbeit gewöhnte."

Die 1786 von Voght für seine Landarbeiter erbauten Instenhäuser an der Baron-Voght-Straße wurden nach einem Brand von 1992 originalgetreu wieder aufgebaut. Durch das kleine runde Fenster am Kopfende der Instenhäuser kassierte zu Voghts Zeiten eine Beschließerin von den Besuchern des Parks Eintritt.

Die Sozialutopien des Marquis de Girardin und Voghts Sozialreformen in Klein Flottbek

Auf einer seiner Reisen nach Frankreich stand Voght ehrfurchtsvoll am Grab von Rousseau im Park von Ermenonville, nordöstlich von Paris. Seiner Hamburger Briefpartnerin Hannchen Sieveking schickte er von hier etwas Erde. Der Besitzer der Parkanlage, René-Louis Marquis de Girardin (1735–1808), ein französischer Adliger, der mit den Idealen der Aufklärung und später der Französischen Revolution sympathisierte und sich für die Rechte der Landbevölkerung einsetzte, hatte die englischen Gärten auf Reisen nach England kennengelernt. Ebenso wie Voght zeigte sich auch der Franzose Girardin wiederum von dem Engländer Shenstone und seiner Ornamented Farm besonders beeindruckt. Girardin ließ sich dementsprechend bei der Anlage seines Parks (ab 1766) von dem Engländer anregen.
Girardin veröffentlichte 1777 ein Gartentraktat, in dem er inspiriert von Rousseaus „Gesellschaftsvertrag" den Garten noch einmal als einen Ort sozialer und politischer Utopien

Ein unbekannter Künstler hat Voghts Wohnhaus und das Alltagsleben um 1820 im Bild festgehalten. Caspar Voght hat seinen Landarbeitern nicht nur trockene Wohnungen errichten lassen, sondern übernahm im Fall von Krankheit die Arztkosten und zahlte die Hälfte des Lohnes weiter. Für die Kinder engagierte er einen Lehrer.

entwarf. Dabei entwickelte er konkrete Vorstellungen und erinnerte die Gartenbesitzer an ihre soziale Verantwortung für das Gemeinwesen: Statt eines Tempels, chinesischer Pagoden etc. sollten Landschaftsgärtner in ihren Parks vielmehr eine Schule, eine Akademie, eine Fabrik und ein Krankenhaus errichten.

Zwar wurde dieser utopische Landsitz nicht in die Realität umgesetzt. Doch entstanden in Ermenonville neben Ideallandschaften im Sinne Claude Lorrains und Jacob Ruisdaels arkadische Gefilde mit einem Tempel der Philosophie, der den Größen der Aufklärung – unter anderem Newton, Descartes, Voltaire, Montesquieu, Rousseau und Franklin – huldigte. Und der Marquis unterstützte Rousseau, den er auf seinen Landsitz einlud und der hier seine letzten Lebenswochen verbrachte. Rousseaus auf einer Pappelinsel gelegenes Grab von 1778 ist in der Folge berühmt geworden und immer wieder in verschiedenen Landschaftsgärten und Denkmälern zitiert worden (siehe S. 68 f.).

Wie Girardin bezog auch Voght Stellung gegen die in Frankreich verbreiteten Landschaftsgärten im sogenannten anglo-

chinoisen Gartenstil. William Chambers (1723–1796) hatte
in Konkurrenz zu dem „Küchen-Salatgärtner" Capability
Brown, dessen naturnahe Gartenschöpfungen er als langweilig verwarf, seine Fantasien von chinesischen Gärten in Stellung gebracht: Die Chinesen verstünden es, ihre Gärten mit
einer Fülle von Effekten wie reißenden Wasserfällen, düste-
ren Grotten oder künstlichem Platzregen auszustatten, sodass die verschiedenen Leidenschaften der Gartenbesucher
zu ihrem Recht kämen. Der Garten wird hier zum rein ästhetischen Kunstwerk, das Gefühle durch eine Anhäufung
theatralischer Effekte evozieren soll.
Chambers, der selbst in China gewesen war, hatte seine Vorstellungen ab 1757 in den königlichen Gärten von Kew Gardens ansatzweise verwirklichen können: Hier entstand ein
Sammelsurium von exotischen Bauwerken, Nachbildungen
der Alhambra, einer Moschee, einer gotischen Kathedrale
oder einer chinesischen Pagode – ein Gartenstil der Spätzeit,
den Voght kategorisch als überladen verwarf. Schon früh
habe ihn die „sinnlose Zusammenstellung von griechischen
Tempeln und gothischen Kirchen, chinesischen Pagoden
und altdeutschen Burgen, türkischen Bädern und Klausner-
hütten" geradezu angeekelt.
Girardin ging es in seiner Ablehnung des anglo-chinoisen
Gartenstils nicht zuletzt darum, den englischen Landschaftsgarten auch weiterhin als Ausdruck philosophisch-politischer
Ideen, und zwar der Ideale der Aufklärung, zu verstehen und
zu nutzen. Chambers dagegen war nicht nur zum Architekten der königlichen Familie geworden, sondern hatte den
Landschaftsgarten auch in Kontinentaleuropa im wahrsten
Sinne des Wortes hoffähig gemacht. Viele fürstliche Auftraggeber auf dem Kontinent adaptierten diese spezifische Form
eines englischen Landschaftsgartens. In dem Maße, wie sich
der englische Landschaftsgarten als Mode in der Aristokratie

durchzusetzen begann, wurde er jedoch auch seines oppositionellen Charakters beraubt.

Insofern ist anzunehmen, dass Caspar Voght als überzeugter Anhänger und Verfechter der Ideen der Aufklärung sich mit seiner Kritik am chinoisen Gartenstil durchaus auch politisch positionierte. Dafür spricht auch, dass Voght Girardins Sozialutopien in seinem eigenen Park zumindest teilweise verwirklichte. Seine Landarbeiter mit ihren Frauen und Kindern wurden wie gesagt das ganze Jahr hindurch beschäftigt, dabei war das Lohnniveau überdurchschnittlich hoch.

Allerdings hatte Voght schon bald die meisten Zeitlöhne durch Akkordlöhne ersetzt, um die Arbeitsproduktivität zu erhöhen. Dieses Verfahren scheint jedoch auch wiederum den Arbeitern zugutegekommen zu sein, da sie – wie ein Beobachter bemerkte: ohne dass ihre Gesundheit angegriffen würde – vergleichsweise viel verdienten, gut lebten und sogar etwas sparen konnten, sodass einige von ihnen später tatsächlich einen kleinen Besitz erwerben konnten.

Voghts Ziel wiederum war erklärtermaßen, mit der „genauen und sorgfältigen Administration Flottbeks (...) so viel herauszubringen, dass ich 40 Familien ein reichliches Auskommen, eine Versorgung im Alter, ihren Kindern Erziehung verschaffen kann".

Voght wollte zur Verbesserung der Lage der ländlichen Bevölkerung allgemein beitragen: So entwarf er einen Plan einer Kranken- und Altersversicherung für Landarbeiter, der aber wohl nicht umgesetzt worden ist. Flottbek sollte zum Vorbild für die Bauernhöfe in der näheren und weiteren Umgebung werden. Dafür lieh Voght moderne Geräte aus, spendete wertvolles Saatgut zur Verteilung an fortschrittliche Bauern, holte Experten aus dem Ausland und dachte über die Gründung einer Agrikulturschule nach, in der die Bauernjugend in einer Art Mischung von heutiger Volksschule und landwirtschaftlicher Berufsschule das Neueste aus dem Bereich der Landwirtschaft lernen sollte.

Voght wandte sich mit einem Gesuch an den dänischen König, in welchem er darum bat, die für Klein Flottbek und Teufelsbrück geplante Distriktschule auf eigene Kosten errichten zu dürfen (die Kinder wurden bis dahin alle in Nienstedten eingeschult). 1820 konnte in der von fast 100 Schülern besuchten Anstalt in Klein Flottbek unter der Leitung des jungen Pädagogen Christian Georg Bockendahl (1795–1843), Sohn eines Schneidermeisters, die Arbeit nach dem Muster der Köhnke'schen Anstalt in Nienstedten aufgenommen werden (siehe S. 199).

Voghts landwirtschaftliches Mustergut

Auf einer Reise nach Großbritannien konnte Voght den aus Schottland stammenden Gärtner James Booth (1772–1814) überreden, samt Familie nach Flottbek überzusiedeln. Er verhalf Booth zu einer eigenen Baumschule, die bis 1884 existierte (siehe S. 112). Aus der Booth'schen Baumschule stammten all die Bäume, die den bis dahin nur spärlich mit Bäumen bewachsenen und hauptsächlich mit Heideflächen bedeckten Höhenzug zwischen Altona und Wedel in einen Grüngürtel mit abwechslungsreichem Baumbestand verwandelten. Den ökologischen und ökonomischen Nutzen einer solchen planmäßig durchgeführten Aufforstung hatte Voght in Schottland kennengelernt.

In der Booth'schen Baumschule konnte man als interessierter Käufer 20 verschiedene Arten von Forstbäumen erwerben und unter mehr als 300 Baum- und Straucharten für seine Gartenanlage wählen. Aus dem erfolgreichen Betrieb gingen zwei weitere berühmte Gärtnerdynastien, Ansorge

Der frei wach-
sende Baum-
solitär galt im
englischen Land-
schaftgarten als
Symbol des sich
frei entfaltenden
Menschen jen-
seits der ein-
engenden Stän-
deordnung.
Zudem bildeten
Solitäre oftmals
den Fluchtpunkt
von langen kunst-
voll geschaffenen
Blickbeziehun-
gen, die teilweise
bis heute erlebbar
sind – so wie hier
im Jenischpark.

und von Ehren, hervor. Darüber hinaus war die Booth'sche Baumschule Anstoß und Vorbild für die Anlage weiterer Baumschulen, sodass sich das Gebiet im Städtedreieck Elmshorn, Pinneberg und Wedel innerhalb von nur 100 Jahren zum zeitweise größten geschlossenen Baumschulgebiet der Welt entwickelte. An Booth erinnert noch der Boothsweg am Neuen Botanischen Garten.

Zu den Experten, die Voght an sich band, gehörte auch der
Chemiker und Physiker Dr. Johann Gottfried Schmeißer
(1767–1837), dem Voght ein Labor für Agrikulturchemie ein-
richtete. Zu den Fachleuten zählte darüber hinaus Lucas
Andreas Staudinger (1770–1842), Sohn eines Landarbeiters,
der sich als Sekretär bei dem sozialkritischen Dichter
Christian Friedrich Daniel Schubart eine umfassende literarische Bildung aneignen konnte. 1793 kam Staudinger nach
Hamburg und wurde von Voght eingestellt. Zunächst sollte
er Voghts Bibliothek ordnen, etwas später stieg er zum Verwalter des Musterguts auf. Bis heute existiert das Gebäude,
in dem die Bibliothek untergebracht war: ein roter Backsteinbau in der Baron-Voght-Straße 57. Ab 1797 unterstützte
Voght Staudinger finanziell und ideell dabei, in Groß Flottbek eine der ersten deutschen landwirtschaftlichen Lehr- und
Erziehungsanstalten zu gründen. Die Schüler waren junge
Leute, die künftig als Eigentümer, Pächter oder Inspektoren
große Güter bewirtschaften sollten, unter ihnen der spätere
Agrarwissenschaftler Johann Heinrich von Thünen (1783–
1850). Gelehrt wurden die Fächer Chemie, Physik, Zoologie
und Tierheilkunde, Obst- und Gemüsebau, Botanik und Mathematik. Neben Booth, Schmeißer und Staudinger unterrichtete auch Johann Gottlieb Wolstein (1738–1820), der als
Begründer der Veterinärmedizin im deutschsprachigen
Raum gilt – er hatte 1777 in Wien ein „Thierspital" eröffnet –
und später aufgrund seiner freisinnigen Anschauungen (unter anderem stand er im Verdacht, ein Jakobiner zu sein)
nach Altona emigrierte. Staudinger wiederum organisierte
auch Besichtigungen auf dem Mustergut Voghts.
Aus England ließ Voght moderne Ackergeräte kommen, er
begann mit dem feldmäßigen Kartoffel- und Kleeanbau und
führte auf Versuchsfeldern über 3000 Versuche durch. Die
einzelnen Felder, auf denen zum Beispiel Hafer und Kartof-

feln angebaut wurden, waren begrenzt von Reihen urwüchsiger Eichen, die noch heute stehen.

Um genug Dünger zu erhalten, entwickelte er die pfiffige Idee, die städtischen Fäkalien in Altona und Hamburg gegen Entgelt auflesen zu lassen. Von dort ging es mittels einer eigenen Mist-Ewer-Flotte zur Anlegestelle an der Flottbekmündung, Teufelsbrück, dann per Fuhrwerk weiter zur gutseigenen Kompostanlage. Durch all diese Maßnahmen, verbunden mit der Einführung neuer Kulturfrüchte und einem effektiven Fruchtwechsel, gelang es Voght innerhalb von 30 Jahren, die Erträge auf das Dreifache, teilweise sogar bis auf das Zehnfache zu erhöhen.

Voght hat durch die Übertragung seiner profunden Kenntnisse der fortschrittlichen englischen Landwirtschaft auf sein Mustergut und die damit verbundene Ertragserhöhung aus heutiger Sicht eine bedeutende Leistung als agrarischer Unternehmer vollbracht. Für seine Verdienste in der Landwirtschaft wurde er 1796 vom dänischen König mit dem Titel „Etatsrat" geehrt; die Helmzier seines Nobilitierungswappens zeigt ein Kleebüschel, das auf Voghts Verdienste um die Verbreitung des Kleeanbaus in den Herzogtümern verweist.

Voght teilte sein Interesse für Landwirtschaft mit breiten Kreisen der Bevölkerung. Allenthalben wurde über Ackerbau und Viehwirtschaft diskutiert, es wurden Fachzeitschriften gegründet, und Adlige begannen, ihre Güter selbst zu bewirtschaften, ja man sprach sogar von einer allgemeinen „Wut des Ackerbaues".

Auch sein Interesse an der Erziehung der ärmeren Landbevölkerung teilte Voght mit anderen Reformern: So hatte Johann Heinrich Pestalozzi (1746–1827), heute bekannt als Erzieher und Schulreformer, sich ebenfalls (allerdings erfolglos) als landwirtschaftlicher Unternehmer versucht, der

durch die Einführung moderner Methoden der armen Landbevölkerung ein Beispiel geben wollte.

Die Anlage einer Ornamented Farm erlaubte es Voght,
praktisch all seine Interessen in einem Projekt aufgehen zu
lassen, das gleichzeitig die unterschiedlichen Facetten der
Aufklärung geradezu idealtypisch zusammenfasst: Verwis-
senschaftlichung, Rationalisierung und Modernisierung der
Landwirtschaft führten zu einer Ökonomisierung und damit
zu höheren Erträgen. Gleichzeitig konnte die Lage der ländlichen Bevölkerung entscheidend verbessert werden, unter
anderem durch die Schaffung von Arbeitsplätzen und die
Einweisung in neue Techniken, Arbeitsformen und Anbau-
methoden.

Voghts Interesse an Kunst ließ sich überdies im Park mit
Rousseaus Forderung „Zurück zur Natur" zu einem Gesamtkunstwerk verbinden, als dessen Schöpfer wiederum Voght
selbst auftreten konnte – galt doch die Anlage eines Gartens
als Kunstwerk. Seine – so Voght 1813 – „Liebe zur Agrikultur"
sowie sein wissenschaftliches und „Kunst-Interesse" veredel-
ten seine „bloß oekonomischen Bemühungen".

Die Zahl der in Flottbek beschäftigten Arbeitskräfte stieg von
Jahr zu Jahr, schließlich standen 50 Landarbeiter sowie zwölf
Dienstboten und Knechte, ein Gärtner, ein Sekretär und ein
Verwalter in Voghts Dienst. Während in den drei an den Park
angrenzenden Elbgemeinden um 1785 höchstens 60 Menschen „dürftig" gelebt hatten, waren es 1805 bereits 300 Personen. Allein in Klein Flottbek wohnten 1841, also zwei Jahre
nach Voghts Tod, schon fast 600 Personen.

Voghts Denken ist dabei zutiefst von Optimismus geprägt:
„Wenn ich diesen geliebten Fleck dann einst verlasse, so
werde ich ihn nicht nur bevölkert, bebauet, verschönert, sondern mit guten Menschen gefüllt haben, die dadurch auch
glücklich seyn werden. Man liebt die Menschen, denen man

wahrhaft nützlich wird, und so hat sich mein Verhältniß zu
der durch mich geschaffenen Umgebung dadurch noch pa-
triarchalischer gebildet."

Trotz aller Sozialreformen und wirtschaftlichen Vorteile für
die Dorfbewohner, die mit der Gestaltung und Bewirtschaf-
tung des Flottbeker Parks einhergingen, gab es doch auch
gravierende Nachteile für die Alteingesessenen. Zwar konnte
jeder den Park gegen ein geringes Entgelt besuchen – noch
heute erinnert ein kleines rundes Fenster an der Front der
Instenhäuserreihe direkt neben dem Eingang zum Park daran, dass hier eine Beschließerin Eintrittskarten verkaufte.
Doch durften zwei „seit vordenklicher Zeit (...) öffentliche
Fußwege von Klein Flottbeck nach Teufelsbrück", so die
Klage des Dorfvogts Biesterfeld, nicht mehr genutzt werden,
da sie durch eine Gegend führten, die Baron Voght „aus
Luxus in einen sogenannten Park" umgewandelt habe. Voght
könne es nicht schaden, dass „die Flottbecker sich der öffentlichen Fußsteige bedienen, da er doch Hamburgern und anderen Auswärtigen solches täglich gestatte". Den Dorfbewoh-
nern seien die Wege „nicht bloß nützlich, sondern allerdings
unentbehrlich", die anderen gingen „bloß zum Vergnügen".

Die letzten Jahre

Als Hamburg von den Franzosen besetzt und später sogar
ein Teil des französischen Reiches war, Caspar Voght als
Hamburger Bürger hohe Kontributionen an die Besatzer
zahlen musste, das Sieveking'sche Handelshaus zusammen-
brach, Voghts Landhaus nacheinander von den französischen Generälen Bernadotte und Davoût requiriert wurde
und die von Voght über Jahrzehnte aufgebaute Hamburger
Armenanstalt aufgrund fehlender Spenden zusammen-
brach, tafelte Voght in Paris mit Napoleon und dessen

Gemahlin Josephine und reorganisierte das Armenwesen in Paris und Marseille.

Von 1807 bis 1812 weilte Voght in Frankreich und in der Schweiz, besonders Genf hatte es ihm angetan. Mehrfach spielte er mit dem Gedanken, Flottbek, das in den Zeiten seiner Abwesenheiten von Hannchen Sieveking und seinem Verwalter Johann Joachim Eiffe (1744–1817) beaufsichtigt wurde, zu verkaufen, doch in den wirtschaftlichen Krisenjahren fanden sich keine solventen Käufer. Als Voght 1812 endlich nach Hamburg zurückkehrte, war er entsetzt: „die Stadt leer und öde, die Wohltäter der Armen verarmt, die Armen ohne Hülfe", die Booth'sche Baumschule verschuldet, andere Weggefährten bankrott.

Voght machte aus der Not eine Tugend und entschloss sich, Landwirt zu werden, das heißt, der Park wurde nun zu seiner einzigen Erwerbsquelle, ein Umstand, mit dem Voght durchaus auch immer wieder haderte: Der Landbau sei zwar die „angenehmste aller möglichen Neben-Beschäftigungen", aber als Broterwerb sei er zu zeitraubend und zu sehr bestimmt von allerlei Zufällen. Dennoch war es ihm möglich, sich und die von ihm abhängigen Familien durch seine Ornamented Farm zu ernähren.

Inzwischen bewohnte die befreundete Familie Poel mit ihm das Landhaus. 16 Jahre später entschloss er sich – inzwischen 76 Jahre alt –, das Gut an den Sohn eines Freundes zu verkaufen. Voght behielt sich jedoch lebenslanges Wohnrecht in seinem Landhaus vor.

Bis zuletzt widmete er sich seinen vielfältigen Interessen: 1836 wurde er zum Mitbegründer und Präsidenten des „Garten- und Blumenbau-Vereins für Hamburg, Altona und deren Umgebung", auch in der Armenfürsorge engagierte er sich weiterhin. Voght beriet sein Patenkind Dr. Karl Sieveking (1787–1847) bei dem Ausbau des Hammerhofes zu einer Ornamented Farm, einer musterhaften Landwirtschaft als integralem Teil der Parkanlagen.

Voght glaubte zeit seines Lebens an die Machbarkeit alles Vernünftigen: „Über alle Weltteile verbreitet sich – hier langsamer, dort schneller – Vervollkommnung. Entfernungen verschwinden, Kräfte verdoppeln und verzehnfachen sich, und was Entwicklung aufzuhalten scheint, wird nur dazu dienen, sie zu befördern."

Voght starb mit 86 Jahren und wurde auf dem Nienstedtener Friedhof beigesetzt. Die Baron-Voght-Straße in Klein Flottbek, die Caspar-Voght-Straße in Hamm sowie ein Caspar-Voght-Gymnasium und eine Grund- und Gemeinschaftsschule, die Caspar-Voght-Schule in Rellingen, sind nach ihm benannt.

Der Flottbeker Park im Besitz der Familie Jenisch

Martin Johan Jenisch lässt das Jenisch Haus errichten, das repräsentativen Zwecken dient

1828 verkaufte Voght sein Landgut an den Hamburger Kaufmann Martin Johan Jenisch (1793–1857). Jenisch stammte aus einer alten, angesehenen und vermögenden Hamburger Familie. Als er 1827 anstelle seines verstorbenen Vaters in den Hamburger Senat gewählt wurde, reihte er sich damit in eine familiäre Tradition ein, waren doch schon sein Großvater und sein Urgroßvater Hamburger Senatoren gewesen. Gemeinsam mit seiner Ehefrau Fanny Henriette Roeck (1801–1881) besaß er an den Großen Bleichen ein Stadthaus, darüber hinaus gehörten ihm in Holstein die Güter Fresenburg und Blumendorf (bis heute der Stammsitz der Familie Jenisch) sowie in Jütland die Herrschaft Kalö. Jenisch hat sich große Verdienste als Präsident der Baudeputation erworben, vor allem in den Jahren nach dem Großen Brand von 1842.

Jenisch ließ den Flottbeker Besitz in einen vorwiegend der Repräsentation dienenden Park mit dem klassizistischen Herrenhaus als Hauptblickpunkt umgestalten. Sein Interesse galt weniger der Landwirtschaft als vielmehr der bildenden Kunst. Bis heute sind im Jenisch Haus Gemälde von zeitgenössischen europäischen Malern zu sehen, die Jenisch zu einer bedeutenden Sammlung zusammengetragen hat.

Das Jenisch Haus entstand von 1831 bis 1834 nach Plänen von Franz Gustav Forsmann (1795–1879) unter Berücksichtigung einiger Änderungen, die Karl Friedrich Schinkel (1781–1841) vorgeschlagen hatte, der große preußische Baumeister unter Friedrich Wilhelm III.

Forsmann wiederum arbeitete als Architekt in der Hamburger Baudeputation unter dem Baudirektor Carl Ludwig Wimmel (1786–1845) und war somit an öffentlichen Bauten wie zum Beispiel der neuen Börse beteiligt, die, kurz vor dem Großen Brand 1842 errichtet, diesen wie durch ein Wunder überstand. Als herausragender Vertreter des späten Klassizismus in Hamburg hat Forsmann zudem zahlreiche Wohn- und Landhäuser für die Hamburger Oberschicht errichtet, darunter das Wohn- und Geschäftshaus für Gottlieb Jenisch, den Bruder von Martin Johan Jenisch, an der Binnenalster, in dem sich heute der Übersee-Club befindet.

Sein wohl bekanntester Bau aber ist das Jenisch Haus, das er für seinen obersten Dienstherrn konzipierte, ein herrschaftliches Wohnhaus, so wie es Jenisch sich gewünscht hatte. Hier fanden glanzvolle Gesellschaften statt mit so illustren Gästen wie dem dänischen König Christian VIII., der den Jenischpark 1845 besuchte, oder dem deutschen Kaiser Wilhelm II., für den eigens 1906 das sogenannte Kaisertor an der Elbchaussee erbaut worden sein soll.

Das Jenisch Haus gehört zu den schönsten Hamburger Landhäusern. 1828 hatte Caspar Voght seinen Landsitz an Martin Johan Jenisch verkauft, der sich von Franz Gustav Forsmann ein repräsentatives klassizistisches Landhaus errichten ließ. Zu den Plänen hat auch der preußische Architekt Karl Friedrich Schinkel seine Ideen beigesteuert.

Das ebenfalls 1906 errichtete Parkwärterhaus wurde zunächst von dem Gärtner Wilhelm Schmidt mit seiner Familie bewohnt. Als 2006 seine Tochter in hohem Alter verstarb, wurde das Haus umfassend saniert. Ermöglicht wurde die Instandsetzung durch die Initiative des Vereins „Freunde des Jenischparks", der inzwischen die Räumlichkeiten für die Öffentlichkeitsarbeit nutzt.

Noch zur Zeit von Jenisch entstand an der Holztwiete im Osten des Parks ein Pförtnerhaus im Stil der damals in England modischen „Rustic Cottages". Es ist inzwischen verpachtet und vorbildlich restauriert. Das schmiedeeiserne Tor, das heute den Eingang am Jenischpark an der Baron-Voght-Straße im Westen des Parks bildet, stand einst neben dem Pförtnerhaus an der Holztwiete im Osten des Parks.

Bekam Jenisch Besuch aus Hamburg, so ging die Kutschfahrt die Elbchaussee entlang, bis man in die Holztwiete einbog und durch das repräsentative Tor in den Park gelangte, sodann ging die Fahrt quer durch das Flottbektal und den

Das Parkwärter-
haus wurde zu
Beginn des
20. Jahrhunderts
anlässlich eines
Besuches des Kai-
sers bei Martin
Rücker Jenisch
zusammen mit
dem neobarocken
„Kaisertor" an der
Elbchaussee er-
baut. Heute ist es
Sitz des Vereins
„Freunde des
Jenischparks".

Hügel hinauf. Gerahmt von dichtem Buchenwald und einer
Holzbrücke, die den Weg im Bogen überspannt, sahen die
herannahenden Gäste das Jenisch Haus weiß und schön vor
sich erstrahlen: eine kunstvoll inszenierte Anfahrt.

Jenisch gibt die Idee der Ornamented Farm auf und lässt den Park zeitgemäß umgestalten

Jenisch hat Voghts agrarwissenschaftliche Studien und Versuche nicht fortgesetzt. Die Idee der Ornamented Farm gab
er auf, und die landwirtschaftlichen Bereiche im Flottbeker
Park wurden unter Anleitung des hamburgischen Gartenin-
spektors Johann Heinrich Ohlendorff Stück für Stück in eine
Parklandschaft umgewandelt. Damit entsprach Jenisch nicht
nur seinen repräsentativen Bedürfnissen, sondern auch der
zeitgenössischen Gartenmode.
Mit Humphry Repton in England und Fürst Pückler in
Deutschland waren zwei Gartenkünstler und Gartentheore-

tiker auf den Plan getreten, die die Vereinigung von Landwirtschaft und Park ablehnten (obwohl Pückler in seinem
Spätwerk in Branitz aus finanziellen Gründen auf das Prinzip der Ornamented Farm zurückgreifen wird).

Humphry Repton (1752–1818), der die Spätphase des englischen Gartens in ähnlicher Weise vertritt wie Capability
Brown die klassische Phase, lehnte die Ornamented Farm
entschieden ab, da Ästhetik beziehungsweise Schmückendes
einerseits und Profit andererseits unvereinbar seien. Es
müsse auch weiterhin ein Unterschied bestehen zwischen
demjenigen, für den die Landwirtschaft Existenzgrundlage
ist, und einem Gentleman, der ein Landgut nur zum Zweck
des Zeitvertreibes besitzt. Kurz gesagt: Repton lehnte die
Ornamented Farm als Vision der Aufklärung von einer har-
monischen (wenn auch patriarchalen) Gesellschaft ab und
bestand auf dem – sichtbaren – Unterschied der Klassen und
Stände. Weder die soziale Gliederung der Gesellschaft noch
die Differenzierung in arm und reich sollten angetastet werden; eine Sichtweise, die dem politisch dem konservativen
Lager zuzurechnenden Senator Jenisch entgegenkam.

Hermann Ludwig Heinrich von Pückler-Muskau (1785–1871),
Liebhaber, Literat, Dandy, Abenteurer und vom König Friedrich Wilhelm III. zum Fürsten erhoben, war vor allem ein
begnadeter Landschaftsgärtner. Als er 1833 zu Besuch nach
Hamburg kam, hatte er bereits eines seiner beiden großen
Meisterwerke geschaffen, nämlich den Muskauer Park,
durch den heute entlang der Neiße die Grenze zwischen Po-
len und Deutschland verläuft und der 2004 in die UNESCO-
Liste als Welterbe aufgenommen wurde. Mit über 60 Jahren
begann „der grüne Fürst" 1845 noch einmal von vorn und
schuf sein Alterswerk, den Branitzer Park bei Cottbus. In
Hamburg besuchte Pückler den alten Caspar Voght und
machte Jenischs Ehefrau (!) den Hof, wie immer in der Hoff-

nung, durch Heirat an das stets fehlende Geld zu gelangen. Als ihr Vater seiner Tochter mit Enterbung drohte, verflüchtigten sich auch Pücklers Heiratspläne. 1834 erschien Pücklers bahnbrechendes Werk „Andeutungen über Landschaftsgärtnerei", und noch 30 Jahre später bat die inzwischen verwitwete Fanny Jenisch Pückler darum, ihren Obergärtner nach Branitz, in „dieses kl. Paradies", schicken zu dürfen.

Pückler votierte ebenso wie Repton für die Rückkehr zu den früher üblichen formalen Terrassen, Balustraden, Pergolen und kunstvoll arrangierten Blumengärten in der Nähe des Landhauses. Der Besucher sollte mit Wohlgefallen („pleasure") in der Nähe des Hauses durch eine Reihe von kunstvoll geschmückten Gärten lustwandeln können. Nördlich vom Jenisch Haus, dort, wo in Voghts Zeiten noch eine Wachsbleiche war, in der Bienenwachs zu Kerzen verarbeitet wurde, legte Jenisch einen sogenannten Pleasureground an. Hier dominierten glatt geschorene kleinteilige Rasenplätze, Blumenbeete mit Georginen (Dahlien), Zierstauden, Pelargonien (Geranien), Rosen und Fuchsien.

Seltene, gerade entdeckte Pflanzen waren im 19. Jahrhundert begehrt, galten sie doch als soziale Distinktionsmittel. Die meisten Fuchsienarten, nach dem im 16. Jahrhundert lebenden deutschen Botaniker Leonart Fuchs benannt, wurden in der ersten Hälfte des 19. Jahrhunderts in Süd- und Mittelamerika entdeckt und vor allem nach Großbritannien eingeführt. Das Interesse an Varianten war so groß, dass größere Gärtnereien Pflanzenjäger mit dem Auftrag losschickten, neben anderen Pflanzen auch neue Fuchsien nach Europa zu bringen.

Auch auf der Suche nach unbekannten Orchideenarten wurden spezialisierte Pflanzenjäger auf Expeditionen geschickt – für sie eine beschwerliche und gefährliche Suche in unerforschten Sümpfen und tropischen Wäldern, die oftmals

Erst unter Voghts Nachfolger Martin Johan Jenisch wurde der Pleasureground im Norden des Jenisch Hauses angelegt. Hier dominierten Blumenanpflanzungen, glatt geschorene Rasenplätze und exotische Pflanzen das Bild. Im hinteren Teil standen mehrere Gewächshäuser, in denen zum Beispiel Kamelien und Orchideen wuchsen.

tödlich endete. Das Geschäft mit den Orchideen florierte, grassierte doch in England und wenig später auch in Hamburg geradezu eine „Orchidomanie", seit 1818 in England das erste Mal eine dieser Dschungelblumen in einem Gewächshaus zum Blühen gebracht worden war. Schon bald wurde in Kew Gardens ein Orchideenhaus gebaut, und seit den frühen 1830er-Jahren galt die Orchideenzucht als extravagantes Vergnügen reicher Hobbygärtner. Jeder wollte nun die größte und kostbarste Sammlung besitzen, und einzelne Orchideen erzielten fantastische Preise. Orchideensammlungen waren zum Statussymbol der Reichen geworden. Die Sammlung von Jenisch war berühmt: 1855 umfasste sie 875 verschiedene Orchideenarten!

Jenisch besaß nicht nur zwei Orchideenhäuser und ein Palmenhaus, sondern konnte seinen Besuchern in weiteren Gewächshäusern außergewöhnliche und erst kurz zuvor entdeckte Pflanzen präsentieren, unter ihnen eine Magnetblume, deren Blüte sich immer in Nord-Süd-Richtung ausrichtet, oder eine Salutierblume, deren kleine Blüten bei

Berührung nacheinander mit einem leisen Knall aufspringen und ein wenig „Rauch" ausstoßen. Ein Katalog aus dem Jahr 1855 führte insgesamt 1096 Arten und Unterarten auf, von denen einige Jenischs Namen tragen.

Bernhard Fürst von Bülow, ein Großneffe Jenischs, erzählt von dessen Liebe zu den Pflanzen: „Wenn der Senator Jenisch, in der linken Hand eine goldene Lorgnette, die rechte auf einen Bambusstock mit goldenem Knopf gestützt, seine Orchideen betrachtete, bot er einen Anblick behaglicher Zufriedenheit, wie sie mir in dieser Welt, wo, wie oft gesagt, die Zahl der Unzufriedenen die der Zufriedenen erheblich übersteigt, selten wieder begegnet ist."

Während Voght für die Anlage der Ornamented Farm noch überwiegend heimische Baumarten verwendet hatte, pflanzte Jenisch vorzugsweise fremdländische Gehölze. Die Anlage von Arboreten kam seit den 1830er-Jahren in Mode, das heißt eine Sammlung verschiedenartiger, oftmals exotischer Bäume und Sträucher. Auch im Pleasureground auf der Eingangsseite des Jenisch Hauses ließ Jenisch eine Reihe fremdländischer Bäume pflanzen, die wie einzelne Gemälde als botanische Raritäten aufgereiht wurden.

Hier finden sich unter anderem neben dem ältesten Ginkgo Hamburgs ein Hänge-Schnurbaum (oder Trauer-Schnurbaum), eine chilenische Araukarie (seit 1795 in Europa bekannt), eine Mähnenfichte (1855 in den USA entdeckt), ein Trompetenbaum (1726 erstmals aus den USA nach Europa gebracht) sowie ein immergrüner Mammutbaum und ein Chinesisches Rotholz, auch „Urweltmammutbaum" genannt, um nur einige aufzuzählen. Ein Kuriosum sei an dieser Stelle noch erwähnt: Kurz hinter dem Kaisertor im Südosten des Parks befindet sich eine alte Stieleiche, aus deren Stamm eine Birke wächst, eine Gemeinschaft, die bereits seit circa 80 Jahren andauert.

Mit Rat und Tat zur Seite stand Jenisch bei der Ausgestaltung des Jenischparks Johann Heinrich Ohlendorff, der bei dem Gartenkünstler Johann Conrad Sckell in Weimar sein Handwerk gelernt und dort 1811 den Russischen Garten angelegt hatte. Nach Hamburg kam Ohlendorff eigentlich, um nach Amerika auszuwandern. Doch stattdessen ergriff er eine sich ihm bietende Chance und machte sich in St. Georg mit einer Handelsgärtnerei selbstständig. 1821 wurde er – inzwischen ein renommierter Pflanzenforscher – zum ersten Gartenbauinspektor des neu gegründeten Botanischen Gartens am Dammtor ernannt (heute Planten un Blomen).

Neben Privataufträgen für Hamburger Kaufleute, unter ihnen Georg Friedrich Vorwerk (siehe S. 186), Jenisch und Merck, arbeitete Ohlendorff auch für den Grafen Ernst Schimmelmann: In Ahrensburg verwandelte er die östliche Hälfte der Schlossinsel in einen Landschaftsgarten im englischen Stil. Später zog er sich auf seine Baumschule in Hamm zurück, hier erinnert heute die Ohlendorffstraße an ihn; seine Söhne wurden berühmt und reich durch den Import von Düngemittel (Guano). Da Ohlendorff beste Verbindungen zu Pflanzenjägern und Blumenzüchtern aus der ganzen Welt hatte, war er der ideale Mann für Jenisch.

Die Zeit nach Martin Johan Jenisch

1857 starb Martin Johan Jenisch. Da seine Ehe kinderlos geblieben war, sollte sein Neffe Dr. Alfred Rücker erben. Über die rechtliche Konstruktion eines Familien-Fideikommisses (lateinisch „fidei commissum", das heißt zu treuen Händen anvertraut) hatte Jenisch sichergestellt, dass sein Name erhalten blieb: Der Erbe war verpflichtet, ihn anzunehmen. Als Martin Johans Witwe Fanny Jenisch 1881 starb, war jedoch auch der eingesetzte Erbe bereits gestorben, sodass dessen ältester Sohn Martin Rücker (1861–1924) als 20-Jähriger Jenischs Besitz erbte und demzufolge seitdem Martin Rücker Jenisch hieß. Ab 1906 konnte er sich „Freiherr von Jenisch" nennen. Nunmehr in den preußischen Adelsstand erhoben, hat er es sich nicht nehmen lassen, das sogenannte Kaisertor im neobarocken Stil an der Elbchaussee zu errichten, um den Kaiser und seine Gattin gebührend auf seinem Flottbeker Landsitz begrüßen zu können. Kaiserin Auguste Viktoria hatte eine besondere Beziehung zu der Gegend, da sie als Kind einige Zeit in Nienstedten in der Villa Newman gelebt hatte.

Martin Rücker Jenisch war als Diplomat viel unterwegs und wohnte vor allem auf seinem Gut Blumendorf bei Bad Oldesloe, während sein Bruder den Jenischpark verwaltete. Nach seinem Tod drohten Parzellierung und Verkauf, zumal auch die die Einheit des Parks schützende Rechtsform des Fideikommisses zu Beginn der Weimarer Republik abgeschafft wurde.

1927 konnte die Stadt Altona einen Pachtvertrag mit den Erben abschließen und einen Teil des früheren Jenischparks der Öffentlichkeit zugänglich machen. 1939 wurde die Familie Jenisch unter den Nationalsozialisten gezwungen, den Jenischpark an die Stadt zu verkaufen. Im Zuge der Pläne, Hamburg zu einer „Führerstadt" auszubauen, sollte auf dem Gelände des Parks die Universität untergebracht werden. Glücklicherweise kam es nicht mehr zur Umsetzung dieses Vorhabens.

Das Jenisch Haus diente seit 1927 als Museum und wurde nach dem Zweiten Weltkrieg 1955 nach einer gründlichen Renovierung wieder eröffnet. Als Außenstelle des Altonaer Museums zeigt das „Museum für Kunst und Kultur an der Elbe" die Hamburger großbürgerliche Wohn- und Lebenskultur, hinzu kommen wechselnde Ausstellungen im Ober-

Im Juli blüht der Trompetenbaum vor dem Ernst Barlach Haus. Dieser moderne Museumsbau wurde 1962 von Werner Kallmorgen als privates Kunstmuseum für den Industriellen Hermann F. Reemtsma im Jenischpark erbaut. Hier sind zahlreiche Werke des Bildhauers, Zeichners und Schriftstellers Ernst Barlach ausgestellt.

geschoss. Ein Café, eine Dependance von „Louis C. Jacob", lädt zur Erholung ein.

Seit 1962 besteht im Jenischpark mit dem Ernst Barlach Haus ein zweites Museum: Das erste private Kunstmuseum in Hamburg wurde von dem Hamburger Zigarettenfabrikanten Hermann F. Reemtsma beziehungsweise dessen Witwe gestiftet. Der moderne Bau des Hamburger Architekten Werner Kallmorgen (1902–1979) enthält fast ein Drittel aller Holzbildwerke des Bildhauers, Zeichners und Schriftstellers Ernst Barlach (1870–1939).

Ende der 1950er-Jahre wurde das im Krieg schwer beschädigte Gewächshaus abgerissen und durch einen Neubau ersetzt. Der Pleasureground wurde im Geschmack der 1950er-Jahre überformt. 1993 erstellte die Umweltbehörde ein Parkpflegewerk, das an dem Zustand von 1927 ausgerichtet ist. Nachdem der südwestliche Teil des Flottbektals bereits 1982 zum Naturschutzgebiet erklärt worden war, wurde der Jenischpark, der inzwischen allerdings nur noch circa ein

Der Westerpark gehörte einst zu dem von Caspar Voght angelegten englischen Landschaftsgarten, der fast sechsmal so groß war wie der heutige Jenischpark. Der Park wurde seit den 1990er-Jahren in seiner Topografie wiederhergestellt und der Öffentlichkeit zugänglich gemacht.

Seitdem die historischen Obstsorten wieder angepflanzt worden sind, kann man im Westerpark, südwestlich vom Landhaus Voght, wieder durch den ehemaligen Obstgarten lustwandeln und von den Früchten kosten.

Fünftel des ehemaligen Flottbeker Parks ausmachte, 2001 unter Denkmalschutz gestellt. Die an den Pleasureground angrenzenden Gebäude am Hochrad 75 wird in Zukunft möglicherweise die Eduard Bargheer-Stiftung als Museum nutzen.

Als die Baumschule von Ehren in den 1990er-Jahren aus Hamburg wegzog, trat die Stadt in Verhandlungen mit dem Freiherrn von Jenisch, dem das Gelände des heutigen Westerparks gehörte. Die Stadt pachtete einen Teil des Geländes für 40 Jahre, die alte Topografie wurde wiederhergestellt und der Park der Öffentlichkeit zugänglich gemacht. Dafür wurden im Südwesten und Nordwesten die Randbereiche parzelliert und zur Bebauung freigegeben. Einige neu gepflanzte Baumreihen im Norden des Parks erinnern auch weiterhin an die immerhin über ein Jahrhundert währende Nutzung des Geländes durch die Baumschule von Ehren.

Im östlichen Teil beeindruckt der Westerpark durch eine Ansammlung von mächtigen alten Eichen im „Derby-Park" genannten Teil. Hier findet seit den 1920er-Jahren traditionell das deutsche Springderby mit dem legendären Hindernis „Pulvermanns Grab" statt. Südlich der Eichengruppe gelegen befindet sich ein Obstgarten, in dem inzwischen wieder die alten Obstsorten kultiviert werden.

Der Blick vom Jenisch Haus über die Haus- und Liegewiese auf die Elbe. An schönen Wochenenden im Sommer zieht er nicht nur viele Hamburger, sondern auch auswärtige Besucher in den Jenischpark.

Es ist eigentlich nicht das Landleben für sich
(denn kein Städter würde seinen Stand mit dem Stande des
Landmannes vertauschen wollen), sondern der Zusammenhang
desselben mit der bloßen Natur und der in ihm
sich darstellende Abstich von den Verhältnissen der Stadt,
was (...) den Spaziergängen des Städters auf dem Lande
so große Annehmlichkeiten verleiht.
Karl Gottlob Schelle (1777– um 1825)

Von Teufelsbrück zum Hirschpark

Der Vorwerk'sche Garten und das Eichberghaus

Von der Elbchaussee aus (genauer gesagt von der Haltestelle der Buslinien 36, 39 und 286 in Teufelsbrück) fällt oben auf dem Geesthang eine elegante weiße Villa mit grünen Fensterläden sofort ins Auge. Die 1840/41 von dem Hamburger Baumeister Franz Gustav Forsmann errichtete Villa Vorwerk (Baron-Voght-Straße 19) gehört zu den letzten großen privaten Anwesen und ist bis heute im Besitz der Nachfahren der Familie Vorwerk und der mit ihr verwandten Familie Burchard-Motz.

Georg Friedrich Vorwerk (1793–1867) kam 1807 als 14-Jähriger nach Hamburg, um hier seine Lehre anzutreten. Als 30-Jähriger gründete er gemeinsam mit dem befreundeten Kaufmann Hermann Michael Christopher Hochgreve (1787–1871) die Firma Hochgreve & Vorwerk und nutzte die Chancen, die sich durch die Emanzipation der lateinamerikanischen Kolonien von ihren Mutterländern Spanien und Portugal für den Hamburger Handel eröffneten. 1847 richtete Vorwerk, seit 1846 Alleininhaber der Firma, eine Niederlassung in Valparaiso in Chile ein, die heute noch als selbstständiges Unternehmen existiert. Zunächst wurden englische Baumwolle und deutsches Leinen ausgeführt, Kaffee, Tabak, Zucker und Gewürze importiert. Später gewann der Handel mit Kupfer und Salpeter an Bedeutung. Salpeter wurde sowohl für die Herstellung von Schießpulver und Sprengmitteln als auch für die Mineraldüngung in der Landwirtschaft benötigt. Darüber hinaus engagierte Vorwerk sich in Finanzgeschäften und betrieb eine kleine Reederei.

1836 wurde Vorwerk von der versammelten Kaufmannschaft zum Mitglied der Commerz-Deputation (seit 1866 Handelskammer) gewählt, als deren Mitglied er sich besonders für den Neubau der Börse einsetzte; 1840 wurde er zu ihrem Prä-

Die 1840/41 von Franz Gustav Forsmann für Georg Friedrich Vorwerk erbaute Villa (Baron-Voght-Straße 19) ist bis heute im Besitz der Nachfahren der Familie Vorwerk und der mit ihr verwandten Familie Burchard-Motz. Im Garten wachsen riesige alte Magnolien.

ses gewählt. Als Mitglied der Patriotischen Gesellschaft unterzeichnete er unter anderem 1842 eine Petition, die für eine Verfassungsreform eintrat, und er stritt für den Bau einer Kunsthalle. Vorwerk rief eine Stiftung ins Leben, die bedürftige Eltern bei der Ausbildung ihrer Kinder unterstützte, und gründete 1866 das Asyl Vorwerk mit 34 Freiwohnungen für Arme; heute wohnen und arbeiten hier in der nach ihm benannten Vorwerkstraße junge Künstler und Künstlerinnen. Schon bald gehörte Vorwerk zu den reichsten Kaufleuten Hamburgs und hatte damit die Grundlage für den Erwerb eines Grundstücks an der Elbe gelegt. Auch die inzwischen angewachsene Kinderschar – „Christiane und ich pflegten es so zu halten, dass alle zwei Jahre ein Kind geboren wurde" – machte ein Landhaus für die Sommermonate wünschenswert. Insgesamt hatten Vorwerk und seine Frau Christiane, geb. de Voss (1809–1885), dreizehn Kinder. 1840 kaufte Vorwerk das Flottbeker Anwesen, den zur Elbe hin abfallenden Teil des Lünkenbergs, wodurch er Nachbar seines Freundes Jenisch wurde. Genau wie Jenisch ließ er sich oben auf dem Geesthang von Franz Gustav Forsmann, den er beim Bau der

neuen Börse kennen- und schätzen gelernt hatte, seine stattliche Villa errichten.

Der teilweise erhaltene Garten mit uralten Esskastanien,
Ginkgos, Rhododendronbüschen und Taxuswänden wurde
von Johann Heinrich Ohlendorff, dem Schöpfer und Leiter
des alten Botanischen Gartens in Hamburg, angelegt. An
den einstmals großen Obst- und Gemüsegarten erinnert
noch ein Kiwibaum gleich am Eingang der Baron-Voght-
Straße 19–21.

1857 ergab sich für Vorwerk die günstige Gelegenheit, sein
Flottbeker Grundstück den Berg hinauf auszudehnen. Hier
stand bereits ein sehr viel älteres Landhaus, dem die Vorwerk-Familie den Namen „Eichberghaus" gab (teilweise wird
es auch „Eichenlust" genannt). Der ausgesprochen erfolgreiche und vielseitige mennonitische Kaufmann Hinrich van
der Smissen (siehe S. 24 f.) hatte an dieser Stelle 1704 eine
Windmühle bauen lassen, neben der 1779 sein Enkel
Gysbert van der Smissen (1746–1829) ein Landhaus errichtete. Letzterer hat wiederum wahrscheinlich aus Rotterdam
ein Geschenk mit nach Hamburg ins väterliche (Stadt-)Haus
an der Großen Elbstraße gebracht, das heute als kleiner
Schatz im Museum für Kunst und Gewerbe aufbewahrt wird:
Rotterdamer Fayencefliesen mit einer allegorischen Darstel-
lung der Astronomie.

Doch zurück zum Eichberghaus: Max Liebermann, der 1902
in Hamburg zu Besuch war, malte das Landhaus, nachdem
sein Freund Alfred Lichtwark, damals Direktor der Hamburger Kunsthalle, ihn darauf aufmerksam gemacht hatte, dass
es in Kürze abgerissen werden sollte.

In den letzten Jahrzehnten ist nach einem Besitzerwechsel
der Neubau von 1903 aufwendig restauriert und der private
Garten mit uralten Eichen gärtnerisch feinfühlig überholt
worden; nur schade, dass inzwischen rund um das Grund-

Die Villa von Georg Friedrich Vorwerk um 1840. Hinter ihr verläuft der alte Kirchenweg, ein schmaler Pfad, auf dem die Einwohner der damaligen Dörfer Klein und Groß Flottbek zur Kirche in Nienstedten pilgerten.

Das Landhaus „Eichenlust", dem die Vorwerk-Familie den Namen „Eichberghaus" gab, hat vor einigen Jahren den Besitzer gewechselt und ist grundsaniert worden. Das Anwesen macht seinem Namen mit den mächtigen alten Eichen alle Ehre.

stück ein wenig ansehnlicher Sichtschutz angebracht wurde. Der Eichberg und das Vorwerk-Grundstück sind bis heute nur durch einen kleinen, schmalen öffentlichen Fußweg getrennt. Es handelt sich hierbei um den Kirchensteig, der den Einwohnern der Dörfer Klein und Groß Flottbek, die noch keine eigenen Kirchen besaßen, dazu diente, auf möglichst kurzem Weg zur Kirche in Nienstedten zu gelangen.

Ende des 19. Jahrhunderts besaßen die Vorwerks nicht nur das Eichberghaus und die für Georg Friedrich Vorwerk erbaute Villa. Darüber hinaus erwarb sein Sohn Augustus Friedrich Vorwerk 1883 in Nienstedten die sogenannte Villa Josepha (Elbchaussee 386).

Der Wesselhöftpark

Ein schmaler Fußweg führt in Richtung Südwest in den Wesselhöftpark, der nach dem Kaufmann Carl Johannes Wesselhoeft benannt ist, der das Anwesen 1864 erwarb: Es ist ein kleiner, wenig bekannter Park, der erst 1953 in den Besitz der Stadt Hamburg kam und der Öffentlichkeit zugänglich gemacht wurde.

Zwei verwunschen und romantisch wirkende Teichanlagen zeugen noch von den Bemühungen, die sogenannte Kleine Flottbek (früher hieß sie „Teufelsau") zu mehreren kleinen Fischteichen aufzustauen. An dem unteren Teich, dem Mühlenteich, betrieb die Familie van der Smissen eine Öl- und Graupenmühle.

Im Jahr 1825 übernahm der kurz darauf zum Bürgermeister gewählte Martin Garlieb Sillem (1769–1835) das Grundstück. Er stammte aus einer alten Ratsherrenfamilie, die schon seit 1517 Mitglieder in den Senat entsandte. In Sillems Park waren Gäste willkommen, und in dem 1826 erbauten klassizistischen Gebäude an der Elbchaussee 352 traf sich der Freundeskreis. Ab 1830 konnten sie jenseits der Straße Quellental, die gleichzeitig die Grundstücksgrenze darstellte, die Gastwirtschaft „Zum Quellental" besuchen. Auch heute befindet sich hier noch ein Restaurant.

Nach Sillems Tod ging der Landsitz an die Familien Roosen und Vidal über, bis er 1864 von Carl Johannes Wesselhoeft (1816–1903) erworben wurde. Wesselhoeft war als 19-Jähri-

Der Wesselhöftpark, der nach dem Kaufmann Carl Johannes Wesselhoeft benannt worden ist, hat eine lange Vorgeschichte: Bereits im 17. Jahrhundert ließ die Familie van der Smissen hier die Kleine Flottbek aufstauen, um eine Öl- und Graupenmühle zu betreiben.

Erst der spätere Hamburger Bürgermeister Martin Garlieb Sillem machte aus dem Anwesen der van der Smissens einen Park. Eine „Partie im ehemals Sillemschen Park in Nienstedten" zeigt dieses Aquarell von Daniel Christopher Mettlerkamp aus dem Jahr 1846.

ger in das Geschäft von Nicolaus Hudtwalcker gekommen, das er später übernahm. Den Park bepflanzte er mit seltenen ausländischen Bäumen und Gewächsen. Daneben bemühte er sich besonders um die Kultur von Zwergobstbäumen in

Martin Garlieb Sillem ließ 1826 auch das Landhaus im heutigen Wesselhöftpark errichten (Elbchaussee 352). Carl Johannes Wesselhoeft wiederum hat das Anwesen 1864 erworben und den Garten durch ausländische Bäume und Sträucher bereichert.

Töpfen, für die er mehrfach ausgezeichnet wurde. Den Hamburger Kunstliebhabern ist er darüber hinaus durch seine bedeutende Sammlung alter Niederländer bekannt, die sich als Hudtwalcker-Wesselhoeft'sche Sammlung im Besitz der Hamburger Kunsthalle befindet.

Zwei wunderschöne alte Trauerbuchen sind nahe der kleinen Brücke im Park zu bewundern. Blickt man vom Grundstückseingang in der Christian-Frederik-Hansen-Straße in Richtung Osten, so kann man hinter dem Wesselhoeft'schen Landhaus eine botanische Rarität entdecken, eine Atlas-Zeder; diese Bäume können bis zu 900 Jahre alt werden.

Baurs Elbschlösschen in Nienstedten

Der Weg führt weiter am Elbstrand entlang Richtung Nienstedten. Eine 1832 angefertigte Lithografie von Peter Suhr zeigt, dass sich hier ehemals ein großes Parkgelände erstreckte: Der im Bild zu sehende Pavillon mit Strohdach

Der Hamburg-Illustrator Peter Suhr (1788–1857) schuf 1832 diese Landschaftsszene „Weg am Elbstrand zwischen der Teufelsbrücke und Nienstädten bei Sonnenuntergang". Der strohgedeckte Pavillon rechts markiert die südöstliche Grenze des heute nicht mehr existierenden Nienstedtener Parks der Familie Baur.

markierte die südöstliche Grenze des Nienstedtener Parks der Familie Baur. Heute erinnern nur noch vereinzelte Bäume und das zwischen ehemaliger Elbschloss-Brauerei und Neubauten verloren wirkende sogenannte Elbschlösschen an das frühere riesige Parkgelände (Elbchaussee 354–374).

Zwischen 1803 und 1806 erwarb der Altonaer Kaufmann und Reeder Johann Heinrich Baur (1767–1807) von der Familie Roosen mehrere Grundstücke in Nienstedten. Der größere östliche Teil diente als Lustgarten, im westlichen Teil wurden Nutzgärten und Fruchtplantagen angelegt, hinzu kamen Wirtschafts- und Stallgebäude sowie Remisen. Die meisten Gartengewächse konnte Baur in der direkten Nachbarschaft in der Booth'schen Gärtnerei und Baumschule erwerben (siehe S. 112, 161), Obstbäume dagegen wurden teilweise aus Leipzig und Amsterdam importiert.

Sein jüngerer Bruder Georg Friedrich Baur hatte sich kurz zuvor in Blankenese von Ramée einen Park anlegen lassen, den heute noch erhaltenen Baurs Park (siehe S. 250 ff.). Die

Brüder entstammten einer traditionsreichen Altonaer Familie und führten gemeinsam die Firma J. H. & G. F. Baur. Neben seinen Handelsgeschäften übernahm Johann Heinrich Baur eine Reihe öffentlicher Ämter. Während sein Bruder seit Kurzem in der vornehmsten Wohngegend Altonas, der Palmaille, in einem modernen Hansen-Bau residierte (siehe S. 26 f., 32), wohnte Johann Heinrich gemeinsam mit seiner Frau Theresia Louise, geb. Doormann (1782–1857), in der Großen Elbstraße, damals die Hauptgeschäftsstraße Altonas, wo sich auch das Firmenkontor befand.

Von Christian Frederik Hansen ließ Johann Heinrich Baur sich in Nienstedten ein Landhaus bauen. Dieses von 1804 bis 1806 errichtete „Elbschlösschen" (Elbchaussee 372) wirkt wie ein Tempel an der Elbe: Es erhebt sich zweistöckig auf quadratischem Grundriss, eine Kuppel schmückt das flache Dach, unter der sich eine hohe, runde Halle befindet, die durch ein Oberlicht beleuchtet wird. Die Südfassade ist beherrscht von einem monumentalen ionischen Tempelgiebel, der den Zugang zur Vorhalle, der Loggia, bildet und dem Gebäude ein antikisierendes, italienisches Flair verleiht.

Lange konnten der Bauherr und seine kleine Familie sich ihres Landsitzes an der Elbe nicht erfreuen: Erst starben Baurs Kinder an einer fiebrigen Erkrankung, und kurz darauf fiel der Bauherr selbst mit gerade einmal 39 Jahren der Krankheit zum Opfer. Baurs schwangere Frau überlebte und verkaufte den Park an den jüngeren Bruder ihres verstorbenen Ehemannes. Georg Friedrich Baur ließ die Anlage wahrscheinlich durch Joseph Jacques Ramée weitergestalten. An einigen Tagen in der Woche stand der Park dem Hamburger Publikum offen.

Nach dem Tod von Georg Friedrich Baur 1865 wurde das Grundstück geteilt: Während die Osthälfte in der Folge par-

Das Plakat von circa 1910 zeigt, wie sehr die Industrialisierung am Elbufer damals schon fortgeschritten war. Das von Christian Frederik Hansen für Johann Heinrich Baur errichtete Elbschlösschen oben rechts (Elbchaussee 372) verschwindet nahezu neben der Mälzerei und weiteren Gebäuden der Elbschloss-Brauerei.

zelliert und mit einzelnen Villen bebaut wurde, ging die gesamte Westhälfte an die Elbschloss-Brauerei. Es entstanden ein Restaurant und Industrieanlagen, durch die der Park zerstört wurde. Das Elbschlösschen verschwand hinter der riesigen Mälzerei und diente dem Direktor des Unternehmens als Unterkunft.

Inzwischen ist das ehemalige Brauereigelände – die Elbschloss-Brauerei stellte 1995 ihren Betrieb ein – neu gestaltet worden. Die Industrieanlagen sind verschwunden, stattdessen sind Wohnhäuser und eine Seniorenresidenz auf künstlichen Anhöhen entstanden. Die alte Mälzerei wurde vollständig entkernt und steht wie das Elbschlösschen unter Denkmalschutz. Letzteres wurde durch die Hermann Reemtsma Stiftung, die dort ihren Sitz hat, aufwendig restauriert.

Der Vorläufer des Restaurants am Elbuferweg wurde 1938 eröffnet. Es gehörte der Elbschloss-Brauerei, die für die Erlaubnis, ein Restaurant zu betreiben, das Uferland der Stadt Hamburg überließ, sodass der öffentliche Elbuferweg aus-

gebaut werden konnte. Das frühere Strohdachhaus ist allerdings abgebrannt und wurde 1993 durch einen Neubau ersetzt.

Der Vidal'sche Landsitz, Schröders Villa und
der Internationale Seegerichtshof

Wenig später führt vom Elbewanderweg ein Tunnel unterhalb der Elbchaussee zum Internationalen Seegerichtshof,
einem modernen Gebäude ganz aus Stahl, Glas und Granit.
Wegen der hohen Sicherheitsvorkehrungen nur durch einen
hohen Zaun zu sehen sind auch die sogenannte Villa Schröder, die – komplett entkernt – inzwischen als Kasino dient,
und der schöne alte Baumbestand, der an den einstigen
Landsitz erinnert.

1796 hatte der Kaufmann Charles Louis Vidal (1755–1809)
das Grundstück an der Elbe in Nienstedten erworben. Vidal
entstammte einer hugenottischen Emigrantenfamilie aus
Südfrankreich. Er ließ sich ein schlichtes zweigeschossiges,
nur mit einer Attika über dem Eingang geschmücktes Landhaus von Johann August Arens bauen. Arens, der zweite
große klassizistische Baumeister neben Hansen, der auch
das Landhaus für Caspar Voght in der Nachbarschaft errichtete (siehe S. 142), entwarf das Vidal'sche Landhaus ganz im
Stil der englischen Rustic Cottages.

Vor dem Haus erstreckte sich eine Wiese, auf der Kühe weideten, von einem Hirten mit Hund bewacht – so jedenfalls
zeigt es ein Kupferstich aus dem Jahr 1809. Wie Voght hat
auch Vidal die Idee der Ornamented Farm aufgegriffen und
Landwirtschaft und Ästhetik im Park zu einem Gesamtkunstwerk zusammenfließen lassen. Vidal lud auf seinem
Landsitz zu musikalischen Zusammenkünften ein. In den
„Gemeinnützigen Unterhaltungsblättern" hieß es:

Leo Wolfs Kupferstich von 1809 zeigt ein Idealbild der Ornamented Farm: Vor dem von Johann August Arens für Charles Louis Vidal erbauten Landhaus hütet ein Hirte Rinder, geschwungene Wege leiten Spaziergänger durch den Park, und eine einfache Hütte lädt zum Ausruhen ein.

Ende des 19. Jahrhunderts erwarb der Kaufmann Rudolph Schröder den Vidal'schen Landsitz. Nach ihm ist die denkmalgeschützte Villa aus dem Jahr 1877 benannt, die inzwischen in die moderne Gesamtanlage des Internationalen Seegerichtshofs integriert wurde. An den einst viel ausgedehnteren Park erinnern einige alte Baumsolitäre.

„Der Besitzer versammelt hier zuweilen musikalische Gesellschaften, und dann verschmelzen in einer schönen Lenz-
nacht die zarten Töne der Musik mit dem Gesange der Nachtigallen und dem feierlichen Rauschen in den Wipfeln der
nahen mächtigen Eichen."
Nach dem Tod Vidals hat seine Witwe den Landsitz zunächst
vermietet, später wechselten die Eigentümer. 1877 ließ der
neue Besitzer, der Bankier Frensdorf, Teilhaber des Hamburger Bankhauses L. Behrens & Söhne, das alte Vidal'sche
Landhaus durch einen Neubau ersetzen, den zehn Jahre später der Kaufmann Rudolph Freiherr von Schröder (1825–
1938, Freiherr ab 1905) erwarb. Aus dieser Zeit stammt nicht
nur der Name des bis heute bestehenden Landhauses, sondern auch der bereits erwähnte Tunnel, durch den Schröder
und seine Gäste unter der Elbchaussee hindurch zum damaligen Gartenvorland am Strand gelangen konnten. Das Bau-
jahr 1894 ist bis heute am Tunnel nachzulesen.
Nach Schröder wechselten die Besitzer, und nach dem Zweiten Weltkrieg – Eigentümer war inzwischen die Oberfinanz-
direktion Hamburg – verwilderte der Garten. Seit den
1990er-Jahren tagt hier der Internationale Seegerichtshof.

Landhaus Roosen in Nienstedten

Eines der ältesten Landhäuser an der Elbchaussee ist das
Landhaus Roosen (Nummer 388), ein schlichter Sommersitz,
den der mennonitische Reeder Berend III Roosen 1798 in
Nienstedten errichten ließ. Berend III Roosen (1757–1820),
Kaufmann und Reeder, der 1805 Diakon der Mennoniten-
gemeinde wurde, war mit Elisabeth de Voss, einer Tochter
des Altonaer Brauereibesitzers Peter de Voss, vermählt.
Die Familie Roosen ist eine der ältesten Mennonitenfamilien
in Hamburg. Berend I Roosen (1705–1788) war einer der

Das Landhaus Roosen (Elbchaussee 388) wurde um 1798 für den Hamburger Kaufmann und Reeder Berend III Roosen errichtet, der kurz zuvor die Bauernstelle des Nienstedtener Vogtes P. Groth erworben hatte.

größten Reeder Hamburgs – eine vergleichbare Flotte hatte nur sein Bruder Salomon Roosen (1717–1795) – und zudem Besitzer der im Schiffsbau damals führenden Reiherstiegwerft. Zu Ende des 18. Jahrhunderts gehörte die Familie Roosen zu einer Reihe vermögender Mennonitenfamilien, die sich entlang der Elbe im Westen Hamburgs Landsitze zulegten und diese im Stil eines englischen Landschaftsgartens gestalten ließen. Zu den ältesten Landhäusern zählten das oben vorgestellte Anwesen „Eichberghaus" (oder auch „Eichenlust") in Klein Flottbek (siehe S. 186 f.) und das Landhaus Roosen in Nienstedten. Noch einmal zeigt sich hier der Zusammenhang zwischen der Neigung zu den Ideen der Aufklärung und der Anlage von Parks im damals modernen englischen Stil: Die Familie Roosen wie auch andere mennonitische Familien hatten enge Beziehungen zu den Hamburger Aufklärern.

Möglich ist auch, dass Roosen sein Landhaus von dem Architekten Ernst Georg Sonnin (1713–1794) ausführen ließ. Sollte dies der Fall sein, so würde auch diese Wahl noch einmal die Nähe zwischen Aufklärung und klassizistischer Architektur bestätigen. Gesichert ist, dass Sonnin das Wohnhaus Roosen an den Vorsetzen in Hamburg erbaute und dass zu seinen Auftraggebern auch die Familien de Voss und van der Smissen gehörten, das heißt jene mennonitischen Familien, die auch Landsitze an der Elbe besaßen. Sonnin, Mitbegründer der Patriotischen Gesellschaft, montierte die ersten Blitzableiter in Hamburg und rückte schiefe Kirchtürme wieder gerade. Bis heute ist er als Architekt des Hamburger „Michels" (also der Michaeliskirche) bekannt.

Zu dem mit Holz verkleideten zweigeschossigen, mit einer säulentragenden Veranda ausgestatteten Landhaus Roosen gehörten über mehrere Generationen hinweg auch umfangreiche Gartenanlagen (Elbchaussee 388–392), die mit einem landwirtschaftlichen Betrieb verbunden waren; bis 1890 grasten hier etwa zwölf Milchkühe.

Im Zuge der napoleonischen Kriege erhielt Nienstedten im Winter 1813 Einquartierung von Kosaken, so auch das Haus Roosen. Die Erinnerungen an ihr wüstes Treiben hielten sich lange und konnten gelegentlich durchaus von Nutzen sein. Noch nach Jahren entschuldigten sich die Dienstboten, wenn etwas zu Bruch gegangen war, mit den Worten: „Ach, dat hebbt all de Kosaken daan."

Nach mehreren Generationen Roosen in Nienstedten (1798 bis 1909) ging der Landsitz an Friedrich Vorwerk über. 1938 kam das Haus in den Besitz des Hamburger Kaufmannes F. G. Schlickenrieder.

Die Familie Roosen war über Generationen hinweg in den westlichen Vororten Hamburgs präsent: Unter anderem besaß Berend II Roosen (1744–1829) das Sommerhaus „Bost" in Dockenhuden, und Berend Paulus Roosen (1792–1875) erwarb 1833 den Roosens Park in Othmarschen, der inzwischen längst parzelliert und bebaut ist. Die Straßennamen

„Roosens Park" und „Roosens Weg" und der wunderbare alte Baumbestand allerdings erinnern an den ehemaligen Park.

„Louis C. Jacob"

Der französische Emigrant Daniel Louis Jacques, in Hamburg zu „Jacob" umgewandelt, eröffnete 1791 das gleichnamige, unter dem Namen „Louis C. Jacob" bis heute bestehende Restaurant in Nienstedten. Die Geschichte dieses kulinarischen Tempels – damals noch weit vor den Toren Hamburgs gelegen – beginnt damit, dass der Hamburger Zuckerbäckermeister Nicolaus Paridom Burmester 1780 den Hof von seiner verwitweten Mutter übernahm und überaus erfolgreich eine Zuckerbäckerei und Wirtschaft betrieb. Nun hatte Burmester die Angewohnheit, ankommende und auslaufende Segelschiffe mit Böllerschüssen aus einer kleinen, am Elbhang aufgestellten Kanone zu begrüßen. Eines Tages jedoch explodierte die Kanone und verletzte den Zuckerbäckermeister so schwer, dass er kurze Zeit darauf mit nur 42 Jahren verschied.

Die Witwe, die allein mit sechs Kindern zurückgeblieben war, heiratete nach kurzer Trauerfrist den gerade aus Frankreich exilierten Daniel Louis Jacob. Dieser war von Haus aus Landschaftsgärtner und hat in der näheren Nachbarschaft am Elbhang mehrere Gärten gestaltet: So zum Beispiel für Peter Godeffroy in Blankenese (siehe S. 216) und für den Direktor des Nienstedtener Knaben-Erziehungsinstituts Markus Christian Köhnke, der 1811 einen verfallenen und verwilderten Hof für sein Lehrinstitut erworben hatte. Köhnkes Besitz – dies sei hier angemerkt – gehörte später unter anderem dem Herzog Friedrich VIII. von Augustenburg, dessen Tochter Auguste Viktoria einmal deutsche Kaiserin werden sollte. Vom Herzog erwarb die Familie Newman das

Auf der um 1820 gefertigten „Ansicht von Nienstädten und Jacobsen's Garten" von J. Glashoff sind die Lindenterrasse von Daniel Louis Jacobs Gartenrestaurant, ein Pavillon, die Nienstedtener Kirche sowie die aus sandig-lehmigem Boden bestehenden steil abfallenden Abbruchkanten des Geesthangs zu sehen.

Anwesen, nach der die Straße Newmans Park in Nienstedten benannt ist, die über das ehemalige, 1930 parzellierte Parkgelände führt.

Die von Jacob bei seinem Restaurant angelegte Lindenterrasse ist bis heute weit über die Grenzen Hamburgs hinaus bekannt. Von Max Liebermann und anderen Künstlern wie zum Beispiel Wilhelm Heuer und Friedrich Kallmorgen immer aufs Neue ins Bild gesetzt, gilt sie als Markenzeichen des Restaurants. Daniel Louis Jacob war nicht nur der Begründer einer über fünf Generationen hinweg erfolgreichen Gastronomen-Dynastie, sondern hat darüber hinaus eine Hamburgensie geschaffen. Der Enkel des Firmengründers erweiterte den Gastronomiebetrieb um ein Hotel. Nach vielen Besitzerwechseln wurde das Hotel und Restaurant „Louis C. Jacob" an der Elbchaussee 401–403 vor wenigen Jahren von Horst und Vera Rahe nach aufwendigen Restaurierungsarbeiten neu eröffnet. Und bis heute erinnert ein Kanonensplitter an den unglücklichen Zuckerbäckermeister Burmester ...

Hinter „Louis C. Jacob" erhebt sich die 1751 errichtete Nienstedtener Kirche: Sie hatte eine Reihe von Vorgängerbauten, die die breiter werdende Elbe mit sich gerissen hat.

Zu ihrer Einweihung komponierte Georg Philipp Telemann (1681–1767) eine Kantate, die Aufführung leitete er selbst. Auf dem benachbarten Friedhof sind viele bekannte Hamburger Kaufmannsfamilien und Künstler begraben.

(Ehemals) Parishs Park

Ein unscheinbarer Teich am Elbewanderweg, ungefähr in der Mitte zwischen „Louis C. Jacob" und dem Mühlenberger Jollenhafen – wurde einst als kleiner privater Hafen genutzt und erinnert an eine ehemals große Parkanlage: Parishs Park.

John Parish (1742–1829) war 14 Jahre alt, als er mit seiner Mutter und zwei Geschwistern nach Hamburg kam. Er war gerade einmal 20 Jahre alt, als er seine Eltern verlor und die väterliche Firma übernahm. Später zählte er zu den erfolgreichsten und wohlhabendsten Hamburger Geschäftsleuten. Parish stammte aus Schottland. Sein Vater, der zunächst noch als Kapitän zur See gefahren war, machte sich 1755 in Hamburg mit einem kleinen Handelsunternehmen für Schiffsmaterialien selbstständig und holte kurz darauf seine Familie aus Edinburgh nach. Nach dem Tod seiner Eltern lenkte John Parish das kleine Unternehmen auf Erfolgskurs und konnte zunächst mit dem Handel von Getreide, später mit dem Import von Tabak, Reis, Kaffee und Zucker sowohl während des Siebenjährigen Krieges (1756–1763) als auch in der Zeit der Unabhängigkeitskriege in Nordamerika (1775–1783) große Gewinne machen. Da Parish durch seine Handelsaktivitäten mit Amerika dort positiv aufgefallen war – er und Caspar Voght gehörten zu den ersten Hamburger Kaufleuten, die direkt mit den abgefallenen britischen Kolonien in Nordamerika handelten –, ernannte ihn 1793 George Washington zum ersten Generalkonsul der USA in Hamburg.

„Jardin R. Parish à Menstaden [sic] près Altona von Thierry Frères nach Joseph Ramée, nach 1835". Der Teich, der auf der historischen Karte abgebildet ist, existiert noch heute. Die Gartenanlage von Parish war jedermann zugänglich. Inzwischen ist das Parkgelände allerdings längst parzelliert und mit einzelnen Villen auf dem Geesthang bebaut.

1795 engagierte sich Parish – keineswegs nur patriotisch motiviert – auf englischer Seite in gewinnbringenden Geschäften. Er versorgte die britischen Truppen nicht nur mit Geldmitteln, sondern darüber hinaus organisierte er Truppentransporte: So segelte eine Flotte von 70 Schiffen von Stade und Nienstedten mit den aus Hannoveranern und Westfalen bestehenden englischen Söldnertruppen nach Westindien.

1779, im Alter von 34 Jahren, erwarb Parish ein Grundstück in Nienstedten und ließ einen Park im Stil eines englischen Landschaftsgartens anlegen. Der Besitz umfasste ungefähr das Gebiet zwischen „Jacob" und dem Hirschpark.

Parish empfing hier eine Reihe illustrer Gäste: Unter ihnen befand sich der berühmte Freiheitskämpfer Marquis de La Fayette (1757–1834) sowie der noch junge Herzog von Orléans, der später als Louis-Philippe I. zum sogenannten Bürgerkönig von Frankreich wurde. Auch eine politisch so schillernde und einflussreiche Gestalt wie der Fürst Talleyrand (siehe S. 71) war 1792 in Nienstedten zu Besuch. Parish versorgte ihn für die Weiterreise mit den nötigen Geldmitteln, und Talleyrand revanchierte sich, indem er den in Antwerpen lebenden Sohn Parishs mit Insider-Informationen über die europäische Lage versorgte, die dieser wiederum geschickt für den Abschluss lukrativer Geschäfte zu nutzen wusste.

Gemeinsam mit seiner Frau Henrietta, geb. Tod (1745–1810), mit der er acht Kinder hatte, pflegte John Parish einen kostspieligen Lebensstil. Die Ausgaben der Jahre 1804/05 wurden detailliert aufgezeichnet: „Im Jahr 1804 bewirtete er 1132 Personen in 54 Diners und einer Teegesellschaft (von 101 Personen). Im folgenden Jahr kam er auf 1954 Gäste, mit denen er insgesamt 2232 Flaschen Wein trank." Sein aufwendiger Lebensstil wurde sprichwörtlich in Hamburg: „Pärrisch leben" und „Parish spelen" hieß, sich etwas ganz Besonderes zu leisten.

Nachdem Parish sich 1797 aus dem Geschäft zurückgezogen hatte, lebte das Ehepaar vorwiegend auf seinem Landsitz in Nienstedten. Als Hamburg 1806 von den Franzosen besetzt wurde, musste Parish mit seiner Frau nach England fliehen, wo sie auch ihre letzten Lebensjahre verbrachten. Den Landsitz in Nienstedten übernahm ihr Sohn Richard Parish (1776–1860), der mit einer Tochter von Peter Godeffroy verheiratet war. Auch sie suchten 1813/14 Zuflucht in England. Als sie nach der Franzosenzeit nach Hamburg zurückkehrten und Nienstedten besuchten, war Richard Parish entsetzt, da der Park sich inzwischen fast zu einem Wald ausgewachsen hatte.

Später wurde noch einmal Joseph Jacques Ramée angewiesen, die ausgedehnte Besitzung zu überarbeiten. Auf dem Geesthang wurden Gemüsebeete und ein prächtiger Blumengarten angelegt. Wiesen waren von Obstbäumen und Gehölzgruppen im Wechsel mit Koniferen gesäumt, und Solitäre rahmten lange Blickbeziehungen. Ein langer Querweg

Der aus England stammende John Parish (1742–1829) – oben ein Porträtstich von Henry Meyer – war als 14-Jähriger mit seiner Familie nach Hamburg gekommen. Als einer der Ersten, die mit Nordamerika handelten, erwarb er ein Riesenvermögen. Unten Parish mit seiner Gattin Henrietta, geb. Tod (1745–1810), und seinem Sohn Charles.

Der Elbewander-
weg beeindruckt
auf Höhe des ehe-
maligen Parks
von Parish durch
eine Reihe rot
blühender Ross-
kastanien. Wäh-
rend die Weiße
Rosskastanie
durch die Ross-
kastanienminier-
motte stark ge-
fährdet ist, sind
die Roten Ross-
kastanien glück-
licherweise nicht
befallen.

führte zu dem kleinen Hafen. Zwei über den Geesthang hin-
ausgeschobene Aussichtsplätze boten grandiose Panoramablicke über die Elbe.

Im weiteren 19. und im 20. Jahrhundert hatte das Grundstück verschiedene Eigentümer, unter ihnen Gustav Godeffroy, der es 1872 kaufte, um so seinen eigenen Landsitz in
Richtung Osten zu erweitern. 1929 wurde der Park parzelliert und mit einer Reihe exklusiver Villen bebaut.

„Beausite" (ehemaliges Landhaus Gustav Godeffroy) und „Bost" (Landhaus Richard Godeffroy, jetzt Oetker)

Kurz vor dem Mühlenberger Jollenhafen führt eine Treppe,
die Franz-Gartmann-Treppe, den Geesthang hinauf. Sie ist
nach dem Konsul Franz Gartmann (1875–1945) benannt, der
eine seit vier Generationen in Altona ansässige Schokoladen-
fabrik erfolgreich führte.

Oben auf dem Geesthang steht hinter Hecken und Bäumen
versteckt inzwischen ein neues Landhaus, das Ende der

„Senator Godeffroy's Landhaus in Dockenhuden" von Wilhelm Heuer, um 1865. Gustav Godeffroy ließ sich um 1855 das schlossähnliche Landhaus im Stil der Neugotik erbauen, das „Beausite" genannt wurde. In den 1930er-Jahren wurde es durch einen Neubau ersetzt.

1930er-Jahre für den Kaufmann Werner Lübs in der Straße Elbhöhe 1 erbaut wurde und die kurz zuvor abgerissene sogenannte Beausite ersetzte.

Der Hamburger Senator Gustav Godeffroy (1817–1893) – ein Bruder des auch als „Südseekönig" bekannten Johan Cesar VI Godeffroy, dem ab 1845 der benachbarte Hirschpark gehörte (siehe S. 212 ff.) – hatte sich 1855 an der heutigen Straße Elbhöhe eingekauft. Hier ließ er sich als „Gentlemen's seat für ewige Zeiten" von dem aus der Schweiz stammenden Architekten Auguste de Meuron ein „Beausite" benanntes Landhaus erbauen, das mit seinen Türmen, gotischen Spitzbogen und Zinnen an eine mittelalterliche Burg erinnerte und damit dem Geschmack der Zeit huldigte.

Gotik war in der Mitte des 19. Jahrhunderts auch an der Elbe modern: Es entstanden eine Reihe von Landhäusern wie zum Beispiel die Schillerburg in Övelgönne (siehe S. 105) oder das Donnerschloss in Neumühlen (siehe S. 82 f.), nun nicht mehr wie noch um 1800 im klassizistischen, sondern im neogotischen Stil. Auch die Gärten veränderten sich in der Mitte des 19. Jahrhunderts: So ließ Gustav Godeffroy einen Garten im Stil der italienischen Renaissance anlegen. Die geladenen Gäste – andere hatten jetzt keinen Zutritt mehr – konnten von der Terrasse aus das Gartenparterre bewundern, das sich vor ihnen in seiner Blumenpracht wie ein kostbarer Teppich ausbreitete.

In den 1870er-Jahren konnte Gustav Godeffroy zusätzlich den Park von seinem Nachbarn George Parish erwerben, die östliche Hälfte schenkte er seiner Tochter, die inzwischen mit einem Vorwerk verheiratet war.

Und dort, wo einst nacheinander die Familien Roosen und de Voss Landsitze anlegten und um 1800 Ramée seinen Firmensitz hatte (siehe S. 253), am Ende der Straße „In de Bost", hatte sich ein weiterer Godeffroy niedergelassen, nämlich Richard (1798–1864), der Sohn von Peter Godeffroy (siehe S. 215 f.). Richard Godeffroy verkaufte später das Landhaus „Bost" wiederum an seinen Freund Gottlieb Jenisch (1799–1875), der es seiner Tochter vermachte, die sich 1921 in der Inflationszeit von dem Anwesen trennen musste. Danach folgten häufige Besitzerwechsel, seit 1953 gehört das Landhaus der Familie Oetker.

Mühlen, Kurorte und (ehemalige) Landsitze im Mühlenberger Tal

Direkt am Mühlenberger Jollenhafen liegt ein lang gestrecktes, schlichtes Gebäude: Es ist die in den 1950er-Jahren von dem Hamburger Architekten Cäsar Pinnau (1906–1988) entworfene großzügige Reihenhausanlage, deren Adresse „Beim Elbkurhaus" an die Geschichte dieses Ortes am Mühlenberg erinnert.

In dem Tal, das den Hirschpark vom westlich gelegenen Baurs Park trennt, stand ursprünglich eine Wassermühle am

Diese von dem Hamburger Architekten Cäsar Pinnau (1906–1988) erbaute lang gestreckte Wohnanlage am Mühlenberger Jollenhafen ersetzt das in den 1950er-Jahren abgerissene Hotel und Restaurant „Elbkurhaus".

Mühlenteich, die 1847 in die sogenannte John'sche Dampfmühle umgewandelt wurde, die man wiederum in den 1880er-Jahren durch Fabrikanlagen ersetzte. Die drohende Zerstörung des Tals durch die fortschreitende Industrialisierung konnte glücklicherweise verhindert werden: 1905 kaufte der „Tapetenkönig" Wilhelm Iven die inzwischen verfallene Fabrikanlage und baute daneben einen stattlichen Wohnsitz für seine Familie, den er jedoch schon zwei Jahre später wieder aufgab. Jetzt gründete er in dem ehemaligen Fabrikgebäude das Hotel und Restaurant „Elbkurhaus" mit seiner 150 Meter langen Wasserfront an der Elbe. An diese in den 1950er-Jahren abgerissene Anlage knüpft Pinnaus neues großes Wohngebäude architektonisch an. An die Mühle erinnert noch der etwas verborgen liegende Mühlenteich, der ein kleines Naturwunder ist, da er immer die gleiche Wassertemperatur von 7 °C hat und von bis zu 60 aktiven Quellen gespeist wird.

Auch der westlichen Seite des Mühlenberger Tals drohte zu Ende des 19. Jahrhunderts die Zerstörung der Landschaft

Die Panzerstraße ist trotz ihres martialischen Namens ein wunderschöner kleiner Fußweg, der vorbei an alten Fischerhäusern wie diesem im Jahr 1732 erbauten „Tweehuus" (Nr. 10/12) in Richtung Baurs Park führt. Der Name „Panzerstraße" soll auf die Gewohnheit eines hier ansässigen Schlachters zurückzuführen sein, vor seiner Haustür Pansen aufzuhängen. Bleibt nur noch offen, wie aus Pansen Panzer werden konnte ...

durch Fabrikanlagen; eine Entwicklung, die auch hier dadurch aufgehalten wurde, dass der neue Besitzer – in diesem Falle der Reeder Robert Loesener (1869–1960) – die Anlagen 1891 aufkaufte und abbrechen ließ.

Bis zum März 1949 existierte am Mühlenberg an der Elbe eine Dockenhudener Landungsbrücke, die eine wichtige Verkehrsverbindung zum Hafen war. Ein Frühjahrssturm zerstörte den Schiffsanleger, der leider nicht wieder aufgebaut wurde.

Ein kleiner wunderschöner Fußweg, die Panzerstraße, führt etwas oberhalb der Elbe aus dem Tal, vorbei an alten Fischerhäusern und kleinen Gärten, in Richtung Baurs Park. Eines der schönsten Häuser ist das im Jahr 1732 als „Tweehuus" (Doppelhaus, von niederdeutsch „twee" = zwei) mit Altenteilerwohnungen erbaute reetgedeckte Wohnhaus (Panzerstraße 10/12). Das letzte Haus auf der linken Seite, schon am Mühlenberger Weg, in dem einige Zeit bis zu seinem Tod der Hamburger Zeichner und Grafiker Horst Janssen (1929–

1995) lebte, erinnert an einen weiteren ehemaligen Park in dieser Gegend: Das Gebäude gehörte ursprünglich als Remise zum Landsitz der Familie O'Swald, die 1865 das Gelände zwischen Baurs Park und den Grundstücken an der Panzerstraße erwarb und gärtnerisch gestalten ließ.

Die ehemals weitläufige Parkanlage mit einem Weinberg am Elbhang, Treibhäusern und einer eigenen Landungsbrücke ist zwar längst der Parzellierung und Bebauung zum Opfer gefallen, aber bis heute existiert eines der von Auguste de Meuron erbauten Landhäuser am Mühlenberger Weg (Nr. 16). Die Brüder Albrecht O'Swald (1831–1899), Mitinhaber der väterlichen Firma und Generalkonsul von Sansibar, und William O'Swald (1832–1923) heirateten nicht nur zwei Schwestern, sondern verbrachten auch ihre Sommerfrische als Nachbarn in zwei gleichen Häusern, die nur seitenverkehrt erbaut worden waren. An William O'Swald, Vorsitzender der Deutschen Kolonialgesellschaft und Bürgermeister, erinnert noch heute der O'Swaldkai im Hamburger Hafengebiet, da er maßgeblich am Ausbau des Freihafens beteiligt war.

Hier ist es eigentlich, wo die Hamburger großen Kaufleute
ihren Reichthum, ihren Geschmack, ihre Gastfreiheit
und ihren guten Ton am meisten zeigen. Hier findet sich, –
besonders, seitdem Hansen, ein dänischer Baumeister,
und Ahrends ihre Ideen darstellen, – eine Mannichfaltigkeit,
eine schöne Simplizität, und doch ein so schöner Styl, wie man
ihn irgendwo finden mag. Der Mann von Geschmack und
Gefühl muß aus Hamburgs Thoren gehen,
wenn er Hamburg finden will.
Emilie von Berlepsch (1755–1830)

Der Hirschpark und die Familie Godeffroy

Die Anfänge unter Johan Cesar IV und V Godeffroy:
Gründung eines Handelshauses und Anlage eines Parks

Die Entstehung und die Geschichte des Hirschparks sind vor allem mit einem Namen verknüpft, dem der Familie Godeffroy. 1786 konnte Johan Cesar IV Godeffroy ein größeres Landgut bei Blankenese erwerben, um es im Stil eines englischen Landschaftsgartens anlegen zu lassen.

Die Godeffroys waren Hugenotten, die ursprünglich in La Rochelle lebten. Im Zuge der zwangsweisen Katholisierung der Protestanten und ihrer systematischen Verfolgung in Frankreich zu Beginn des 17. Jahrhunderts musste auch die einflussreiche und vermögende Familie Godeffroy nach Deutschland fliehen.

Im Jahr 1737 kam der erste Godeffroy aus Berlin nach Hamburg: Johan Cesar III arbeitete zunächst als Angestellter in der Firma von Pierre Boué, dem Oberhaupt einer alteingesessenen und ausgesprochen vermögenden hugenottischen Familie in Hamburg, später gelang es Johan Cesar III, sich als Weinimporteur selbstständig zu machen.

Sein Sohn Johan Cesar IV Godeffroy (1742–1818) gründete 1766 als 24-Jähriger in Hamburg das Handelshaus Joh. Ces. Godeffroy & Co, später in Joh. Ces. Godeffroy & Sohn umgewandelt. Am Alten Wandrahm im Hamburger Hafen, einer Straße, deren Bebauung in den 1880er-Jahren für die Errichtung der Speicherstadt abgerissen wurde, kaufte Johan Cesar IV Godeffroy ein großes Kontorhaus, in dem – wie damals üblich – sowohl der Sitz der Firma mit Kontor- und Lagerräumen als auch die Wohnbereiche der Familie untergebracht waren. Die Waren lagerten in den zum Fleet hin gelegenen Räumen, sodass sie mit Ewern und Schuten erreichbar waren. Johan Cesar IV Godeffroy heiratete in erster Ehe eine geborene Boué, in zweiter Ehe eine geborene Matthies-

Der Hirschpark zählt mit seinen circa 25 Hektar zu den größeren Parks an der Elbe. Seinen Namen erhielt er aufgrund eines Wildgeheges, das in der zweiten Hälfte des 19. Jahrhunderts hier angelegt wurde und bis heute existiert.

sen. Letztere war mit einer Reihe Hamburger Aufklärer eng befreundet, unter anderem mit Hannchen Sieveking.

Die Geschäfte liefen gut, und Godeffroy hatte darüber hinaus Glück: Sein Verwandter Isaac Godeffroy, reicher Plantagenbesitzer in Niederländisch-Guyana (Surinam), war gestorben und hatte ihm ein Vermögen vererbt, sodass Johan Cesar IV Godeffroy sich 1786 eine Sommerresidenz zulegen konnte. Das Anwesen lag in Dockenhuden bei Blankenese. Dockenhuden war ein eigenes Dorf, das sich wie ein großer Haken östlich und nördlich um das Nachbardorf Blankenese herumzog, das heißt, die Blankeneser Kirche, der Bahnhof, Goßlers Park und der Hirschpark hätten damals auf Dockenhudener Gebiet gelegen. Nachdem sich die Gemeinden 1919 bereits zur Landgemeinde Blankenese zusammengeschlossen hatten, erfolgte 1927 die Eingemeindung nach Altona und 1937 nach Hamburg. Seit 1939 gehört der Hirschpark infolge einer Gebietsneuordnung zu Nienstedten und nicht mehr zu Blankenese.

Seit dem frühen 17. Jahrhundert hatten reiche Hamburger in der Gegend Land aufgekauft, da die Erträge für die Bauern aus der Landwirtschaft auf dem kargen Geestboden sehr dürftig waren. Gab es zudem Beeinträchtigungen durch Kriege beziehungsweise vagabundierende Heere, so blieb den Bauern oft nur der Verkauf. Entsprechend erwarb Johan Cesar IV Godeffroy den Landsitz an der Elbe bereits von einem Hamburger, dem aus den Niederlanden stammenden Kaufmann Berend Johann Rodde (1720–1786). Das Landgut bestand zu dieser Zeit vorwiegend aus Weiden und freiem Feld.

Eine bereits gepflanzte Lindenallee allerdings kündete von den repräsentativen Bedürfnissen eines Vorbesitzers: Heute eine der Hauptattraktionen des Parks, muss sie deutlich vor 1789 angelegt worden sein. Kurz bevor Godeffroy den Landsitz erwarb, hatte der dänische König Christian VII. eine Bodenreform angeordnet, wofür die sogenannte Dockenhudener Verkopplungskarte von 1789 angefertigt wurde, auf der die Lindenallee bereits eingezeichnet ist. Das heißt, die Linden müssen immerhin schon so hoch gewachsen gewesen sein, dass sie als „kartenwürdig" angesehen wurden, was wiederum bedeutet, dass sie um einiges älter als die Karte selbst sind. Die vierreihige Allee bleibt uns hoffentlich noch lange erhalten, immerhin können holländische Linden 1000 Jahre alt werden! Dass die Lindenallee aus der Zeit vor Godeffroy stammt, zeigt sich auch daran, dass sie keineswegs auf das Godeffroy'sche Landhaus, sondern auf ein viel kleineres Haus zuläuft. Das sogenannte Witthüs (siehe S. 238) gehörte ehemals zu einem der Bauernhöfe und wurde unter den Godeffroys zum Gästehaus.

Bis dahin wohnten die Hamburger Kaufleute auf dem Land zumeist in – für die eigene Nutzung umgebauten – Bauernhäusern. Erst Johan Cesar IV brach mit dieser Tradition und beauftragte 1789 den noch jungen, gerade zum königlich-

Die Bäume der vierreihigen Lindenallee im Hirschpark sind an die 300 Jahre alt und bilden das Herzstück des Parks.

dänischen Landbaumeister berufenen Christian Frederik Hansen, ihm ein klassizistisches Landhaus zu erbauen (Elbchaussee 499; siehe auch S. 238 f.). Für Hansen sprach, dass der junge ambitionierte Mann nicht nur mit der Goldmedaille der Akademie in Kopenhagen ausgezeichnet worden war, sondern mit frischen Eindrücken aus Italien, dem Land der Kunst und Sehnsuchtsort aller Gebildeten, nach Altona gekommen war. Es war Hansens erster privater Auftrag in Hamburg und sein Einstieg in eine beispiellose Karriere.

Das italienische Vorbild zeigt sich auch in einer von Hansen gefertigten Ansicht des Hauses (Abbildung nächste Seite), ist doch im Hintergrund ein Hügel, fast ein Berg zu erkennen – eine Reverenz an die erträumte arkadische Landschaft, die einem Hamburger allerdings zumindest ein leises Lächeln entlockt: Zwar haben wir auch in Hamburg „Berge", aber dort definitiv nicht! Über dem Säuleneingang des Godeffroy'schen Landhauses wurde die Inschrift „Der Ruhe weisem Genuss" angebracht.

Johan Cesar IV Godeffroy beauftragte Christian Frederik Hansen 1789 mit dem Bau seines Landhauses (Elbchaussee 499, heute Lola-Rogge-Schule). Auf Hansens Entwurfszeichnung hat das Vorbild Italien sichtbare Spuren hinterlassen: Im Hintergrund erhebt sich ein Berg, der in der Wirklichkeit gar nicht existiert, sondern das Landhaus an der Elbe in eine erträumte arkadische Landschaft versetzt.

Gleich nebenan – westlich gelegen – ließ sich der jüngere Bruder von Johan IV Cesar, Peter (Pierre) Godeffroy (1749–1822), ab 1790 ebenfalls ein „Weißes Haus" von Hansen bauen, heute Elbchaussee 547, im Privatbesitz der Familie Essberger-Rantzau. Die jeweils im englischen Stil entworfenen Parkanlagen der Brüder waren durch das Wegesystem miteinander verbunden. Zumindest den Park von Peter Godeffroy gestaltete Daniel Louis Jacob, der wenig später an der Elbchaussee das berühmte Lokal mit der Lindenterrasse eröffnete.

Die Ausstattung von Peter Godeffroys Landhaus geriet im wahrsten Sinne des Wortes königlich: Der preußische König Friedrich Wilhelm II. hatte für sein Marmorpalais im Neuen Garten in Potsdam Statuen und Reliefs aus Italien kommen lassen, kunstvoll gefertigte detailgetreue Kopien der antiken Vorbilder. Der Weg aus Italien führte per Schiff die Elbe hoch, doch das Schiff havarierte bei Blankenese. Zwar konnten Fischer die Kisten mit der kostbaren Fracht retten, doch da man in Berlin beziehungsweise in Potsdam vermutete, dass der Inhalt verdorben sei, wurden die Kunstwerke in Altona versteigert. Und da hier wiederum keiner etwas mit fremden weißen Köpfen und Gestalten aus Gips anzufangen

wusste, gelangten die antiken Kopien für den reinen Materialpreis in das Weiße Haus an der Elbe.

Unter Johan Cesar V Godeffroy (1781–1845) erweiterte sich der Aktionsradius des Godeffroy'schen Handelshauses ab den 1820er-Jahren in Richtung Mittel- und Südamerika. Gehandelt wurde unter anderem mit Zucker, Gewürzen, Kaffee und Kakao. Der direkte Handel mit diesen Ländern war dadurch möglich geworden, dass sie sich von ihren kolonialen Mutterländern emanzipierten und damit die durch die früheren Kolonialmächte verhängten Beschränkungen für Handelsschiffe anderer Nationen beziehungsweise Städte wegfielen. Die Firma expandierte, und die Söhne von Johan Cesar V übernahmen Niederlassungen in Kuba, Chile und Kalifornien, während sein Namensnachfolger die Stellung in Hamburg hielt.

Bald konnte sich Johan Cesar V ein neues Haus an der Esplanade leisten, einer Straße, die kurz zuvor von dem Hamburger Baumeister Carl Ludwig Wimmel nach Londoner Vorbild im einheitlich klassizistischen Stil angelegt worden war. Hinzu kamen mehrmonatige Urlaubsreisen nach Frankreich und Italien. Einige Zahlen geben eine Vorstellung vom

Johan Cesar IV Godeffroys Bruder Peter Godeffroy kaufte das westlich anschließende Gelände, das bis an die Grenze des kurz darauf entstehenden Baurs Parks heranreichte. Er ließ sich ab 1790 ebenfalls von Christian Frederik Hansen ein „Weißes Haus" bauen (Elbchaussee 547, heute im Besitz der Familie Essberger-Rantzau). Den Garten gestaltete Daniel Louis Jacob, Gründer des berühmten Restaurants „Louis C. Jacob".

Sophie Lucie Godeffroy (geb. 1786) war mit Johan Cesar V Godeffroy verheiratet. Im Winter wohnten sie über dem Kontor im Alten Wandrahm 25 und im Sommer im Landhaus im Hirschpark, wo auch ihr Sohn Johan Cesar VI aufwuchs. Sophie war eine begeisterte Gärtnerin und Reiterin.

Reichtum der Godeffroys: Im Jahr gab Johan Cesar V Godeffroy 1300 Mark Banco für Personal aus, zu dem zwei Diener, ein Hausknecht, drei Hausmädchen, ein Koch, eine Unterköchin, eine Magd, zwei Kutscher sowie mehrere Gärtner und Gartenarbeiter zählten. 3600 Mark Banco kostete ihn der Weinkeller, die Unterhaltung des Parks 8000, und die eigenen Lebenshaltungskosten beliefen sich auf 60 000 bis 70 000 Mark Banco. Damals verdienten 80 Prozent der Erwerbstätigen in Hamburg weniger als 400 Mark im Jahr.

Johan Cesar V Godeffroys Frau Sophie war nicht nur eine begeisterte Reiterin, die die „Gesellschaft muthiger Rosse" liebte. Sie war es auch, die den Gutshof in Dockenhuden leitete und sich um den Park kümmerte. Hier im Park traf man sich auch mit Freunden und Verwandten, mit den Parishs, Sillems, Heines und anderen.

Könige an der Elbe: die Godeffroys in der Mitte des 19. Jahrhunderts

1845 übernahm Johan Cesar VI Godeffroy (1813–1885) nach dem Tod seines Vaters die Firma. Unter seiner Leitung sollte das Familienunternehmen seine größte Ausdehnung erfahren, aber auch den finanziellen Ruin erleben. Und erst Johan Cesar VI hat dem Park bei Blankenese die Gestalt gegeben, die wir noch heute kennen.

Johan Cesar VI Godeffroy, den man später auch „König der Südsee" nannte, wurde 1813, in der Zeit, als Hamburg noch von den Franzosen okkupiert war, im dänischen Exil in Kiel geboren. Er besuchte in Lübeck das Katharineum, die 1531 gegründete Schule, in der Thomas Mann später Deutschlands erste Schulzeitschrift gründen sollte. Johan Cesar machte eine Lehre im Handelshaus Parish & Co und verbrachte seine Lehrjahre in England. Dort hatte man Freunde und Verwandte, die Verbindungen zwischen Hamburg und London waren traditionell eng.

Wieder in Hamburg, gründete Johan Cesar VI Godeffroy mit seinen Brüdern 1836 an der Alster den ersten Ruderclub Deutschlands, der als „Der Hamburger und Germania Ruder Club" noch heute existiert. Beim Sport traf man die Freunde aus den Familien Merck, Parish, Sillem, Abendroth, Goßler, Lutteroth, Schröder und Heckscher, Namen, die bis heute in Hamburg geläufig sind, und sei es durch Straßennamen. Die Godeffroys hielten Pferde und engagierten sich in einer weiteren englischen Sportart: dem Pferderennen. Johan Cesars Bruder Adolph wurde 1854 sogar zum Präsidenten des Hamburg-Lokstedter Renn-Clubs gewählt, seit 1856 finden die Rennen in Horn statt. Mit Mitte 20 heiratete Johan Cesar Emily Hanbury, sein Bruder Gustav ihre Schwester. Da die Eltern in die Esplanade gezogen waren, fanden Johan Cesar und Emily am Alten Wandrahm ein neues Zuhause.

Johan Cesar VI Godeffroy baute die vom Vater bereits zur Kaufmannsreederei umgewandelte Firma weiter aus: 1836 besaß die Firma gerade einmal sechs Schiffe, 1856 bereits eine Flotte von 27 Schiffen. Die Schiffe setzte man unter anderem in einem neuen lukrativen Geschäftszweig ein: Immer mehr Menschen wanderten über Bremen und Hamburg nach Übersee aus. Die Gründe waren vielfältig: Die einen flohen vor der wachsenden Armut, andere nach der Niederschlagung der 1848er-Revolution vor der Reaktion, wieder andere lockte das Gold in die USA oder nach Australien, wo spektakuläre Funde einen Goldrausch ausgelöst hatten. Ab 1851 brachten die Godeffroy'schen Schiffe im Liniendienst Auswanderer nach Chile, Kalifornien und nach Australien; zurück transportierte man Kupfer und Getreide, später auch Guano und Salpeter. Nach Australien dauerte die Fahrt im eigens dafür gebauten Klipper, einem Schnellsegler, 123 Tage.

Erst Johan Cesar VI Godeffroy (1813–1885), der wegen seiner wirtschaftlichen Aktivitäten im pazifischen Raum auch den Beinamen „Südseekönig" erhielt und der Enkel des Parkgründers war, gab dem Hirschpark seine heutige Form.

1846 waren die Godeffroys an der Gründung des Elbkupferwerks beteiligt, in dem aus Südamerika und Australien importiertes Kupfer verarbeitet wurde. Für den wachsenden Bedarf an Transport- und Handelsschiffen lohnte der eigene Schiffsbau auf der 1849 neu erworbenen Reiherstiegwerft. Hier wurde der Raddampfer „Helgoland" gebaut, der als erster Seebäderdampfer Hamburgs zwischen der Stadt und dem 1832 gegründeten Seebad auf Helgoland verkehrte. Auf der Reiherstiegwerft wurden sowohl die Alsterdampfer gefertigt als auch das erste Schiff der HAPAG. An der HAPAG, der berühmten Hamburger Reederei, die 1847 von Hamburger Kaufleuten und Reedern als Hamburg-Amerikanische Packetfahrt-Actien-Gesellschaft gegründet wurde, war Godeffroy ebenso beteiligt wie auch an der Elbdampfschiffahrtskompagnie. Joh. Ces. Godeffroy & Sohn besaßen darüber hinaus Beteiligungen an verschiedenen Industrieunternehmen wie zum Beispiel an der Hamburg-Berlin-Eisenbahn, an der Elbezuckersiederei sowie an den Osnabrücker Eisen- und Stahlwerken.

Johan Cesar VI Godeffroy und seine Brüder sind die Protagonisten in einem weltweit agierenden Familienunternehmen: Während Cesar in Hamburg das Stammhaus leitete, war Gustav in Rio, Adolph in Havanna und Alfred in San Francisco. Zurück in Hamburg avancierte Adolph zum angestellten Direktor der HAPAG. Er repräsentiert damit einen neuen Typus: Erst seit 1846 hatten nun neben den Selbstständigen auch Fabrikbesitzer und (angestellte) Direktoren das Recht, die „Versammlung Eines Ehrbaren Kaufmanns zu Hamburg" zu besuchen und ein Bankkonto zu eröffnen. Hamburg reagierte damit auf die sich verändernden Strukturen im Zuge der fortschreitenden Industrialisierung. 1857 wurde Adolph Godeffroy Mitverwalter der Hamburger Bank, 1858 Präses der Commerz-Deputation, dem Vorläufer der

Handelskammer Hamburg. Doch er musste auch Schicksalsschläge verkraften: Sein Sohn brannte in Amerika mit einer Zirkusreiterin durch.

Alfred Godeffroy wurde 1849 Hamburger Konsul für Kalifornien, musste jedoch mit seinem Unternehmen in San Francisco Konkurs anmelden, was dazu führte, dass er sich für lange Zeit in Hamburg nicht blicken lassen durfte.

Sein Bruder Gustav dagegen machte in Hamburg Karriere: Er wurde Finanzsenator sowie Teilhaber und Mitvorsitzender der Norddeutschen Bank (Vorläufer der Deutschen Bank), die Joh. Ces. Godeffroy & Sohn und sechs weitere angesehene Hamburger Firmen 1856 gegründet hatten. Gustav verstand sich als moderner Geschäftsmann: Er war an den unterschiedlichsten Unternehmen beteiligt, und sein Ziel war Gewinn. Als ihm vorgeworfen wurde, sein im politischen Amt erworbenes Wissen für private Zwecke gewinnbringend genutzt zu haben – man warf ihm Bodenspekulationen vor – und ihm nahegelegt wurde, auf solche Praxis zukünftig zu verzichten, bat er den Senat kurzerhand um Entlassung.

Es war ein unerhörter Vorgang in der selbstverwalteten Städterepublik Hamburg, den Senator Johannes Georg Andreas Versmann (1820–1899) mit dem Satz „Die Republik geht verloren, wenn ihr die Bürger fehlen" kommentierte. Die Zeiten änderten sich: Hatte Johan Cesar V Godeffroy den idealen Bürger noch als tätig und gemeinnützig beschrieben, der ehrlich, zuverlässig, pünktlich, fleißig und ordentlich seine Arbeit als selbstständiger Kaufmann verrichtet, um den erworbenen Reichtum zu genießen, zum Beispiel auf langen Bildungsreisen, so galt es nun primär, jedes Jahr wieder der Erste zu sein, den höchsten Gewinn zu erzielen, ein Streben, das Gustav Freytag (1816–1895) in seinem 1855 erschienenen Roman „Soll und Haben" – antisemitisch unterlegt – als Ausdruck der Moderne kritisierte.

Gustav Godeffroy seinerseits versuchte, den Einfluss von Arbeitern auf die Politik einzuschränken: Die Steuergrenze sollte erhöht werden, dann würden 2500 Arbeiter ihr Wahlrecht wieder verlieren. In Hamburg besaßen nur Bürger das Wahlrecht, und das wiederum erwarb man nur durch ein bestimmtes Steueraufkommen, sodass dessen Höhe darüber bestimmte, wie viele Männer an den Wahlen zur Bürgerschaft teilnehmen konnten. Wurde diese Steuergrenze erhöht, wurde das Wahlvolk limitiert, ein Ziel, das Gustav Godeffroy verfolgte. Als die Arbeiter auf der Reiherstiegwerft 1865 streikten, ließ er die Polizei hart durchgreifen. Eine Zeitschrift der Sozialdemokratie kommentierte bitter: „Allah ist groß und Godeffroy ist Senator. Das sind die Freiheiten der Republik Hamburg."

Das Außenseitertum der Godeffroys hatte in der Mitte des 19. Jahrhunderts ein Ende. Nach der 1848er-Revolution durften sie auch als Calvinisten Ämter antreten, eine Tatsache, die sie erfolgreich zu nutzen wussten: In allen wichtigen politischen Gremien saß nun einer der Godeffroy-Brüder. Ihr Erfolg spiegelt sich auch in ihrem Besitztum an der Elbe wider. Zehn Jahre nachdem Johan Cesar VI Godeffroy 1845 das Dockenhudener Grundstück von seinem Vater geerbt hatte, ließ sich auch sein Bruder Gustav am Hohen Elbufer nieder: Er kaufte westlich des Hirschparks, heute Elbhöhe, ein Grundstück und ließ sich – dem Geschmack der Zeit folgend – von dem Architekten Auguste de Meuron die „Beausite" im Stil der Neugotik auf dem Geestrücken bauen (S. 204 f.). Und südwestlich vom Hirschpark hatte sich auch ein Familienmitglied niedergelassen, nämlich Richard Godeffroy (1798–1864), der Sohn von Peter Godeffroy (siehe S. 206). In der zweiten Hälfte des 19. Jahrhunderts gehörte das Elbufer vom „Jacob" in Nienstedten bis nach Blankenese und teilweise darüber hinaus bis Rissen den Godeffroys und ihren Verwandten.

Waren es zunächst die Außenseiter, die sich am Geesthang westlich von Altona niederließen, so galt das Gebiet bereits in den 1830er-Jahren als teuerste und vornehmste Landhausgegend. Inzwischen war ein Besitz an der Elbe nicht mehr nur ein Gradmesser kaufmännischen Erfolges, sondern galt jetzt auch als erste Adresse für alteingesessene, politisch einflussreiche Hamburger Familien. Heinrich Smidt hat den Wandel in seinen „Hamburger Bildern" von 1836 mit folgenden Worten festgehalten: „Wohnen nun am Ufer der Bille die Plebejer, halten sich die Patricier an der Alster auf, so residieren am Gestade der Elbe die Könige." Und die Godeffroys waren unter den Königen ...!

Der „König der Südsee": Johan Cesar VI Godeffroy als Wegbereiter des deutschen Kolonialismus

Berühmt-berüchtigt wurde Johan Cesar VI Godeffroy für die Ausdehnung seines Unternehmens in die Südsee seit Mitte der 1850er-Jahre. Bis in die 1870er-Jahre galt die Südsee als gefährliches Seefahrtgebiet, es gab keine oder nur ungenaue Karten, und über die dort lebenden Völker war so gut wie nichts bekannt. Godeffroy wählte Apia auf den Samoa-Inseln als Ausgangspunkt für neue Handelsunternehmungen. Schon bald entstanden weitere Niederlassungen in Tonga, auf den Fidschi-Inseln und auf anderen polynesischen Inseln. Ab 1871 war die Firma auch im Gebiet der Admiralitätsinseln und ab 1873 im Bismarck-Archipel präsent. Insgesamt hatte Godeffroy schließlich mehr als 50 Niederlassungen und Agenturen auf den verschiedenen Inseln in Melanesien, Mikronesien und Polynesien.

Gehandelt wurde hauptsächlich mit Kaffee, Zuckerrohr, Baumwolle und Kopra. Doch es war oft schwierig, den Insulanern etwas für die begehrten Rohstoffe zu verkaufen be-

ziehungsweise etwas einzutauschen. Der Sohn Johan Cesars
VI, der vor Ort war, konstatierte: „Wo also noch wenige Bedürfnisse sind, müssen solche geschaffen oder hervorgerufen werden." Gut zu verkaufen waren allerdings Waffen: Gerade nach dem Ende des Deutsch-Französischen Krieges von
1870/71 waren Waffen zudem billig zu haben, und die Einheimischen tauschten Land gegen Waffen.

Kopra, das getrocknete ölhaltige Fruchtfleisch der Kokosnuss,
wurde klein geschnitten nach Europa transportiert, um hier
das Öl herauszupressen. Da die Nachfrage nach tropischen
Pflanzenfetten in Europa mit zunehmender Industrialisierung beständig stieg – Kokosöl war ein wichtiger Grundstoff
für Seife, Kerzen und Speisefette –, konnten mit Kopra hohe
Gewinne erzielt werden. Doch dafür musste die Produktion
gesteigert werden, weswegen der Verantwortliche vor Ort für
Godeffroy Land auf Samoa erwarb und ab 1863 Plantagen mit
Kokos- und Baumwollpflanzen anlegen ließ.

Der Landerwerb auf den Inseln wurde in der Folge systematisch ausgebaut. Die dringend benötigten Arbeitskräfte –
1874 arbeiteten 1200 Menschen auf den Plantagen – wurden
vor allem von den Nachbarinseln rekrutiert, teilweise wohl
auch regelrecht entführt, war doch das sogenannte Blackbir-
ding, also die Entführung und der Handel von Menschen unter den mit dem Handelshaus konkurrierenden Kolonial-
mächten an der Tagesordnung. Die ehemaligen Besitzer der
Inseln arbeiteten nun schlecht ernährt für einen Hungerlohn
und weitgehend rechtlos auf Plantagen, die dem Godeffroy'schen Handelshaus gehörten.

Das 19. Jahrhundert ist das Jahrhundert der Naturwissenschaften, die seit dem Ende des 17. Jahrhunderts angetreten
sind, die Religion als erstes Weltdeutungsmuster zu verdrän-
gen und selbst zur ersten Legitimationsinstanz zu werden.
Neue Pflanzen wurden entdeckt und wissenschaftlich klas-

sifiziert, naturwissenschaftliche Vereine und Gesellschaften entstanden, in anthropologischen Studien wurde die „Natur" des Menschen erkundet, und in der zweiten Hälfte des 19. Jahrhunderts kam es zur Gründung von völkerkundlichen Museen.

Die Forschungen wurden in weitverbreiteten Zeitschriften wie zum Beispiel ab 1853 in der „Gartenlaube" popularisiert. Ab 1863 erschien Alfred Brehms „Illustriertes Tierleben", ein Bestseller, den Generationen gelesen haben. Brehm war zu dieser Zeit Direktor des offiziellen Hamburger Zoologischens Gartens am Dammtor, die – auf lange Sicht unterlegene – Konkurrenz zu Hagenbecks Tierpark. Ab 1874 stellte Hagenbeck nicht nur Tiere, sondern auch Menschen aus und wurde zu einem der erfolgreichsten Veranstalter von Völkerschauen in Europa. Auf diesen sogenannten anthropologisch-zoologischen Veranstaltungen wurden die Einwohner aus unbekannten Landstrichen und später aus den Kolonien wie Tiere vorgeführt. Die positiven Stellungnahmen bedeutender Wissenschaftler trugen zum Renommee der Völkerschauen bei.

Hamburger Persönlichkeiten von Rang gründeten 1837 den (heute noch bestehenden) Naturwissenschaftlichen Verein in Hamburg, und Reeder und Kaufleute beauftragten die Kapitäne ihrer Handelsschiffe damit, botanische, zoologische und anthropologische Kuriositäten und Raritäten zu sammeln. Auf diese Sammlung konnte das Naturhistorische Museum in Hamburg zu seiner Eröffnung 1843 bereits zurückgreifen. Es gehörte allgemein zum guten Ton, sich in Botanik und Zoologie zu engagieren und die neuesten naturwissenschaftlichen Forschungen zu verfolgen.

Godeffroy jedoch ging über diese Praktiken anderer Hamburger Kaufleute hinaus: Er stellte ab 1861 sieben Wissenschaftler fest ein, die in seinem Auftrag in Samoa, Australien sowie auf den Fidschi-Inseln und anderen Inseln Tiere, Pflanzen, Waffen, Geräte und anderes mehr zusammentragen und nach Hamburg schicken sollten. In Hamburg wartete ein ebenfalls eigens hierfür angestellter Zoologe, Dr. Eduard Graeffe, auf die Sammlung, um sie wissenschaftlich auszuwerten und in dem von Godeffroy finanzierten Museum auszustellen.

Das Museum war in einem Gebäude am Alten Wandrahm untergebracht und am Wochenende für das Hamburger Publikum geöffnet. Für seine Verdienste erhielt Godeffroy eine Reihe von Ehrungen in Form von Mitgliedschaften in verschiedenen deutschen naturwissenschaftlichen Vereinen, 1875 wurde er Ehrenpräsident des Vereins für naturwissenschaftliche Unterhaltung zu Hamburg. Darüber hinaus wurden über 30 neue Arten nach ihm benannt. Der Gewinn für Godeffroy war allerdings keineswegs nur ideeller beziehungsweise immaterieller Art, ließen sich doch die gesammelten Naturalien und ethnografischen Gegenstände durchaus auch kommerziell nutzen: Schnell wurden sie zur profitablen Handelsware.

Begehrt waren neben ethnologischem Material wie Waffen und Masken auch Skelette und Schädel der Insulaner. Wissenschaftler benötigten sie für ihre vergleichenden anthropologischen Studien. Johan Cesar VI Godeffroy wurde zum größten Kopfjäger der Südsee: 53 Skelette und 375 Schädel erreichten Hamburg in seinen Segelschiffen. Dafür wurden vor Ort zumindest Gräber geschändet, wenn nicht sogar Menschen für die Sammlung ihr Leben lassen mussten.

Godeffroy war mit führenden Wissenschaftlern der Zeit befreundet. Zu seinen Gästen gehörten Rudolf Virchow (1821–1902), Begründer der modernen Pathologie und federführend in der vergleichenden Anthropologie, der Bremer

Johan Cesar VI Godeffroy beauftragte mehrere Wissenschaftler, auf seinen Handelsschiffen mitzufahren und aus der Fremde ethnografische Objekte und anthropologisches Material für sein eigens dafür eingerichtetes Museum am Alten Wandrahm in Hamburg zusammenzutragen. Auf diesem Foto von 1880 ist rechts das Museum Godeffroy zu sehen.

Ethnologe Adolf Bastian (1826–1905), Gründungsdirektor des Museums für Völkerkunde in Berlin (1873), sowie Ernst Haeckel (1834–1919), Professor der Zoologie in Jena, Wegbereiter des Sozialdarwinismus und der Rassenhygiene in

Deutschland, überdies erklärter Antisemit und – das gehörte fast immer dazu – überzeugter Antifeminist.

Um die Stellung der einzelnen Völker in der postulierten Seinskette naturwissenschaftlich zu belegen, wurden zunehmend vergleichende anthropologische Studien – und das hieß in erster Linie Vermessungen – vorgenommen. Bereits Ende des 18. Jahrhunderts hatten europäische Wissenschaftler wie der deutsche Anatom Samuel Thomas Sömmering (1755–1830) und der holländische Anatom Pieter Camper (1722–1789) die Skelette und Schädel von Affen und „Negern" verglichen, eine Praxis, die den kolonialen Interessen der europäischen Mächte zuarbeitete. Sömmering behauptete in seinem 1784 veröffentlichten Werk „Über die körperliche Verschiedenheit des Mohren vom Europäer" die Unterlegenheit der Schwarzen, die auch Camper in seinen Studien naturwissenschaftlich beglaubigte. Naturwissenschaftler, allen voran Mediziner und Anthropologen, postulierten eine evolutionäre Entwicklung, an deren Spitze – wen wundert's? – der weiße europäische bürgerliche Mann stand.

In der Mitte des 19. Jahrhunderts behauptete Charles Robert Darwin (1809–1882), die Arten seien keineswegs von Gott einmal geschaffen worden, sondern vielmehr durch natürliche Zuchtwahl im Verlauf einer evolutionären Entwicklung entstanden, und 1871 zog er aus seinen Beobachtungen sogar den skandalösen Schluss, dass die Menschen von den Menschenaffen abstammten. Ende des 19. Jahrhunderts übertrugen Forscher die biologischen Erkenntnisse von Darwin auf menschliche Gesellschaften, also soziale Verhältnisse. Auf diese Art und Weise konnten soziale Ungleichheiten in angeblich biologische umgewandelt und damit legitimiert werden. Die vom Naturwissenschaftler entzifferten „Wahrheiten" der Natur wurden somit der Ebene einer politischen Auseinandersetzung entzogen.

Darwins „survival of the fittest" wurde nicht nur auf die sozialen Differenzen im eigenen Land angewendet, sondern darüber hinaus auf die Konkurrenz zwischen Ethnien und Staaten: Die koloniale Unterwerfung und Ausrottung nichteuropäischer Völker erschien somit als naturwissenschaftlich legitimiert. Man ging davon aus, dass auch die Kulturen und Menschen in der Südsee durch das Vordringen der Europäer gefährdet seien. Umso dringender erschien es den Wissenschaftlern, die fremden Kulturen zu dokumentieren, bevor sie durch das Eindringen der Europäer zerstört wurden. Die Notwendigkeit zur Musealisierung wird hier zur zynischen Antwort auf imperialistische und koloniale Praktiken der Europäer.

Die Flotte von Johan Cesar VI Godeffroy herrschte in allen Weltteilen und in der Südsee. Doch neidvoll musste Godeffroy die Vorteile der französischen, englischen und amerikanischen Konkurrenten registrieren, konnten sie doch jederzeit ein Kriegsschiff ordern, wenn es zu Auseinandersetzungen mit den indigenen Einwohnern auf den Inseln kam. Bismarck jedoch – ohnehin dem kolonialen Gedanken abgeneigt – zögerte noch lange. Erst 1872 lief ein erstes deutsches Kriegsschiff in der Südsee auf.

Dabei hatte Godeffroy sich schon früh für den kolonialen Gedanken stark gemacht: 1841 legte der Senatssyndikus Dr. Karl Sieveking der Commerz-Deputation einen Plan zur Gründung einer Kolonialgesellschaft vor. 1842 gründeten daraufhin mehrere Reeder, unter anderem Johan Cesar VI Godeffroy, ein Komitee für Waurikauri (östlich von Neuseeland) und forderten zum Zeichnen von Aktien auf. Das Projekt verlief allerdings im Sande, weil England sich einmischte und Besitzansprüche geltend machte.

Der Gründerkrach nach der Reichsgründung von 1871 brachte auch dem Godeffroy'schen Unternehmen riesige

Verluste. Um etwas später einen erneut drohenden Konkurs zu verhindern, trennte man die Südseeunternehmung von allen anderen Aktivitäten der Firma ab und gründete eine Aktiengesellschaft, die Deutsche Handels- und Plantagengesellschaft (DHPG), deren Vorsitzender Johan Cesar VII Godeffroy (1838–1912) wurde.

Die Mehrheit der Aktien war in Godeffroy'scher Hand. Trotzdem musste das Handelshaus Godeffroy 1879 die Zahlungen einstellen. Die DHPG ging in der 1880 gegründeten Deutschen See-Handels-Gesellschaft auf, die koloniale Interessen verfolgte. Zwischen 1885 und 1899 wurden die Gebiete in der Südsee zu deutschen Kolonien: Deutsch-Samoa und Deutsch-Neuguinea.

Als Johan Cesar VI Godeffroy 1885 im Alter von 72 Jahren starb, hielt Professor Virchow auf einer Sitzung der Berliner Gesellschaft für Anthropologie, Ethnologie und Urgeschichte eine Rede, in der er Godeffroy als Wegbereiter deutscher Kolonialpolitik rühmte: „Gerade Godeffroy ist auch der eigentliche Urheber jener grossen Bewegung geworden, die noch gegenwärtig unser Volk erfüllt. Die colonialpolitische Bewegung wurde erst durch seine Einwirkung auf die Reichsregierung hervorgerufen, und sie hat daher auch an dem Punkt zunächst angesetzt, an welchem gerade er seine höchsten Ruhmestitel gewonnen hat. Die Colonialpolitik des deutschen Reichs in Oceanien, deren letzte Phase sich eben an den Carolinen abgespielt hat, hat ja die Mehrzahl der Inseln berührt, von denen Godeffroy zum ersten Mal dem deutschen Volk sichtbare Zeichen der dortigen Cultur oder Uncultur vorgeführt hat; die Inselgruppen, die er in so weitem Umfang in den Kreis seiner Thätigkeit gezogen hatte, sind es wesentlich, auf welche die Interessen der colonialpolitischen Action längere Zeit hindurch fixirt waren."

Amalie Dietrich als reisende Naturforscherin
im Auftrag des „Südseekönigs"

Amalie Dietrich (1821–1891), nach Maria Sibylla Merian die bedeutendste Naturforscherin und Forschungsreisende Deutschlands, nach der in Hamburg der Amalie-Dietrich-Stieg benannt ist, war 42 Jahre alt, als sie im Auftrag von Johan Cesar VI Godeffroy eines seiner Auswandererschiffe nach Australien bestieg. In den folgenden zehn Jahren lebte sie allein in der Wildnis und sammelte in Godeffroys Auftrag Pflanzen, Tiere, ethnografische Objekte und anthropologisches Material, das sie nach Hamburg schickte.

Im Auftrag von Johan Cesar VI Godeffroy entdeckte und sammelte Amalie Dietrich (1821–1891) in Australien neue Tier- und Pflanzenarten sowie anthropologisches Material. Ihrer Tochter Charitas Bischoff, die eine romanhafte Biografie über ihre Mutter verfasste, ist es zu verdanken, dass sie nicht in Vergessenheit geriet. Porträtzeichnung von Christian Wilhelm Allers, 1881.

Wie lässt sich erklären, dass eine Frau als Naturforscherin in der zweiten Hälfte des 19. Jahrhunderts für Godeffroy arbeitete? In einer Zeit, in der Frauen von jeder höheren Bildung qua Gesetz ebenso ausgeschlossen waren wie aus den Bereichen Presse und Politik? In der es keine Wissenschaftlerinnen gab, da Frauen weder zum Abitur noch zum Studium zugelassen waren? In der es sich für eine – bürgerliche – Frau nicht schickte, einer Erwerbstätigkeit nachzugehen? Die Antwort ist einfach: Neben ihrer Intelligenz, ihrer Durchsetzungsfähigkeit, ihrem Mut und ihrer Hingabe an die Pflanzen- und Tierwelt war eine wesentliche Voraussetzung für Amalie Dietrichs Lebensweg ihre nichtbürgerliche Herkunft.

Sie stammte aus einfachen Verhältnissen: Ihr Vater war Handschuhmacher und Beutelmacher, ihre Mutter kannte sich mit den heimischen Kräutern aus. Amalie ging vier Jahre zur Schule, danach half sie ihrem Vater in der Werkstatt, lieh sich aber Bücher beim Pastor und beim Lehrer aus. Als sie einem jungen Mann mit Botanisiertrommel im Wald begegnete, verliebte sie sich sofort und heiratete ihn. Er eröffnete ihr eine neue Welt: Sie lernte die – teilweise auf ausgedehnten Reisen – gesammelten Pflanzen nach dem Linné'schen System zu bestimmen, zu präparieren und Herbarien anzulegen, von deren Verkauf das Ehepaar lebte.

Nachdem ihre Tochter Charitas geboren war, stellten die Dietrichs ein Dienstmädchen ein, in das sich der Ehemann verliebte. Außerdem empfand er das Reisen inzwischen als zu beschwerlich, sodass Amalie nun allein loszog, um den Unterhalt für die Familie zu verdienen: Zu Fuß wanderte sie von Sachsen nach Bremen, Brüssel und Rotterdam, um neue Pflanzen zu sammeln und ihre Herbarien an Universitäten, Vereine und Privatgelehrte zu verkaufen. Ein einprägsames Bild: Amalie Dietrich, eine schmächtige und zarte, aber zähe und wettergegerbte Frau, die zusammen mit ihrem Hund einen Karren, hoch beladen mit Kästen voller Pflanzen, durch die Lande hinter sich herzog.

Als sie nach einer schweren Typhuserkrankung in den Niederlanden erst Wochen später als erwartet nach Hause zurückkehrte, hatte ihr Mann sich bereits abgesetzt: Er war Privatlehrer geworden, die gemeinsame Tochter hatte er weggegeben. Von nun an bestritt sie als alleinerziehende Mutter das Geschäft mit den Herbarien.

Schließlich entschloss Amalie Dietrich sich, nach Hamburg zu reisen. Hier traf sie den Fabrikanten Heinrich Adolph Meyer (1822–1889), dem sie ihre Moossammlung zeigte. Meyer, begeistert von der Qualität ihrer Sammlung, kaufte sofort alle Moose und versprach, ihr zu helfen. Er war naturwissenschaftlich interessiert – sein Hauptinteresse galt der Meeresforschung –, vielleicht erinnerte er sich aber auch an die Herkunft seines Vaters: Heinrich Christian Meyer (1797–1848) hatte sich aus ärmlichen Verhältnissen zu einem der ersten und führenden Fabrikanten in Hamburg hochgearbeitet. Da er als Junge Spazierstöcke auf der Straße verkauft hatte, nannte man ihn auch später noch „Stockmeyer". An ihn erinnert seit 1854 ein Denkmal, das sich seit 1985 in der Uferanlage am Mittelkanal unweit der S-Bahn-Station Hammerbrook befindet. Auch der Sohn handelte mit Spazierstöcken, wohnte in einer Villa an der Alster und erzählte Amalie Dietrich von einem Bekannten, nämlich Godeffroy. Dieser würde Naturforscher in ferne Länder schicken, um die Sammlung in seinem Museum auszubauen.

Amalie war begeistert und machte sich unumwunden auf den Weg zur angegebenen Adresse. Am Alten Wandrahm 26 angekommen, betrat sie das imposante Gebäude durch einen Nebeneingang. Durch Zufall traf sie sogar auf Johan Cesar VI Godeffroy persönlich und bat ihn um eine Anstellung. Wie man sich unschwer denken kann, hielt Johan Cesar sie wahrscheinlich schlichtweg für verrückt: eine Frau, ärmlich gekleidet, die die Stirn hatte, ihn, den König der Südsee, direkt anzusprechen, und die als Frau für ihn als Naturforscherin arbeiten wollte ... Enttäuscht berichtete Amalie Dietrich dem Fabrikanten Meyer von ihrem Missgeschick.

Einige Zeit später stand sie wieder vor Godeffroy, diesmal aber war sie angemeldet durch den Haupteingang ins Haus gelangt und mit den besten Referenzen von hochrangigen Professoren und Sammlern ausgestattet. Und diesmal hatte sie auch Erfolg und verließ das Kontor mit einem Anstellungsvertrag. Sie war 42 Jahre alt und sollte in den folgenden zehn Jahren (1863–1873) ganz allein in Australien (vor allem im Nordosten in Queensland) für Godeffroy Pflanzen, Tiere und ethnografisches Material sammeln, präparieren, konservieren und nach Hamburg schicken. Dafür lernte sie mit Schusswaffen umzugehen und Tiere auszunehmen beziehungsweise auszubalgen.

Amalie Dietrich fing in Australien sieben Meter lange Krokodile und Taipane, eine extrem giftige Schlangenart und größte Giftnatter Australiens. Sie drang in Gegenden vor, die

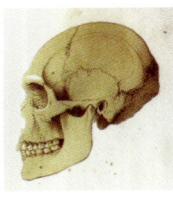

Zur damals gängigen wissenschaftlichen Praxis gehörte der Leichenraub, um den Wissenschaftlern Skelette für die vergleichende Anthropologie zur Verfügung zu stellen. Dieser „Schädel von Skelett No. 9800 aus Bowen, Queensland" wurde von Amalie Dietrich gesammelt und im Journal des Museums Godeffroy 1902 abgebildet.

vor ihr kein Europäer gesehen hatte. Neben circa 20 000 Pflanzenarten sammelte sie 266 Vogelarten, davon mindestens 54 neue Spezies. Im Herbarium Hamburgense, das die Pflanzensammlung von Amalie Dietrich enthält, sind 289 Kartons mit mehr als 20 000 Belegen von 200 bis dahin in Europa unbekannten Pflanzen erhalten.

Auch Amalie Dietrich wurde angewiesen, anthropologisches und ethnografisches Material zu beschaffen. In einem Brief vom 20. Januar 1865 heißt es: „Wir freuen uns, daß Sie nördlicher gehen wollen, und möchten wir Sie nochmals bitten, nicht nur Skelette von dort vorkommenden Säugetieren, sondern auch möglichst Skelette und Schädel von den Eingeborenen, sowie deren Waffen und Geräte zu senden. Diese Sachen sind sehr wichtig für die Völkerkunde. Wir haben das gute Zutrauen zu Ihnen, daß Sie das Alles machen werden." Die Frage, ob der brisante Auftrag letztlich als Anstiftung zum Mord zu verstehen ist und ob Amalie Dietrich ihn in diesem Sinne ausgeführt hat, ist bis heute umstritten. Es bleibt ungeklärt, ob sie „nur" – die Trauerbräuche der Ureinwohner verletzend – die Gräber geplündert hat oder ob sie gar die Tötung von Aborigines in Auftrag gab, um die ehrgeizigen Sammlerziele ihres Arbeitgebers im Dienst der Wissenschaft zu erfüllen. Jedenfalls gelang es ihr, acht vollständige menschliche Skelette zu besorgen. Umgehend wurde Rudolf Virchow hinzugezogen, ein Fotograf dokumentierte die Schätze, und bereits 1875 konnte Virchow die von Amalie Dietrich beschafften „Australier-Skelette" und einige Schädel in der Königlichen Akademie der Wissenschaften in Berlin vorstellen.

Nie zuvor hat jemand alleine eine so umfassende botanische und zoologische Sammlung zusammengetragen. Eine Reihe von Pflanzen und Tieren wurden nach ihr benannt, aber während alle reisenden Naturforscher in dem von Godeffroy finanzierten Journal ihre Reisebeschreibungen veröffentlichten und ihre Sammlungen wissenschaftlich auswerteten, fand Amalie Dietrich lediglich als Sammlerin Erwähnung, und die Bearbeitung ihrer Herbarien verlief schleppend. Insofern ist davon auszugehen, dass noch weit mehr Arten als bekannt eigentlich von Amalie Dietrich entdeckt worden sind. 1873 kehrte Amalie Dietrich zurück, im Gepäck einen Keilschwanz und einen australischen Seeadler, zwei von ihr selbst gezähmte Raubvögel, die sie in der von ihr aufgebauten Tierstation aufgezogen hatte und die sie nun dem Hamburger Zoo als Geschenk offerierte. Ihre Tochter, Charitas Bischoff (1848–1929), hatte inzwischen eine gutbürgerliche Erziehung erhalten und einen Pastor geheiratet. Das Verhältnis zu ihrer unkonventionellen Mutter, die in unangemessener Kleidung direkt aus dem Busch kam, war schwierig, erschien ihr diese alte, raue und jenseits aller bürgerlichen Etikette lebende Frau doch als fremd, schrullig und exzentrisch.

Amalie Dietrich arbeitete bis zum Konkurs der Firma im Godeffroy'schen Museum. Später wurde sie vom Botanischen Museum der Stadt als Kuratorin beschäftigt. Sie war die einzige Frau, die ordentliches Mitglied des Vereins für naturwissenschaftliche Unterhaltung zu Hamburg war und an dessen Veranstaltungen aktiv teilnahm. Regelmäßig besuchte sie die ehemals von Büsch initiierte öffentliche Vorlesungsreihe und war darüber hinaus offenbar heilkundlich tätig. 1891 starb Amalie Dietrich während eines Besuches bei der Tochter in Rendsburg an einer Lungenentzündung. Ein Leitspruch von Amalie Dietrich war „Lieber ein schweres Leben als ein leeres Leben".

Wahrscheinlich wäre sie gänzlich in Vergessenheit geraten, wenn ihre Tochter ihr nicht eine romanhafte Biografie gewidmet hätte, die über Jahrzehnte ein Bestseller war. Auch

wenn der Roman sich zwischen Dichtung und Wahrheit be-
wegt, hat er wesentlich dazu beigetragen, das Andenken an
diese große Naturforscherin des 19. Jahrhunderts zu bewah-
ren. An ihre Tochter erinnert bis heute die Charitas-Bischoff-
Treppe in Blankenese.

Ein Rundgang durch den Hirschpark

Auch wenn ein Großteil des Hirschparks bereits unter Johan
Cesar IV Godeffroy im Stil eines englischen Landschaftsgartens angelegt worden war, so erhielt er doch erst in der Mitte
des 19. Jahrhunderts unter Johan Cesar VI Godeffroy seine
jetzige Form: Durch die Hinzufügung weiterer Gartenstile
entstand die für den Hirschpark charakteristische Vielfalt.
Im Folgenden sollen die einzelnen Teile des Parks näher vorgestellt werden.

Betritt man heute den Park durch den nordwestlich gelegenen Haupteingang, so erblickt der Besucher als Erstes ein
kleines Bauernhaus. Ursprünglich Teil eines älteren Bauern-
hofs, diente es den Godeffroys als sogenanntes Kavalierhaus
zur Unterbringung ihrer Gäste oder auch der Kinder. Heute
beherbergt es das „Witthüs", ein beliebtes Teehaus und Restaurant.

In der Zeit vor und nach dem Zweiten Weltkrieg lebte hier
der aus Stellingen stammende Schriftsteller Hans Henny
Jahnn (1894–1959). Für seine über 2000 Seiten umfassende
Trilogie „Fluss ohne Ufer" erhielt Jahnn 1956 den renommierten Lessing-Preis der Freien und Hansestadt Hamburg.
Das Preisgeld investierte Jahnn in die Restaurierung des heutigen Witthüs. Jahnn, der unter anderem Mitbegründer und
erster Präsident der Freien Akademie der Künste in Hamburg war, hat sich nicht nur als Schriftsteller, sondern auch
als Orgelbauer, Musikverleger, Restaurator und enfant terri-

J. Glashoffs 1820 entstandene kolorierte Federzeichnung von Godeffroys Garten zeigt den Blick vom Park in Richtung Westen. Im Hintergrund ist Baurs Park mit der chinesischen Pagode zu erkennen.

ble der Hamburger beziehungsweise Blankeneser Gesellschaft einen Namen gemacht. An ihn erinnern im Hirschpark sowohl ein am Wegesrand aufgestellter Findling als auch eine von dem mit ihm befreundeten Hamburger Künstler Heinrich Stegemann (1888–1945) stammende Plastik am Witthüs. Stegemann war unter anderem Mitglied im Deutschen Künstlerbund und in der Hamburgischen Künstlerschaft. Ein Teil seiner Werke wurde von den Nationalsozialisten als „entartete Kunst" beschlagnahmt; 1943 verbrannte durch einen Bombenangriff fast sein gesamtes Œuvre.

Vor dem Witthüs befindet sich seit den 1980er-Jahren ein Bauerngarten, der die typischen – auf das Vorbild von Klostergärten zurückzuführenden – Merkmale aufweist: Die Wege bilden ein Kreuz und begrenzen rechteckige Beete, in denen jeweils außen eine Rose gepflanzt ist, die wiederum mit vier hochstämmigen Rosen im Mittelrondell korrespondiert. Die Beete, in denen Gemüse, Gewürz- und Heilpflanzen und auch Zierblumen gepflanzt werden können, sind von niedrigen Buchsbaumhecken eingefasst, deren giftiges Wurzelwerk die Pflanzen vor Wühlmäusen schützt.

Das ehemalige Kavalierhaus stammt noch aus der bäuerlichen Vergangenheit des Hirschparks und wurde zu Zeiten der Godeffroys als Gästehaus genutzt. Später bewohnte es der Dichter und Orgelbauer Hans Henny Jahnn. Von 1945 bis 1960 arbeitete hier auch Vera Mohr-Möller, die literarische Mutter von Klein Erna, in ihrer Bildhauerwerkstatt. Heute beherbergt es das beliebte Café, Teehaus und Restaurant „Witthüs".

Der Bereich vor dem 1789 bis 1792 von Christian Frederik Hansen erbauten Godeffroy'schen Landhaus (Elbchaussee 499, siehe S. 215 f.), heute Lola-Rogge-Schule, eine Berufsfachschule für Tanz und Tänzerische Gymnastik, ist dominiert von einer weiten Rasenfläche und einzelnen Solitären. Eine rund 300 Jahre alte Buche musste leider 2004 gefällt werden und ist inzwischen durch eine Nachpflanzung ersetzt worden.

Südöstlich des Herrenhauses, in Richtung Elbe, erstreckt sich ein umfangreicher lichter Buchenwald, durch den Besucher der Godeffroys zur sogenannten Kanzel, einem Aussichtspunkt, spazieren konnten. Da der Weg dorthin den entlang des Elbhangs verlaufenden (öffentlichen) Blankeneser Kirchenweg querte, legte Godeffroy einen Tunnel an, ehemals geschmückt durch ein Sandsteinrelief mit dem Urteil des Paris. Durch den Tunnel konnten seine Besucher nunmehr unbehelligt, ohne eventuelle Zusammenstöße mit Kirchgängern fürchten zu müssen, zur Aussichtsplattform

Vor dem 1789 bis 1792 von Christian Frederik Hansen errichteten Landhaus Godeffroy im Hirschpark, in dem heute die Lola-Rogge-Schule ihren Sitz hat (Elbchaussee 499), ist inzwischen wieder eine junge Blutbuche gepflanzt worden.

hoch über der Elbe gelangen, um hier den Blick über den Strom und das gegenüberliegende Alte Land zu genießen. Allerdings wurde der Blick in den letzten Jahren des 20. Jahrhunderts zumindest teilweise zugebaut: Ein Teil des ehemaligen Mühlenberger Lochs, auf dem weiße Segler kreuzten, musste dem jetzigen Airbus-Gelände mit den Fertigungshallen weichen.

Johan Cesar VI Godeffroy hat wesentlich dazu beigetragen, die zuvor weitgehend baumlose Gegend im Westen von Hamburg bis weit hinter Iserbrook und Rissen aufzuforsten. Er erwarb circa 825 Hektar und ließ Fichten, Kiefern, Buchen, Eichen und Edelkastanien anpflanzen. Wie weit sich die aufgeforsteten Ländereien einstmals erstreckten, wird heute noch an Namen wie „Falkensteiner Ufer" deutlich. Der Falke nämlich war bereits seit dem 16. Jahrhundert das Wappentier der Godeffroys, und die neu angelegten Waldstücke erhielten entsprechende neue Namen: Aus dem Butterberg wurde der Falkenstein und aus Plumpsmühlen das Falkental.

An den im englischen Landschaftsstil gehaltenen Bereich vor dem Landhaus Godeffroy schließt östlich ein Repräsentations- und Schaugarten an, der in der zweiten Hälfte des 19. Jahrhunderts in französischer Manier angelegt wurde, hier zu sehen auf einer historischen Postkarte.

Führte der erste Weg nicht an die Elbe, so konnte man in einem kleinen Französischen Garten lustwandeln. Dieser 1873 erstmals erwähnte rechteckige, heute an drei Seiten von Azaleen gerahmte architektonische Garten war ursprünglich umgeben von Taxus und anderen Koniferen, die in Kegel- oder Säulenform geschnitten waren. Ein Springbrunnen mit hoher Fontäne, umgeben von allegorischen Figuren und Blumenamphoren akzentuierte das Mittelrondell. In den Beeten wuchsen heimische Blumen, aber auch Palmen und Agaven. Parallel zur Lindenallee führte auf der südlich gelegenen Seite des Französischen Gartens ein breiter Weg zwischen hohen beschnittenen Pflanzenwänden und Rhododendronbüschen bis zum Wildgehege. Immerhin erinnern Versatzstücke wie der Brunnen an die einstige Pracht, und der Duft der gelb und orange blühenden Azaleen Ende Mai ist betörend. Ein inzwischen neu gepflanzter Staudengarten kommt wohl den knappen öffentlichen Kassen entgegen.

Gleich zu Beginn der Lindenallee, nördlich von ihr gelegen, stand früher ein von dem Hamburger Architekten Alexis de Chateauneuf (1799–1853) erbautes Gartenhaus, das Johan Cesar V Godeffroy in Auftrag gegeben hatte. Dieser gehörte

Statt Taxus, Palmen und Agaven wachsen im Französischen Garten des Hirschparks inzwischen Stauden sowie gelb und orange blühende Azaleen, deren wunderbarer Duft Ende Mai zu erleben ist.

ebenso wie Chateauneuf der sogenannten Erweckungsbewegung an, einer christlichen Strömung, für deren Mitglieder die Bekehrung des Einzelnen sowie eine praktisch-christliche Lebensweise im Mittelpunkt standen. Chateauneuf errichtete in Hamm für Karl Sieveking ein Landhaus und für August Abendroth am Jungfernstieg ein Stadthaus. Für Amalie Sieveking und den von ihr gegründeten „Weiblichen Verein für Armen- und Krankenpflege" baute er das Amalienstift in St. Georg. Für Johann Hinrich Wichern (1808–1881), den Gründer der Inneren Mission und des Rauhen Hauses in Hamburg-Horn, einer Anstalt „zur Rettung verwahrloster und schwer erziehbarer Kinder", entwarf er den dazugehörigen Gebäudekomplex. Den Hamburgern in Erinnerung ist er jedoch vor allem im Zusammenhang mit den Alsterarkaden, die im Zuge des Wiederaufbaus nach dem Großen Brand von 1842 entstanden sind. Zum Godeffroy'schen Gartenhaus, dessen Reste sich wahrscheinlich in den Kellergewölben des Hauses Elbchaussee 491 erhalten haben,

Im Nordwesten der Lindenallee des Hirschparks stand im 19. Jahrhundert ein von dem Hamburge-Architekten Alexis de Chateauneuf erbautes Gartenhaus (hier in einer Zeichnung des Architekten), das Johan Cesar V Godeffroy in Auftrag gegeben hatte.

gehörten ein Gemüse- und ein Obstgarten; heute wird dort Tennis gespielt.

Entlang der vierreihigen, wohl an die 300 Jahre alten Lindenallee erstrecken sich wahre Rhododendronwälder, die bis heute eine der Attraktionen des Hirschparks darstellen. Mitte des 19. Jahrhunderts ließ Johan Cesar VI Godeffroy 1200 dieser attraktiven immergrünen Gehölze mit ihren (im Hirschpark vor allem lilafarbenen) wunderschönen Blüten in seinen Ländereien anpflanzen. Kurz zuvor hatte Sir Joseph Dalton Hooker (1817–1911), Freund von Charles Darwin und später Direktor von Kew Gardens (London), nach einer mehrjährigen Forschungsreise nach Nepal und Indien in einer Veröffentlichung mehrere Rhododendronarten aus dem Himalaja vorgestellt – ein Buch, das wie kaum ein anderes die Gartenpraxis der folgenden Jahre bestimmte. Und was in England Mode war, wurde es wenig später in Hamburg. Bis heute können wir die ursprünglichen Pflanzen bewundern, besonders beeindrucken sie in der Blütezeit im Juni.

Mitten in den Rhododendren wuchs eine botanische Rarität, nämlich eine Japanische Schirmtanne, die – mit etwas Fantasie – wie ein halb geöffneter Regenschirm aussieht. Diese Pflanze wächst nur sehr langsam und zählt in Japan zu den heiligen Bäumen.

Der Weg über die Rasenfläche an den Rhododendren vorbei oder parallel dazu durch die Lindenallee führt zur sogenannten großen Liegewiese, die den Gestaltungsregeln eines englischen Landschaftsgartens folgt. Abgesehen von uralten Solitären, Eichen und Kastanien, fällt sofort ein herrlicher, wohl an die 300 Jahre alter Bergahorn ins Auge, inzwischen zu seinem Schutz von einem kleinen dezenten Gitter umgeben. Später hinzugekommen sind drei Exemplare Chinesisches Rotholz (auch „Urweltmammutbaum"), das erst 1941 in China entdeckt wurde und dessen Gestalt exakt kegelförmig ist.

Zu bestaunen sind darüber hinaus zwei Amerikanische Tulpenbäume, man achte auf die von Weitem unscheinbaren, aber von Nahem wunderschönen Blüten im Juni und Juli.

Nördlich vom Hirschparkgatter erstreckt sich ein weiter Wiesenraum, der mit seinem alten Baumbestand an die ursprüngliche Gestaltung des Hirschparks als englischer Landschaftsgarten erinnert. Hier zwei als „Clump" gepflanzte Eichen, die von Weitem wie ein einziger Baum aussehen.

Tulpenbäume gehören zu den ersten Importen aus der Neuen Welt, sie wurden bereits 1663 nach Europa gebracht. Etwas später, zu Beginn des 18. Jahrhunderts, gelangten erstmals Trompetenbäume nach Europa. Einer dieser beeindruckenden Bäume, die von Juni bis Juli weiße Blüten mit purpurfarbenen Tupfern entwickeln, wächst links des Weges kurz vor der sich anschließenden Bach- und Teichlandschaft. Diese wurde künstlich angelegt und wird bis heute nur mittels Pumpen zum Fließen gebracht. Wenn die blühenden Rhododendren auf der sogenannten Enteninsel sich in dem fast schwarzen Wasser des Ententeiches spiegeln, glaubt man vor einem surrealistischen Gemälde von geheimnisvoller Schönheit zu stehen.

Einmalig in der Parklandschaft Hamburgs ist das namengebende Hirschparkgatter. Wo heute nur noch 19 Damhirsche sowie einige Gänse und Pfauen die Besucher erfreuen, hielt Johan Cesar VI Godeffroy einst rund 50 Damhirsche sowie Geflügel aller Art. Damit schuf er nicht nur einen angemes-

Im östlichen Teil
des Hirschparks
wächst der meist-
fotografierte
Baum Hamburgs:
ein uralter Berg-
ahorn, dessen
vollkommene
Schönheit zu
jeder Jahreszeit
zu bewundern ist.

senen Rahmen für seine damals berühmten sommerlichen
Jagddiners, sondern stellte sich symbolisch in eine Linie mit
Fürsten und Königen, galt doch die Jagd traditionell als herrschaftliches Vorrecht der Landesherren. Das architektonisch
auffallende Jagdhaus im Gehege stammt wahrscheinlich aus
derselben Zeit, der Mitte des 19. Jahrhunderts.

Auch sonst galt es, abgesehen von eigenen Interessen, im
Bereich der Botanik zu repräsentieren. 1869 fand zwischen
Millerntordamm und Elbe die erste Internationale Gartenbauausstellung (IGA) in Hamburg statt. Johan Cesar VI Godeffroy gehörte dem Komitee an, und das Museum Godeffroy nutzte den Rahmen, um Pflanzen aus Australien und
von den Südseeinseln auszustellen.

Sogar im Winter diente der Park in Dockenhuden der Repräsentation. Noch lange sprach man in Hamburg – und das
war auch beabsichtigt – von einer von Godeffroy ausgerich-
teten Schlittenpartie im Stil barocker Herrscher. Im Winter
1866 zogen 24 Schlitten mit Gästen aus der Hamburger

Die Bach- und Teichlandschaft im Osten des Hirschparks wirkt – ganz im Sinne eines englischen Landschaftsgartens – auf den Betrachter zwar wie eine natürliche Landschaft, wurde aber künstlich angelegt und wird bis heute über einen Hydranten versorgt.

Von Weitem sind die Blüten des Amerikanischen Tulpenbaums kaum zu erkennen, aber von Nahem und in der Aufsicht sind sie hinreißend schön.

Gesellschaft, eingehüllt in dicke Pelze, begleitet von einem Schlitten mit Orchester, über die zugefrorene Elbe, vorbei an Altona, Neumühlen, Övelgönne, Teufelsbrück und dann weiter zu Godeffroys Park. Anschließend wurde bei „Jacob" zum Diner geladen.

All dies fand ein Ende, als die Firma Joh. Ces. Godeffroy & Sohn 1879 ihre Zahlungen einstellen musste. Freunde der Familie ermöglichten es dem inzwischen 66-jährigen, fast erblindeten Johan Cesar VI Godeffroy und seiner Frau, bis zu ihrem Tod im Landhaus im Hirschpark zu leben.

1889 wurde der Park an den Altonaer Fabrikanten Ernst August Wriedt junior verkauft. Der Zutritt zum Park war weiterhin gestattet, wenn auch unter strengen Reglementierungen, nämlich nur ruhigen Spaziergängern ohne Fahrrad, ohne Kinderwagen, ohne Hund ...

1921 kaufte der vor der Revolution aus Riga geflohene Holzkaufmann Ferdinand Woldemar Nather den Hirschpark. Nach seinem Tod – er wurde ermordet – konnte die Ge-

Der Hirschpark erhielt seinen Namen durch das Wildgehege im Osten des Parks, das Johan Cesar VI Godeffroy als begeisterter Jäger in der Mitte des 19. Jahrhunderts anlegen ließ. Das architektonisch auffallende Jagdhaus im Gehege stammt wahrscheinlich aus derselben Zeit.

meinde Blankenese 1924 den Hirschpark von der Erbengemeinschaft seiner vier Töchter erwerben, und der damalige Gartenbaudirektor Ferdinand Tutenberg entwarf einen Umgestaltungsplan. Besucher durften den Park zwar schon zur Zeit der Godeffroys gegen ein Trinkgeld für den Gärtner betreten, jetzt aber war die Anlage ganz der Öffentlichkeit gewidmet. Allerdings musste die Gemeinde, um den Kauf zu finanzieren, den östlichen Teil des Parks sowie einen nördlichen Streifen an der Elbchaussee zur Parzellierung und Bebauung freigeben.

Unten aber zieht sich am breiten Sandstrand der Elbuferweg
von Oevelgönne bis Blankenese (...).
Grüner Hang und weißer Strand, darüber der Himmel
mit immer wechselnden Farben und Stimmungen,
strahlend, wolkenüberflogen oder schwerverhangen.
Es gibt andere Uferwege, aber sicher nicht viele,
die gleich reizvoll sind.
Max Sidow (1897–1965)

Baurs Park

Baurs Park ist eine der wenigen Parkanlagen, die nicht nach dem letzten (Privat-)Besitzer, sondern tatsächlich nach ihrem Schöpfer beziehungsweise Auftraggeber benannt wurden. Mit der weiten, sanft geschwungenen Wiese vor dem sogenannten Katharinenhof, mit dem alten Baumbestand und drei über die Hanglinie vorgeschobenen Aussichtsplätzen, von denen der Besucher einen einzigartigen Blick über den Elbestrom hat, sind wesentliche Gestaltungsmerkmale des um 1800 entstandenen Parks erhalten. Und bis heute ist etwa die Hälfte des ehemaligen Parkgeländes öffentlich zugänglich. Die Straße Baurs Park in Blankenese trägt Baur zu Ehren seinen Namen.

Um 1800 ließ sich der Altonaer Kaufmann Georg Friedrich Baur von Christian Frederik Hansen an der Palmaille (heute Nr. 49) ein Stadthaus bauen (siehe S. 27 und 32) und kaufte gleichzeitig in Blankenese Land auf: Zunächst erwarb er den damals noch kahlen östlichen, bis heute weitgehend erhaltenen Parkteil am sogenannten Schwalkenberg. Währenddessen schuf sein älterer Bruder und Kompagnon Johann Heinrich Baur einen Park in Nienstedten (siehe S. 191).

Zwei Brüder gründen ein Handelshaus

Die Brüder entstammten einer angesehenen Altonaer Bürgermeister- und Senatoren-Familie. Ihr Großvater Johann Daniel Baur (1700–1774) war als junger Mann aus Stuttgart in die Stadt an der Elbe gezogen. Nach wenigen Jahren hatte er die Tochter seines Prinzipals geheilcht und damit den Sprung in die Selbstständigkeit als Kaufmann vollzogen. Der gelungene soziale Aufstieg zeigt sich auch in der Übernahme verschiedener öffentlicher Ämter – Johann Daniel Baur war unter anderem 25 Jahre Altoner Bürgermeister –, für die er die dänischen Ehrentitel „Justizrat" und „Etatsrat" erhielt.

Der Altonaer Kaufmann Georg Friedrich Baur (1768–1865), porträtiert von Anton Hickel 1797, im Jahr seiner Heirat mit der Hamburger Senatorentochter Marianne Heise (1781–1851).

Links: Typisch für das Werk von Joseph Jacques Ramée ist die leicht zur Elbe abfallende und sanft gemuldete Wiese vor dem Katharinenhof im Baurs Park, der ab 1805 in Blankenese entstand.

Auch in der nächsten Generation hatte der älteste Baur nicht nur die Firma übernommen, sondern darüber hinaus eine Reihe politischer Ämter.

Der Aufstieg des Handelshauses fiel in eine Phase, die als das goldene Zeitalter Altonas gilt (siehe S. 26): Seit 1720 gab es ein eigenes Rathaus in der Königstraße, erbaut von dem Altonaer Stadtbaumeister Claus Stallknecht (1681–1734), und seit 1777 hatte Altona auch eine eigene Bank und Börse an der Großen Elbstraße. Mit dem Christianeum besaß es seit 1738 ein Gymnasium, das aufgrund seiner toleranten Haltung gegenüber jüdischen Schülern und durch bekannte Vertreter der Aufklärung wie den Reformpädagogen Johann Bernhard Basedow einzigartig war.

Der spätere Besitzer des Baurs Parks, Georg Friedrich Baur (1768–1865), besuchte zunächst das Christianeum, später studierte er Jura in Göttingen und Kiel. Auslandsreisen rundeten die – für einen Kaufmannssohn – hervorragende Ausbildung ab. 1795 gründete er mit seinem Bruder Johann

Heinrich das Handelshaus J. H. & G. F. Baur (siehe S. 191 f.),
das er nach dem frühen Tod des Bruders allein weiterführte.
Als Handels-, Bank- und Reedereiunternehmer erwarb er einen immensen Reichtum, seine Handelsflotte umfasste
schließlich 60 Segelschiffe. 1837 wurde Baur Mitglied des
Altonaer Commerz-Collegiums, und 1840 bekam er den Ehrentitel „königlich dänischer Etatsrat", 1847 wurde er zum
Konferenzrat ernannt und erhielt die Ehrendoktorwürde der
juristischen Fakultät der Universität Kiel. Dabei widmete sich
Georg Friedrich Baur im Gegensatz zu seinen Vorfahren ausschließlich den Geschäften seines Handelshauses; von der
Verpflichtung, bürgerliche Ämter zu übernehmen, kaufte er
sich kurzerhand los.

Dafür versah allerdings ein weiterer Bruder, Johann Daniel
Baur (1766–1832), in Altona das Amt des Bürgermeisters;
später vermachte dieser, da seine Ehe kinderlos blieb, sein
großes Vermögen der Stadt Altona zwecks „besserer morali-
scher und physischer Erziehung der armen Jugend". Doch
zurück zu Georg Friedrich Baur: Zwei Jahre nach der Ge-
schäftsgründung heiratete er seine gerade einmal 16 Jahre
alte Cousine, die Hamburger Senatorentochter Marianne
Heise (1781–1851), mit der er elf Kinder hatte. Als er im hohen Alter von 96 Jahren starb, überlebten ihn – wie der
Chronist der Elbchaussee Paul Theodor Hoffmann akribisch
aufzählt – sieben Kinder, 34 Enkel und 22 Urenkel.

Die Gestaltung des Parks durch
Joseph Jacques Ramée

Georg Friedrich Baur beauftragte den französischen Emi-
granten Joseph Jacques Ramée mit der Gestaltung seines
Blankeneser Grundstücks. Ramée war seit seinem ersten
Auftrag für den Hamburger Kaufmann Georg Heinrich Sie-

Glücklicherweise konnten mehrere historische Aussichtsplätze im Baurs Park erhalten werden. Vom sogenannten Fahnenplatz im äußersten Westen des Parks haben die Besucher bis heute einen fantastischen Blick über den Fähranleger „Op'n Bulln" in Blankenese und die Elbinseln Schweinesand und Neßsand.

veking in Neumühlen (siehe S. 64 ff.) kein Unbekannter mehr. Zudem leitete Ramée seit 1801 die Firma „Masson & Ramée", die ihren Sitz „In de Bost" im Nachbarort Dockenhuden hatte, das heißt sozusagen in Sichtweite zum Baurs Park. Das Angebotsspektrum der Firma spiegelt die Vielfalt der Begabungen ihres Inhabers wider: Es reichte vom Häuserbau über die Inneneinrichtung sowie den Verkauf von Dekorativem und Möbeln bis hin zur Gartengestaltung. Die Firma ging so gut, dass schon bald Filialen gegründet wurden. Ramée selbst pendelte ständig zwischen Altona, Hamburg, Kopenhagen, Berlin, Leipzig und Paris.

Ramée schuf für Baur ab 1805 am Elbufer einen Park, der ganz den Vorgaben des klassischen englischen Landschaftsgartens folgte. Den Regeln der Kunst entsprechend strukturierte er den Garten abwechslungs- und kontrastreich: Der Besucher konnte auf geschwungenen Wegen durch hügeliges Gelände spazieren, vorbei an beeindruckend weiten Wiesenflächen, die von dichten Gehölzpflanzungen sowie

Ein weiterer erhaltener Aussichtsplatz im Baurs Park ist die Ulrichshöhe, über der sich der sogenannte Kanonenberg erhebt. Sein Name erinnert an die ehemalige Nutzung: Von hier aus ließ Georg Friedrich Baur die eigenen ein- und auslaufenden Schiffe mit Böllerschüssen begrüßen.

Solitären gesäumt waren, hin zu markanten Aussichtspunkten, die fantastische Panoramablicke über die Elbe gewährten.

Lichte Wiesen wechselten mit schattigen Waldungen, und die Dunkelheit und Enge einer Grotte wurde zum Kontrapunkt des oberhalb gelegenen weißen Monopteros mit Fernsicht. Eine Besucherin erinnerte sich: „Dann gab es eine wunderbare, schöne Grotte, die man von draußen nicht sehen konnte. Durch einen kleinen dunklen Gang kam man zu einem Rondell ganz mit Moos bedeckt, mit einem Spiegel an der Decke und drei großen Aussichtspunkten und weichen Moosbänken längs der Wände. Oberhalb der Grotte lag ein griechischer Tempel im reinsten Stil, ein Kranz von Säulen trug eine Kuppel. Das war eine sehr schöne Arbeit, voll Anmut und Eleganz, ganz aus Granit.“

Der sogenannte Kanonenberg – hier stand lange Zeit ein Leuchtturm – gehörte zu den ersten künstlich geschaffenen Erhöhungen im Park, gemeinsam mit einem weit vorgezogenen Aussichtsplatz, der Ulrichshöhe, die damals einen Rundum-Blick auf die Elbe gewährte (heute ist der Blick nach Osten in Richtung Hamburg zugewachsen). Der Name „Kanonenberg" erinnert an seine Nutzung: Von hier aus wurden die ein- und auslaufenden Schiffe von Baurs eigener Handelsflotte mit Böllerschüssen begrüßt.

Kurz hinter dem Wittenbergener Strand ist bis heute sehr gut zu sehen, dass der Geesthang ursprünglich aus sandiglehmigen, steil abfallenden Abbruchkanten bestand: „Witte Sandberge", also weiße Sandberge, bildeten vor den 1780er-Jahren den Großteil des Elbufers. Um den dürren Sandboden im Baurs Park zu verbessern, wurde sogar Mutterboden vom anderen Elbufer in Schuten über den Fluss geholt.

Die angepflanzten Bäume und Sträucher kamen zu großen Teilen aus der von Caspar Voght initiierten Booth'schen Baumschule (einige aber auch aus den Niederlanden und Livorno). Ramée kannte sowohl Voght, den Besitzer der Flottbeker Farm, als auch James Booth, den auf Bitten Voghts aus Schottland nach Klein Flottbek eingewanderten Gärtner (siehe S. 161), und konnte somit von deren Fachwissen profitieren. Heute können wir uns an einem dichten Mischwald aus Buchen, Eichen, Ahorn und Linden erfreuen, dessen Farbenpracht besonders im Herbst einen Spaziergang lohnt.

Vor dem Landhaus, dem Katharinenhof, fallen einige besonders schöne Solitäre ins Auge: eine riesige, erst nach 1850 gepflanzte alte Trauerbuche direkt vor dem Haus, eine große Esskastanie östlich sowie zwei außergewöhnlich starke Säuleneiben südwestlich des Landhauses.

1810 musste Ramées Firma Konkurs anmelden, also in einer Zeit, als viele Altonaer und Hamburger Handelshäuser aufgrund der von Napoleon verhängten Kontinentalsperre und mehrfacher Elbblockaden durch die Kriegsmächte zusammenbrachen. Glücklicherweise hatte Ramée bis dahin den

Das 1829 bis 1836 errichtete Landhaus Baur wurde 1923 von L. R. Müller erworben, der es seiner Ehefrau zu Ehren „Katharinenhof" taufte, ein Name, der sich bis heute erhalten hat. Das Haus, halb verdeckt von einer mächtigen Hängebuche, wird von zwei Säuleneiben flankiert. Rechts blüht eine Esskastanie.

östlichen Teil des Parks bereits gestaltet, sodass Baur nunmehr eine erste Bilanz des Erreichten ziehen konnte.

Fünf Bilder vom Park

Im Jahr 1811 beauftragte Georg Friedrich Baur den Maler Ludwig Philipp Strack (1761–1836) damit, den Baurs Park in fünf Bildern festzuhalten. Dabei fiel die Wahl auf Strack keineswegs zufällig: Bereits zuvor hatte er für Baur gearbeitet, vor allem aber war er ein ausgewiesener Kenner des englischen Landschaftsgartens. In Kassel und Italien ausgebildet, hatte er in Eutin 1799 die Stelle als Hofmaler angetreten.

In Eutin wiederum war kurz zuvor ein englischer Landschaftsgarten entstanden. Sein ideeller Schöpfer war Peter Friedrich Ludwig von Schleswig-Holstein-Gottorf (1755–1829), der Herzog Peter I. von Oldenburg, der unter der Ägide seiner Cousine, der russischen Zarin Katharina der Großen eine ausgezeichnete Erziehung genossen hatte, zu der unter anderem eine mehrjährige Bildungsreise gehörte. Allein zwei Jahre verbrachte er in England und Schottland und besichtigte dort die bedeutendsten Gartenschöpfungen. Als Herzog begann er dann – ein typischer Vertreter des aufgeklärten Absolutismus – behutsam mit Reformen. Zwischen 1787 und 1803 ließ er den barocken Eutiner Schlossgarten in einen englischen Landschaftsgarten umgestalten, der zu den herausragenden englischen Landschaftsgärten in Norddeutschland zählt. Noch heute sind hier der wahrscheinlich von Christian Frederik Hansen geschaffene Monopteros sowie eine sogenannte Chinesische Brücke zu bewundern.

Der Herzog wiederum kannte Christian Cay Lorenz Hirschfeld, den international anerkannten deutschen Experten für die moderne Gartenkunst, persönlich, war Hirschfeld doch ehemals als Prinzenerzieher am Eutiner Hof tätig gewesen. Vor allem aber war der Herzog mit den von Hirschfeld in seiner „Theorie der Gartenkunst" postulierten Prinzipien zur Anlage eines englischen Landschaftsgartens vertraut.

Ludwig Philipp Strack war von 1799 bis 1803 am Eutiner Hof beschäftigt gewesen und hatte um 1800 den soeben entstandenen Eutiner Garten in einer Zeichnung atmosphärisch dicht eingefangen. Insofern kann es nicht verwundern, dass Baur Strack damit beauftragte, das von Ramée geschaffene Garten-Kunstwerk ins Medium der bildenden Kunst zu transformieren.

Wie in einem Aufsatz von Bärbel Hedinger detailliert ausgeführt, malte Strack fünf Sommerbilder, die den Park aus verschiedenen Blickwinkeln zeigen. Dabei überliefert die Strack'sche Gemäldefolge einerseits den damaligen Zustand des Gartens, andererseits aber auch das erträumte Idealbild eines englischen Landschaftsgartens.

Immer wieder auf den Bildern prominent festgehalten ist ein Monopteros, ein weißer Rundtempel mit zehn Säulen, der

Der in Eutin als Hofmaler tätige Ludwig Philipp Strack hat 1811 eine Gemäldefolge angefertigt, die Baurs Park in fünf Sommerbildern von verschiedenen Standpunkten aus zeigt. Hier das erste Gemälde, „Blick von Baurs Park nach Hamburg". Auf der Ulrichshöhe steht ein Paar an ein Geländer gelehnt. In der männlichen Figur kann man Georg Friedrich Baur, den Auftraggeber von Park und Bild, vermuten.

auf einem Hügel an der östlichen Grundstücksgrenze am höchsten Platz im Park errichtet worden war und schon von Weitem Orientierung bot. Hirschfeld hatte dem Tempel den höchsten Rang unter den Gartenarchitekturen zugewiesen. Der Tempel sollte besonders schöne Naturplätze hervorheben und war den Freuden des Landlebens geweiht. Ein Kuriosum sei noch erwähnt: Da Ramée als Franzose mit seinen Arbeitern im dänischen Gebiet keine Bauerlaubnis erhielt, wurden die einzelnen Teile des Monopteros auf einem eigens hierfür angefertigten Floß mitten auf der Elbe angefertigt, die sodann den Berg hinaufgetragen und oben zusammengesetzt wurden.

Das erste Bild der Strack'schen Bildfolge zeigt wahrscheinlich den Auftraggeber mit seiner Frau oder Tochter, die von der Ulrichshöhe an einem heiteren Sommermorgen ihren Blick in Richtung Südosten schweifen lassen: Zu sehen sind im Osten die Windmühle von Nienstedten, dahinter angedeutet die Kirchtürme von Altona und Hamburg im Dunst; weiter im Süden der Flusslauf mit einigen Seglern, davor trockengefallene Ewer am Strand und weit hinten am anderen

Dieses Gemälde zeigt einen weiteren Blick über den Monopteros (Rundtempel) hinweg auf die Elbe. Im Vordergrund zwei spazierende Frauen und ein spielender Knabe. In seinen Ansichten von Baurs Park inszeniert Ludwig Philipp Strack die in der Gartentheorie geforderte Einheit von Mensch und Natur sowie den idealen Zustand eines klassischen englischen Landschaftsgartens.

Ufer die Harburger Berge. Die junge Frau trägt ein damals modisches Chemisenkleid: Die der Antike nachempfundenen einfach geschnittenen Kleider aus dünnen Baumwollstoffen trugen dem englischen Landschaftsgarten als Wandergarten Rechnung, gestatteten sie doch auch Frauen die Bewegung im Freien.

Auf einem weiteren Bild spazieren zwei junge Frauen Arm in Arm, einander zugewandt, ein Knabe läuft spielend voran. Zu sehen ist ein sich schlängelnder Weg, der auf dem Geesthang entlang zum Monopteros führt. Einzelne Parkbänke laden zum Ausruhen ein, um die wechselnden Aussichten in den Park und über die Elbe zu genießen. Ein anderer heute noch erhaltener Weg führt in Serpentinen in ein tief eingeschnittenes Tal, gesäumt von einzelnen Bäumen und Baumgruppen. Die Frauen in ihren leichten Kleidern harmonieren vollendet mit dem „natürlich" gestalteten Garten, der durchlässig und lichtdurchflutet wirkt.

Im Bild wird programmatisch das Einssein von Mensch und Natur gefeiert, das natürliche Sein jenseits von Zwang und Etikette. Hier im Garten findet – so die Aussage aller Bilder –

der Mensch zu sich und zurück zur Natur. Auch auf den übrigen Bildern inszeniert Strack gekonnt die postulierte Einheit von Mensch und Natur sowie den idealen Zustand eines klassischen englischen Landschaftsgartens. Wir sehen im Bild, was der Spaziergänger im Garten sehen soll: von Bäumen gerahmte Aussichten in die Tiefe des Parks, Panoramablicke über die Elbe ...

Hatte der Landschaftsgärtner als Inspiration und Legitimation die Bildwelten der Landschaftsmaler genutzt, so ließ Baur jetzt das dreidimensionale Kunstwerk quasi zurückübersetzen in das zweidimensionale Landschaftsbild. Man darf davon ausgehen, dass Baur sich der theoretischen und praktischen Verbindung zwischen Garten und Malerei bewusst war: Der Garten erscheint als vollendetes Gemälde, das der Maler für die Nachwelt festhält. Der Maler wiederum ist vertraut mit der Literatur zur Anlage von englischen Landschaftsgärten und setzt den erwünschten Idealzustand ins Bild. Auch die den Tageszeiten folgende Abfolge der Bilder geht zurück auf die Ausführungen des Gartentheoretikers Hirschfeld, der den „Gärten oder Scenen nach Tageszeiten" sogar einen ganzen Abschnitt gewidmet hatte.

Hirschfeld charakterisiert den Typus des neuen bürgerlichen Auftraggebers folgendermaßen: „Der Ueberfluß oder Wohlstand, den das Glück des Handels erzeugt, erregen sehr bald die Begierde, sich durch einen größeren Aufwand in Wohnungen und Gärten (...) auszuzeichnen. Auch suchte der Mann, der von der Last der Geschäfte und dem Gewühl des Handels ermüdet war, einen Ort, wo er an ruhigeren Tagen sich wieder erholen, freyer athmen, sich selbst und seine Familie genießen konnte; er baute ein Landhaus in der Nähe der Stadt und pflanzte sich einen Garten."

1810 verließ Ramée Hamburg und schiffte sich zwei Jahre später nach Amerika ein, wo er unter anderem für den Sohn von John Parish, den vermögenden Landbesitzer und Fabrikanten David Parish (1778–1826), als Architekt, Landschaftsgärtner und Stadtplaner arbeitete, bis er in den 1830er-Jahren noch einmal für ein paar Jahre nach Hamburg zurückkam.

Baurs Park als Garten im anglo-chinoisen Stil nach 1812

Ab 1812 konnte Baur weitere Grundstücke in Blankenese erwerben, sodass sein Landsitz schließlich 16 Hektar umfasste. In den folgenden Jahrzehnten beauftragte Baur diverse Baumeister und Gärtner mit der Neugestaltung des Geländes und ließ den Park zwischen 1817 und 1832 zu einem Gesamtkunstwerk ausgestalten. Und 1833 wurde noch einmal Ramée von Baur damit beauftragt, den Garten in Blankenese zu überarbeiten.

Auch Ramées Gestaltungsweise hatte sich dem veränderten Geschmack der Zeit angepasst. Jetzt kam ihm zugute, dass er in Frankreich ursprünglich einmal im anglo-chinoisen Gartenstil ausgebildet worden war; ein Stil, der sich durch eine Vielzahl von Kleinarchitekturen auszeichnete. Vorbild war Kew Gardens, eine Ansammlung von exotischen Bauwerken, unter anderem eine chinesische Pagode, deren Abbild in vielen Anlagen auf dem Festland wieder auftauchen sollte, so zum Beispiel in Sanssouci oder Oranienbaum im Dessau-Wörlitzer Gartenreich. Damals hatten die Fürsten auf dem Kontinent und ganz besonders in Frankreich diesen von Chambers propagierten Stil deswegen bevorzugt rezipiert, weil diese spezielle Spätform des englischen Landschaftsgartens bar aller politischen Implikationen war, für die der klassische englische Landschaftsgarten stand. Zudem wies der anglo-chinoise Gartenstil durch seine Verspieltheit und Künstlichkeit eine gewisse Nähe zur Epoche des Rokoko auf.

Der Plan vom Baurs Park aus der Mitte des 19. Jahrhunderts zeigt die Gesamtanlage mit ihrer bewegten Topografie: den Tempeln, Aussichtspavillons, dem Herrenhaus – in der Mitte am unteren Bildrand – und den Wirtschaftsgebäuden hinter den weißen Flächen der Elbchaussee, die damals noch „Altona-Blankeneser Chaussee" hieß.

Die aquarellierte Federzeichnung „Staffagen im Baurs Park von der Elbe gesehen" von J. Glashoff aus dem Jahr 1819 zeigt, wie der Park nach 1812 verändert wurde: Dem gewandelten Zeitgeschmack entsprechend erhielt er eine Vielzahl von Kleinarchitekturen, unter anderem eine künstliche Turmruine und eine chinesische Pagode.

In jedem Fall passte er wiederum gut in die politische Landschaft nach 1815.

Mit der Neuordnung Europas durch den Wiener Kongress begann nach 1815 eine Epoche der Restauration. Es ist die Zeit der (Spät-)Romantik und des Biedermeiers, eine Zeit, in der liberale Strömungen rigide unterdrückt wurden. Die Gärten wurden kleinteiliger, und statt blühender Wiesen dominierten jetzt kurz geschorene Rasenflächen das Bild. Statt vorwiegend einheimischer Baumsorten verwendeten die Gartenbesitzer nunmehr möglichst exotische Baumarten, und Blumenbeete breiteten sich wie kostbare Teppiche vor den Landhäusern aus (siehe auch S. 86 f. und 206).

Baurs Park wurde im 19. Jahrhundert zu einer Attraktion ersten Ranges: Sein umfangreiches Programm an Staffagebauten lockte Menschen nicht nur aus Hamburg an. Die Besucher konnten gegen ein kleines Entgelt den Park erkunden; die Erlöse aus den Eintrittsgeldern wurden der Armenkasse gespendet. Baur beauftragte sogar den schleswig-holsteinischen Lithografen Siegfried Detlev Bendixen (1786–1864), einen Plan des Parks und eine Reihe von Bildern zu entwerfen.

Dieses Blatt von Siegfried Detlev Bendixen (1786–1864) zeigt den Blick, den ein Besucher des Baurs Parks um 1830 aus der Weinlaube hatte. Bendixen, ein Schüler von Jacques-Louis David in Paris, war vor allem als Landschaftsmaler in Hamburg und Umgebung tätig, ehe er 1832 nach London ging.

Auf dem Kanonenberg erhob sich nun eine chinesische Pagode, „ein großer chinesischer Turm aus Holz, voll schräger Dächer, vergoldeter Glocken und mit einem vergoldeten Hahn obendrauf", so Juliane (Julie) Grüner, die Nichte von Georg Friedrich Baur II, in ihren Erinnerungen. Allein im östlichen Parkteil standen drei Tempel, darunter ein „ägyptischer", und den westlichen Parkteil schmückten eine künstliche Turmruine und ein dorischer Tempel. In der Nähe des Hauses habe der „Teetempel" gestanden, „ein kleiner Pavillon mit großen Fenstern mit Aussicht nach allen Seiten", der jedoch – obwohl möbliert – selten genutzt worden sei. Heute stehen hier zwei Bänke, auch wenn der Blick auf die Elbe durch die inzwischen hochgewachsenen Bäume verstellt ist.

Es gab eine Rosenlaube, „ein Lusthaus, das ganz mit Rosen überwachsen war", eine Weinlaube, ein „hübsch gelegenes Lusthaus aus Holzrinde, ganz mit wildem Wein bedeckt". Unter einem Japanischen Schirm konnte der Spaziergänger bei Regen Schutz suchen: Der Regenschirm war „ein Komplex von Bänken, mit einem großen Dach darüber wie ein

Parapluie". Entlang der Hangkante verlief ein Weg in Richtung Westen vorbei am Ruinenturm und dem Japanischen Schirm zum sogenannten Fahnenplatz. Eine Waldhütte bot in der Nähe eine weitere Möglichkeit zur Rast. Ein Zypressental, benannt nach den dort gepflanzten Scheinzypressen beziehungsweise Lebensbäumen, ein Birkenhain und stille Grotten vervollständigten das Programm der Gartenausstattung.

Von den für den Baurs Park ehemals so charakteristischen Kleinbauten ist nichts erhalten. Der chinesische Turm verschwand in den 1870er-Jahren, die künstliche Turmruine 1932, und 1938 entfernte man mit dem Japanischen Schirm den letzten im Park verbliebenen Staffagebau. Das Wegesystem aber ist zu großen Teilen bis heute erhalten, ebenso wie drei der wichtigsten Aussichtsplätze: der Kanonenberg, der Platz, wo ursprünglich der Japanische Schirm stand, und der Fahnenplatz.

Das Landhaus Baur, später „Katharinenhof" genannt

Die Zeiten überdauert hat auch das Landhaus Baur, das erst spät, nämlich zwischen 1829 und 1836, errichtet wurde. Architekt war Johann Matthias Hansen (1781–1850), ein Neffe von Christian Frederik Hansen, wahrscheinlich gemeinsam mit Ole Jörgen Schmidt (1793–1848) aus Kopenhagen, der damals in Hamburg lebte und die Englische Kirche auf dem Zeughausmarkt erbaut hat. Die Hauptfront des klassizistischen Baur'schen Landhauses ist mit einem Sandsteinrelief geschmückt, das den Raub der Persephone darstellt. Das Motiv aus der griechischen Mythologie nimmt direkten Bezug auf die Natur des Gartens, die den Jahreszeiten unterworfen ist: Persephone, ursprünglich wie ihre Mutter Demeter eine Fruchtbarkeitsgöttin, wird von Hades in die Unterwelt ent-

Das Landhaus Baur, auch „Katharinenhof" genannt, wurde erst relativ spät, nämlich von 1829 bis 1836, von Johann Matthias Hansen und Ole Jörgen Schmidt erbaut. Aufgrund der langen Bauzeit war die Familie Baur zu dieser Zeit häufiger in ihrem Nienstedtener Anwesen und wohnte in den Sommermonaten im Elbschlösschen.

führt. Demeter und Hades verhandeln über ihren Verbleib und einigen sich schließlich darauf, dass Persephone ein Drittel des Jahres bei Hades in der Unterwelt verbringt, den Rest des Jahres aber auf der Erde beziehungsweise dem Olymp bei ihrer Mutter verweilen darf.

Erhalten ist auch das 1839 errichtete Stallgebäude neben dem Herrenhaus, das von 1955 bis 2004 als Bücherhalle diente. Das elegante eiserne Geländer, das den Elbuferweg säumt, wurde in den 1830er-Jahren von dem Bildhauer Winck für Georg Friedrich Baur entworfen und ziert die terrassenartige Promenade aus Stein, die eine frühere hölzerne Befestigung am Elbufer ablöste. Nach wie vor beeindruckt es in seiner schlichten Eleganz, wenn man in der schattigen Kastanienhalballee daran entlangläuft.

Baurs gleichnamiger Sohn folgte den gärtnerischen Ambitionen seines Vaters. Georg Friedrich Baur II hatte Jura studiert, dann promoviert, um schließlich in die Firma des Vaters einzutreten. Unter der Leitung des Obergärtners Georg Bösenberg wurde der Park Mitte des 19. Jahrhunderts unter anderem um einen Blumengarten mit Fontäne, ein

Palmenhaus und eine Orangerie erweitert. Auf weiten Rasenflächen prunkten Beete in der Form eines Füllhorns und anderer ornamentaler Muster. Julie Grüner erinnerte sich später an „die schönen Teppichbeete" und an „Spaliere mit Pfirsichen und Aprikosen".

Die Zeit nach der Familie Baur

Bis zum Ende des Ersten Weltkriegs war der Park durch die Rechtsform des sogenannten Fideikommisses vor Zerstückelung geschützt. Mit der Auflösung dieser Rechtsform durch die Weimarer Verfassung war es nach dem Tod von Georg Friedrich Baur III (1843–1921) möglich geworden, den Park zu parzellieren und einzelne Grundstücke zu verkaufen.

1922 erwarb der Architekt, Bauunternehmer und Grundstücksspekulant Franz Bach den Baurs Park. In einem Vertrag mit der Gemeinde Blankenese wurde vereinbart, dass Bach den Park in 30 Baugrundstücke aufteilen dürfe, allerdings ohne den Gesamtcharakter des Geländes als Park zu zerstören: Wege sollten weiterhin den Besucher durch die

Anlage führen, Aussichtspunkte sollten öffentlich bleiben.
Trotz dieser Abmachungen wurde 1922 der Monopteros ab-
getragen und durch ein Privathaus ersetzt (Mühlenberger
Weg 11), weitere Privatbauten folgten.

1923 kaufte L. R. Müller das Baur'sche Landhaus und benannte es nach seiner Ehefrau „Katharinenhof", ein Name,
der sich bis heute erhalten hat. Erst 1939 gelang es der Stadt
Hamburg, das Landhaus mit zugehörigem Stallgebäude und
den Resten des Parks zu erwerben. Mittlerweile waren aber
weitere Grundstücke innerhalb des historischen Parkgelän-
des bebaut worden. Dadurch entstand das bis heute für den
Baurs Park charakteristische Nebeneinander von öffentlichen Parkflächen und bebauten Privatgrundstücken.

Die in der Nähe zum Park gelegene Auguste-Baur-Straße erinnert an die unverheiratete Tochter des Parkgründers Georg
Friedrich Baur. Die eigens für sie gebaute Villa im Park
wurde 1935 abgebrochen. Heute erhebt sich hier ein weißes,
achteckiges Haus über der Elbe: Es wurde von dem Hamburger Architekten Cäsar Pinnau zur Eigennutzung gebaut.
Pinnau hat nicht nur eine Reihe von Hansen-Bauten restauriert, sondern auch Inneneinrichtungen für Schiffe wie die
im Hamburger Hafen liegende „Cap San Diego" entworfen
(siehe auch S. 206 f.).

Seit 1939 ist die verbliebene Parkanlage jederzeit für die
Öffentlichkeit zugänglich. 1940 wurden der Katharinenhof
und das benachbarte Stallgebäude unter Denkmalschutz gestellt. Nachdem der Katharinenhof ab den 1950er-Jahren als
Ortsamt Blankenese genutzt worden war, entschloss sich die
Stadt Hamburg angesichts leerer Kassen zu Beginn des
neuen Jahrtausends, Landhaus und Remise an einen privaten Investor zu verkaufen. 2009 hat der Unternehmer Peter
Bishop den Katharinenhof erworben.

Der Blick von der Uferpromenade im Baurs Park mit der Kastanienhalballee in Richtung Südwesten. Einst lag der Park direkt an der Elbe. Das charakteristische gusseiserne Geländer dokumentiert die alte Pracht von Baurs Garten und seine Ausmaße. Entworfen wurde es 1834 von dem Bildhauer Winck für den Konferenzrat Georg Friedrich Baur. Die Uferbefestigung in Stein (sog. „Vorsetzen") entstand ebenfalls 1834 und bildet seitdem eine terrassenartige Promenade. Das heutige Vorland dagegen ist erst im Rahmen der Elbufer-Regulierung in den 1960er-Jahren entstanden.

Ein Landhaus ist dem Bewohner Hamburgs beynahe zum
Bedürfnisse geworden, und ihre Zahl vermehrt sich,
so wie der Luxus und der Reichthum des Ganzen zunimmt.
Ich kenne, ohne Ausnahme, keine Stadt in Europa,
die in einem so kleinen Umfange diese ungeheure Menge von
Land- und Gartenhäusern hätte.
Karl Gottlob Küttner (1755–1805)

Goßlers Park und
Hessepark in Blankenese

Goßlerhaus im Goßlers Park

1794 schrieb Christian Frederik Hansen an seinen Schwager aus Altona: „Ich baue zur Zeit einen Tempel, der auf einem Parnass stehen soll, von dem aus man einen Teil der Herrlichkeiten dieser Welt übersieht."

Nun ist der Parnass bekanntlich ein hohes Gebirgsmassiv in Zentralgriechenland, das in der griechischen Mythologie dem Gott Apollon geweiht und eine Heimat für die Musen ist und von dem der Wanderer einen herrlichen Rundblick über Olivenhaine hat. Von dem heute „Goßlerhaus" genannten Hansen-Bau auf dem Krähenberg in Dockenhuden (heute Blankenese, Goßlers Park 1), wo einst Scharen von Vögeln nisteten, hatte der Besucher um 1800 zwar keinen Blick auf Olivenhaine, dafür aber einen – damals noch freien – Blick über die Elbe.

Der Architekt Christian Frederik Hansen baute 1794 den tempelartigen, ursprünglich eingeschossigen Putzbau mit breiten Säulenportiken und Figurenschmuck im Giebelfeld für den englischen Kaufmann John Blacker. Blacker war Courtmaster der englischen Kaufleute in Hamburg, die traditionell in der Company of Merchant Adventurers zusammengeschlossen waren, einer in Hamburg ansässigen privilegierten englischen Handelskompanie. Kurz zuvor hatte Blacker bereits am Anfang der Elbchaussee Land erworben: Salomon Heine wohnte später in einem von Blacker in Auftrag gegebenen Landhaus (siehe S. 51).

Emilie von Berlepsch beobachtete in ihren 1799 erschienenen „Fantasieen auf einer Reise durch Gegenden des Friedens", dass auf dem Krähenberg „nicht ein Lusthäuschen, sondern ein Haus" entstanden sei, „das trefflich, ganz aus England möblirt ist; das eine ganze Enfilade von Zimmern in einem Souterrain enthält, die man bewohnt, in denen man schläft, ißt, lebt, wenn die oberen Zimmer zu warm sind. – So viel wendet man hier darauf, eine schöne Aussicht zu haben."

In Emilie von Berlepschs Beschreibung wird noch einmal der herrschaftliche Charakter des Landhauses deutlich: Eine „ganze Enfilade von Zimmern" heißt eine Aneinanderreihung von Räumen zu einer Zimmerflucht, wobei die Türöffnungen der Räume einander exakt gegenüberliegen, sodass man bei geöffneten Türen vom ersten bis zum letzten Raum blicken kann; ein Gestaltungsmittel, das vor allem bei aristokratischen Bauten Verwendung fand.

Hansen befriedigte mit seinen palladianischen Villen das Bedürfnis seiner Kundschaft nach Repräsentation, aber auch nach einer modernen Architektur, die als Ausdruck der Ideen der Aufklärung galt. Und last, but not least baute er für die Kaufleute kostengünstig, ohne dass Besucher die Einsparungen sehen konnten: Um Kosten zu sparen, waren die imposanten Säulen des Goßlerhauses aus Baumstämmen gefertigt, die mit Stroh ummantelt wurden, das die Maurer dann hinter Putz verschwinden ließen.

Zwar eignete sich der Geesthang zur Anlage eines englischen Landschaftsgartens, sollte dieser doch vorzugsweise in hügeligem Gebiet liegen und dem Besucher, geführt durch ein geschwungenes Wegesystem, immer neue und überraschende An- und Ausblicke bieten. Ein Problem stellte allerdings der unfruchtbare Boden dar. Das Landhaus Blacker – so noch einmal Emilie von Berlepsch – sei „auf einem Sandhügel gebaut, auf dem fast kein Grashalm wachsen will; wo man Mühe haben wird, Wasser zu finden; wo das ganze Erdreich, das zu einem Parke gekauft ist, erst ansehnlich verbessert werden muß, ehe der Besitzer an Erhaltung von Stauden und Bäumen denken darf". Trotz aller Schwierigkeiten entstand ein Park, der von der Blankeneser Landstraße bis

Das Goßlerhaus wurde 1794/95 von Christian Frederik Hansen als einstöckiges Landhaus im klassizistischen Stil, in der Gestaltung an einen antiken Tempel erinnernd, für den englischen Kaufmann John Blacker errichtet. Nachdem das aus Fachwerk mit Holzverkleidung bestehende Haus 1901 abgebrannt war, wurde es von seinem damaligen Besitzer John Henry Goßler nach altem Grundriss, aber diesmal aus Stein und zweigeschossig wieder aufgebaut. Umgeben ist das Landhaus von altem Baumbestand, unter anderem der riesigen Blutbuche links im Bild.

zur Straße „Am Krähenberg" reichte. Neben insgesamt altem Baumbestand und zwei historischen Wiesen beeindruckt Goßlers Park heute vor allem durch einen Buchen-
dom, das heißt mehrere in einem Rondell gepflanzte alte
Buchen, die inzwischen fast wie ein einziger Baum wirken.
1816 erwarb Daniel Roß (1776–1840) das Anwesen. Roß war
in Hamburg als Sohn eines schottischen Arztes aufgewachsen und hat in London, später auch in Hamburg als Kaufmann gearbeitet. Nach seinem Tod lebte seine unverheiratete
Tochter Jeanette bis 1896 auf dem Dockenhudener Landgut.
1897 konnte der Hamburger Kaufmann John Henry Goßler
(1849–1915), ein jüngerer Bruder des Freiherrn John von Be-
renberg-Goßler, den Landsitz erwerben. John Henry Goßler,
nach dem das Landhaus und der Park benannt sind, gründete das Handelshaus Warnholz & Goßler, das auf den Handel mit Ost- und Südafrika spezialisiert war. Goßler ließ den
Hansen-Bau zweigeschossig ausbauen. Als das Landhaus
1901 bis auf die Grundmauern abbrannte, wurde der ehemals verputzte Fachwerkbau mit Holzverkleidung nunmehr
aus Stein wieder aufgebaut.
1924 konnte die Gemeinde Blankenese den Landsitz erwerben. Das Landhaus wurde nun zum Rathaus, allerdings nur
bis Blankenese 1927 seine Eigenständigkeit verlor und mit
den anderen Elbgemeinden der Stadt Altona zugeschlagen
wurde. Während ein Teil des Parks der Öffentlichkeit zur
Verfügung gestellt wurde, ließ die Gemeinde einen Teil der
nördlichen Hälfte des Parks parzellieren und in ein Villenviertel umwandeln, durch das bis heute die Straße Goßlers
Park führt; eine gern gewählte Methode, um die Finanzie-
rung durch die öffentliche Hand zu ermöglichen.
Nach der Eingemeindung Altonas in die Stadt Hamburg
1937 wurde das Goßlerhaus für Verwaltungsräume des Orts-
amtes Blankenese genutzt. Seit 2006 dient es dank einer

Initiative von engagierten Blankeneser Bürgern, die ein Nutzungskonzept entwickelten, als Tagungs- und Gästehaus der Bucerius Law School. Die Marmorstatue „Psyche" des dänischen Bildhauers Hermann Wilhelm Bissen (1798–1868) aus dem Jahr 1840, die heute im Treppenaufgang des Goßlerhauses aufgestellt ist, stand ursprünglich im Katharinenhof im Baurs Park.

Klünders Park, später Hessepark und Wilmans Park

Um 1800 erwarb der Kaufmann Rütger Heinrich Klünder (1763–1849) Land in Blankenese, gestaltete das baumlose Gelände in einen Park um und ließ ein Landhaus errichten, das heute als sogenanntes Hesse-Haus in der Oesterleystraße 20 zu finden ist. Von dem ehemals sehr viel größeren Park ist nur ein Streifen übrig geblieben, der als Durchgangsareal und zur Erholung dient.

Klünder, Sohn eines Braunschweiger Bankiers, kam als junger Mann nach Hamburg und arbeitete zunächst in der Firma Peter Godeffroy & Söhne. Später wurde er zum Direktor der Gothaer Versicherungsunternehmungen, einer der ältesten deutschen Versicherungen, die bis heute existiert. Seine Frau Friederika Klünder (1776–1848), von den Blankenesern „die schöne Frau auf dem Berge" genannt, hatte sich ihren ehrenden Beinamen durch ihr soziales Engagement verdient. Gemeinsam mit ihrem Mann sorgte sie dafür, dass die in der Zeit der Kontinentalsperre verarmten Blankeneser Familien zumindest vorübergehend Arbeit bekamen: Sie ließ die Arbeitslosen Flachs und Leinen spinnen. Bei Katastrophen veranlasste sie Sammlungen für die Geschädigten und setzte sich gemeinsam mit zwei Hamburger Ärzten in Blankenese und der Umgebung für die Einführung der Pockenschutzimpfung ein.

1850 entstand diese Ansicht aus dem Park auf das Landhaus Klünder in Blankenese. Rütger Heinrich Klünder hatte um 1800 Land in Blankenese erworben. Er ließ sich von einem unbekannten Architekten ein Landhaus errichten und das bis dahin baumlose Anwesen in einen englischen Landschaftspark verwandeln.

Der östliche Teil des Blankeneser Landsitzes, ehemals eine baumlose Wiese und Gemeindeland, wo Schafe weideten, wurde unter der Ägide der Klünders zu einem englischen Landschaftsgarten umgestaltet. Hier ließen sie sich von einem unbekannten Baumeister ein Landhaus errichten: ein zweistöckiger Flachdachbau auf quadratischem Grundriss mit klassizistischem Eingangsportal. Das Dach war mit einem niedrigen Säulengitter verziert. An der höchsten Stelle im Park gelegen, bot Klünders Landhaus einen weiten Blick über die Elbe.

Der Park war deutlich größer als der heutige Hessepark und befand sich zwischen der Oesterleystraße im Norden, der Blankeneser Bahnhofstraße im Osten und der Straße „Am Kiekeberg" im Süden. Nach dem Tod der Klünders wurde der Park in eine westliche und eine östliche Hälfte geteilt. Der östliche Teil, der spätere Hessepark, hatte in den folgenden Jahrzehnten wechselnde Besitzer, unter ihnen Dr. Carl Hermann Merck (1809–1880). 1876 erwarb Georg Heinrich Hesse (1815–1909), Mitinhaber der Privatbank Hesse Newman & Co. und einer der Gründer der Commerzbank, den

Diese Aquatinta-Radierung der Gebrüder Christoffer und Cornelius Suhr zeigt die „Aussicht von Herrn Klünders Garten" auf Blankenese 1812. Im Vordergrund sind Blankeneser Fischerfrauen und Dockenhudener Bauern zu sehen.

Landsitz, den er mit seiner Frau fast ein halbes Jahrhundert bewohnte.

1896 wurde das Anwesen von der Gemeinde Blankenese gekauft und teilweise parzelliert. Der Rest des Parks ist bis heute öffentlich und beeindruckt durch einige sehr schöne Solitärbäume. Die Skulptur „Die kleine Elbjungfrau", auch bekannt als die „Hockende" oder „Kauernde", die sich in der Nähe des Ausgangs zur Blankeneser Bahnhofstraße befindet, wurde um 1926 von dem Bildhauer Arthur Bock aus Marmor gefertigt. Das Hesse-Haus diente lange Zeit dem Ortsamt Blankenese als Verwaltungsstelle und stand seit 2004 leer. Inzwischen nutzt die Bugenhagen-Schule der Evangelischen Stiftung Alsterdorf das Gebäude.

Der westliche Teil des Landsitzes, ein malerisch gelegener Taleinschnitt, in dem die Klünders ursprünglich eine Ölmühle betrieben und später ein Gästehaus einrichteten, wurde 1850 an den Chinakaufmann Hermann Christoph Wilmans verkauft. Nach 40 Jahren wurde das nunmehr „Wilmans Park" genannte Grundstück erneut verkauft und hatte in der Folge wechselnde Besitzer.

Der Hessepark, ehemals Klünders Park, ist nach dem Bankier Georg Heinrich Hesse benannt, der das Anwesen 1876 erwarb. 1896 konnte die Gemeinde Blankenese das Grundstück kaufen und zumindest Teile als Park der Öffentlichkeit zugänglich machen.

In der Weimarer Republik wurde der Besitz geteilt: Die nördliche Hälfte ging an die Gemeinde Blankenese, die das Grundstück parzellieren ließ und zur Bebauung freigab sowie im westlichen Bereich die Straße „Wilmans Park" anlegte. Die südliche Hälfte blieb in privater Hand. Eine hohe massive Mauer mit einem düster-geheimnisvoll und abweisend wirkenden Tor schützt bis heute das Anwesen vor neugierigen Blicken. Dahinter verbirgt sich die sogenannte Römische Villa, ein 1925 von dem Hamburger Architekten Walther Baedeker (1880–1959) für den Versicherungsmakler Hermann Witte erbautes Landhaus. Baedeker war in Hamburg vor allem durch das 1911 von ihm errichtete Richard-Dehmel-Haus in Blankenese bekannt geworden. Witte verkaufte das Anwesen bereits 1927 an den Rechtsanwalt Dr. Alfred Schüler (1875–1950), der sich vom Schiffsjungen zum Fachanwalt hochgearbeitet hatte. Ende der 1990er-Jahre wurde das Landhaus von dem neuen Besitzer Karl Lagerfeld, der das Anwesen 1991 erworben hatte, nach einem gerade kreierten Parfüm in „Villa Jako" umbenannt, die er 1998 wiederum an eine weitere Privatperson verkaufte.

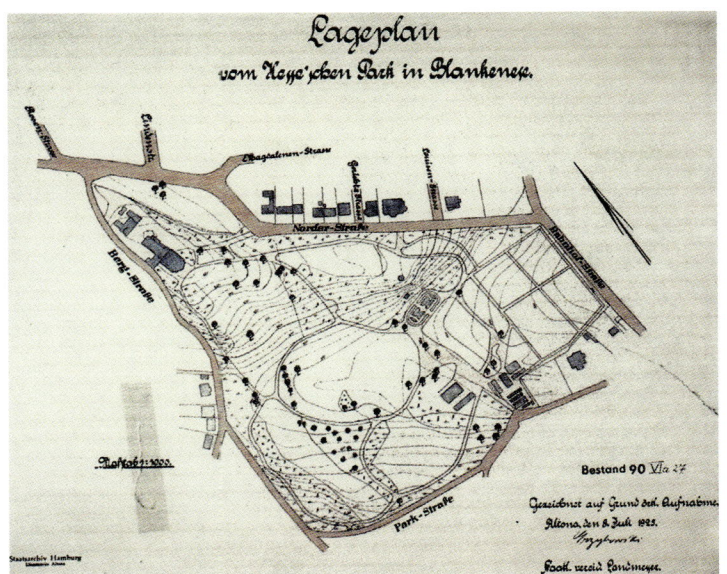

Der Plan von 1925 zeigt den Hessepark in seiner vollen Größe. Die Wegeführung, die zahlreiche schöne Ausblicke auf das Landhaus und die Elbe erlaubte, wurde leider größtenteils zerstört. Heute dient der Hessepark den meisten Blankenesern nur noch als Durchgangsweg.

Der Kösterberg war ein ziemlich großer Besitz:
Man konnte zwei, drei Stunden herumstreifen, wenn man alles
sehen wollte (...). Wenn ich an den Kösterberg zurückdenke,
an den Blick aus meinem Fenster auf den Fluß und die
vorüberziehenden Schiffe, die in alle Welt, auch nach England
und Amerika zu meinen Verwandten fuhren,
dann kommt mir dieser Ort noch heute wie eine Insel,
ein gleich bleibend sicherer Bezugspunkt in allen Wirrnissen,
wie ein Stückchen Ewigkeit vor.
Ingrid Warburg Spinelli (1910–2000)

Der Römische Garten und die Familie Warburg

Höhenwanderweg

Von Blankenese führt ein schöner, aber wenig bekannter Höhenwanderweg zum Römischen Garten und weiter bis zum Sven-Simon-Park. Blankenese ragte noch im 16. Jahrhundert wie eine blanke Nees (niederdeutsch „Neese" = Nase) als weiße sandige Landzunge in die Elbe, die aber durch Sturmfluten weggespült wurde. Der Geesthang war in dieser Gegend steil und karg: Der Name „Wittenbergen" beschreibt die baumlosen „weißen Berge", die erst mit der Gartenkultur des späten 18. und des 19. Jahrhunderts zu den mit Mischwald bewachsenen Hügelketten wurden, die seitdem Ausflügler zu langen Spaziergängen einladen. Der Höhenwanderweg in Richtung Römischer Garten verläuft zunächst durch das Blankeneser Treppenviertel, vorbei an typischen Fischerhäusern, teilweise aus dem 17. Jahrhundert.

Oberhalb des Weges liegt der Süllberg, zu dem durchaus ein kurzer Abstecher lohnt: Seit 1837 befindet sich hier, 75 Meter über der Elbe, eine Gaststätte. Das 1887 errichtete Ensemble aus Restaurant mit Türmchen und dem runden Aussichtsturm steht unter Denkmalschutz und wurde vor der Neueröffnung 2003 aufwendig restauriert und erweitert. Der Besucher hat von hier einen weiten Blick über das sich pittoresk an den Hang schmiegende ehemalige Fischerdorf Blankenese und über die unter Naturschutz stehenden Elbinseln Schweinesand und Neßsand bis ins Alte Land.

Erst dahinter, nur vom Bismarckstein aus zu sehen, liegt die Gefängnisinsel Hahnöfersand, die der Hamburger Schriftsteller Siegfried Lenz mit seinem Roman „Deutschstunde" überregional bekannt gemacht hat. Der Bismarckstein wurde bereits 1910 von der Gemeinde Blankenese aufgekauft, um „ihn der Bebauung und Spekulation zu entreißen", und als Park der Öffentlichkeit zugänglich gemacht. Seinen Namen

Blankenese mit dem Süllberg und dem Fähranleger „Bulln", Lithografie von 1857. Ein flachbodiges Schiff, ein sogenannter Bulln, wurde 1842 an der Fährstelle verankert und durch einen Steg mit dem Ufer verbunden. Dieser Name des Anlegers hat sich bis heute gehalten.

erhielt der Aussichtsplatz durch die Initiative eines Vorbesitzers: Anton Julius Richter (1836–1909), Mitbegründer der Holsten-Brauerei und glühender Verehrer von Bismarck, benannte den Berg 1890 nach dem vom Kaiser eben entlassenen Reichskanzler.

Am Falkensteiner Ufer befindet sich ein repräsentatives Bauwerk, das 1859 von der Altonaer Gas- und Wassergesellschaft in Betrieb genommene Wasserwerk, damals die vollkommenste Wasserversorgungsanlage Deutschlands, erbaut durch Londoner Ingenieure, deren Sandfilter die Bevölkerung Altonas 1892 vor der Cholera schützten. Etwa 200 Meter östlich von diesem Industriedenkmal des 19. Jahrhunderts befindet sich der Aufgang zu einem Kleinod der Hamburger Gartenkultur: dem Römischen Garten. Die ehemaligen Filterrückspülbecken wurden inzwischen naturiert und bilden eigene Biotope, an die östlich ein 2011 neu angelegter kleiner Elbpark angrenzt.

Auf der Kuppe des immerhin 75 Meter hohen Süllbergs existiert seit 1837 eine Gastwirtschaft. Auf dem Süllbergturm weht eine Fahne mit dem weißen Hamburger Tor auf rotem Grund.

Von der Terrasse auf dem Süllberg hat man einen fantastischen Blick über Blankenese. Das neue, 32 Meter hohe Unterfeuer von Blankenese (seit 2020 in Betrieb) ist ein beliebter Aussichtspunkt am Strandweg an der Elbe, der über eine 22 Meter lange Zugangsbrücke zu erreichen ist.

Das Altonaer Wasserwerk am Falkensteiner Ufer gehörte zur Wasserkunst, die 1859 von der Altonaer Gas- und Wassergesellschaft in Betrieb genommen wurde. Ab 1960 wird für die Trinkwasserproduktion nur noch Grundwasser genutzt. Die abgebildete Pumpstation und die Arbeiterhäuschen sind heute Wohnungen.

Gartenkultur am Kösterberg bis zum Ankauf durch Moritz Warburg

Der Hamburger Auktionator Hinrich Jürgen Köster (1748–1805) erwarb 1796 einen heidebewachsenen, später nach ihm benannten „Berg" und errichtete auf dessen Spitze ein schlichtes reetgedecktes Sommerhaus aus Holz („Arche Noah"). Ab 1805 hatte der Kösterberg wechselnde Besitzer, unter ihnen Maria Völkers, die hier eine viel besuchte Gastwirtschaft führte, und der Altonaer Wollkaufmann Johann Carl Semper (1796–1836), ein Bruder des Architekten Gottfried Semper, der den kargen Kösterberg bereits mit exotischen Bäumen und Ziersträuchern bepflanzen ließ, sowie der Bankier Carl Bromberg, der den Kösterberg 1890 übernahm. Sein Nachbar im Osten war der schon erwähnte Kaufmann und Bismarck-Verehrer Anton Julius Richter, der in den 1880er-Jahren westlich und östlich des Falkentaler Wegs Land aufkaufte und die Acker- und Heideflächen in ein parkartiges Gelände mit Terrassen und Wegen verwandelte. Unterhalb des Kösterbergs schüttete er eine breite Terrasse auf und schuf damit die Grundlage für einen Teil des späteren Römischen Gartens: die sogenannte Römische Terrasse. Sein Vorbild waren italienische Gärten: Die Terrasse bepflanzte er mit charakteristischen immergrünen Solitärbäumen in Zypressenform. Eine 1890 gepflanzte nordamerikanische Flusszeder hat die Zeiten unbeschadet überdauert. Vor allem aber schuf Richter das Wahrzeichen des Römischen Gartens: die einzigartige „Girlandenhecke", eine kunstvoll und aufwendig gestutzte Thujahecke. Er pflanzte sie wahrscheinlich in Erinnerung an einen Italienaufenthalt, auf dem er die Gartenterrasse von Castel Gandolfo, der barocken sommerlichen Papstresidenz Villa Barberini südwestlich von Rom, kennengelernt hatte.

Ende des 19. Jahrhunderts ließ Anton Julius Richter unterhalb des Kösterbergs eine Terrasse aufschütten und bepflanzte sie mit einer kunstvoll geschnittenen Thujahecke sowie einer nordamerikanischen Flusszeder. Wegen der Ähnlichkeit mit der Gartenterrasse der päpstlichen Sommerresidenz Castel Gandolfo bei Rom wird sie „Römische Terrasse" genannt.

1897 erwarb der Hamburger Bankier Moritz M. Warburg (1838–1910) sowohl den Kösterberg-Landsitz als auch die südlich anmutende Römische Terrasse, die damit zum sommerlichen Treffpunkt der international agierenden und weit verstreut lebenden Familie Warburg wurden.

Zusätzlich zu dem alten Kösterberg-Landhaus, nun „Arche Noah" genannt, da es aussah, als wäre es nach der Sintflut auf dem Höhenrücken eines Berges gestrandet, erbaute der renommierte Hamburger Architekt Martin Haller ein Stück weiter eine neue, repräsentative Villa im Empire-Stil, das sogenannte Weiße Haus (heute Elsa Brändström Haus). Haller, Bewunderer der italienischen Hochrenaissance, hatte bereits zuvor für die Warburgs das neue Bankgebäude in der Ferdinandstraße 75 als florentinischen Stadtpalast entworfen. Bis heute prägen seine Bauten wie der Rathausneubau, an dem er federführend beteiligt war, und die Laeiszhalle (Musikhalle) das Stadtbild von Hamburg.

Mit Ausnahme der Römischen Terrasse ließen die Warburgs den Kösterberg von dem Hamburger Gärtner Rudolph Jürgens (1850–1930) im Stil eines englischen Landschaftsgartens anlegen. Jürgens war ebenso wie der Architekt kein Unbekannter: Er leitete eine bereits von seinem Vater übernommene renommierte Landschaftsgärtnerei in Ottensen und war 1897 mit der Gesamtleitung der Allgemeinen Gartenbau-Ausstellung auf dem Gelände der alten Wallanlagen betraut, die zu einem sensationellen Erfolg wurde. Daneben arbeitete Jürgens für namhafte Hamburger Familien wie Jenisch und Vorwerk an der Elbe.

Die Familie Warburg in Hamburg

Die jüdische Familie war im 17. Jahrhundert aus Italien zunächst in die – namengebende – Stadt Warburg in Westfalen und kurz darauf in das tolerante dänische Altona gezogen. Die nächste Generation wechselte im späten 18. Jahrhundert nach Hamburg über, und die Brüder Moses Marcus und Gerson Warburg gründeten 1798 das Bankhaus M. M. Warburg & Co in einer Zeit, in der eine Reihe von Privatbanken eröffnet wurden, unter anderem von Salomon Heine und von Conrad Hinrich Donner (siehe S. 53 und 81). Als die Brüder Warburg kurz nacheinander starben, übernahm Moses

Diese Fotografie
von 1929 zeigt
die Söhne von
Moritz und Char-
lotte Warburg.
Von links: Paul,
Felix, Max, Fritz
und Aby.

Sara Warburg
(1805–1884) gilt
als die Matriar-
chin der Hambur-
ger Warburg-Dy-
nastie. Noch tief
im jüdischen
Glauben veran-
kert, hat sie nach
dem Tod ihres
Mannes die Ge-
schäfte der Bank
couragiert und
geschäftstüchtig
mehr als 20 Jahre
lang geleitet.

Marcus' Tochter Sara Warburg (1804–1884) zunächst gemeinsam mit ihrem Mann, einem Vetter zweiten Grades,
und, nachdem dieser ebenfalls früh verstorben war, ab 1856
de facto allein die Leitung der Bank. Sara Warburg gilt als
Matriarchin der Warburg-Dynastie.

1865 kaufte Sara Warburg ein Haus an der Rothenbaumchaussee 49. Seit 1849 konnten in Hamburg auch Juden in
allen Stadtteilen wohnen und eigenen Grundbesitz in der
Stadt erwerben. Bis dahin lebten die Hamburger Einwohner
jüdischen Glaubens zwar nicht im Ghetto, aber in bestimmten ausgewählten Straßen, den sogenannten Judenquartie-
ren. Seit der 1849 gewährten neuen Freizügigkeit siedelten
sich der jüdische Mittelstand und die jüdische Oberschicht
in den damals noch außerhalb der Stadt gelegenen Vierteln
am Grindel und am Rothenbaum an.

Sara Warburg, die mit Salomon Heines Sohn Carl Heine befreundet war, überzeugte nicht nur als geschickte und erfolgreiche Geschäftsfrau. Ebenso versiert handhabe sie das überaus wichtige Feld der Heiratspolitik. Allgemein galt es für
Hamburger Kaufleute, den Besitz durch Heirat zu festigen,

besser noch zu vergrößern, weswegen die wenigen reichen Kaufmannsfamilien auch alle miteinander verwandt waren. Über die Heirat ihrer Söhne stellte Sara Warburg wichtige Verbindungen in die international agierende Finanzwelt her: Moritz, der spätere Besitzer des Kösterbergs, heiratete Charlotte Oppenheim (1842–1921), Tochter eines Goldschmieds und Juwelenhändlers in Frankfurt am Main, und sein Bruder Siegmund heiratete die Tochter eines russischen Großindustriellen, der familiäre Bindungen zu einem führenden Bankhaus in Russland hatte. Moritz' Söhne Paul und Felix wiederum sollten später durch ihre Heiraten gleich eine doppelte Verbindung zu dem zweitgrößten Bankhaus der USA herstellen.

Moritz und Charlotte Warburg hatten acht Kinder. Aby (eigentlich Abraham) M. Warburg (1866–1929) war der älteste Sohn und somit dafür prädestiniert, die Bank einmal zu übernehmen. Doch es sollte anders kommen: Gegen das berühmt gewordene Versprechen, dem Bruder immer alle Bücher zu bezahlen, die er sich wünschte, trat Aby die Leitung der Bank an den jüngeren Bruder Max ab. Dieser erzählte später, er habe gedacht, dass „das Geschäft vom Vater (...) doch gewiss genug abwerfen [würde], um mich Schiller, Goethe und vielleicht auch noch Klopstock kaufen zu lassen". Er konnte nicht ahnen, dass sein Bruder an die 60 000 Bände zusammentragen würde. Damit legte Aby Warburg den Grundstock für die berühmte Kulturwissenschaftliche Bibliothek Warburg (K.B.W.) in Hamburg, die 1934 im Exil in London als „Warburg Institute" neu begründet wurde. An den herausragenden Kunsthistoriker Aby Warburg, der die Ikonografie und Ikonologie als eigenständige Forschungsdisziplin in der Kunstgeschichte etabliert hat, erinnert das Warburg-Haus in der Heilwigstraße, das ehemalige Gebäude der K.B.W., das von der Universität Hamburg genutzt wird.

Max M. Warburg

Max M. Warburg (1867–1946), der während des Kaiserreichs zu einem der bedeutendsten Finanziers aufstieg und mit 43 Jahren nach dem Tod seines Vaters die Leitung der Bank und das Kösterberg-Anwesen übernahm, musste schon als junger Mann erkennen, dass Juden im Kaiserreich trotz formalrechtlicher Gleichstellung keineswegs gleiche Chancen im Berufsleben hatten.

Als junger, patriotisch gesinnter Mann, der wie so viele im Kaiserreich für alles Militärische schwärmte, hatte er seinen Militärdienst 1888 in München in einem Kavallerie-Regiment angetreten. In Bayern hatten es auch Juden schon zum Reserveleutnant gebracht, ein Aufstieg, auf den nun auch Max Warburg hoffte. Die Institution des Reserveleutnants war für bürgerliche Männer gleichbedeutend mit einer Eintrittskarte in die militärische und adlige Welt der deutschen Führungsschichten, ganz zu schweigen von der Bewunderung, die das weibliche Geschlecht diesen „Halbgöttern in Uniform" entgegenbrachte.

Max war so begeistert vom Militärdienst, dass er sogar Berufsoffizier werden wollte, und schrieb seinem Vater einen 16-seitigen Brief. Der antwortete kurz: „Mein lieber Max, meschugge. Dein dich liebender Vater." Es wäre auch so nichts daraus geworden: Max Warburg wurde trotz seiner allgemeinen Beliebtheit und seiner Fähigkeiten nicht zum Reserveleutnant ernannt.

In den nächsten Jahren konnte er seine Ausbildung in Paris und in London beim Bankhaus N M Rothschild & Sons vervollkommnen, bevor er 1893 nach Hamburg zurückkehrte, wo er in den nächsten Jahren eine Reihe von Ehrenämtern übernahm. Seit 1903 vertrat er in der Bürgerschaft nationalliberale Positionen, gehörte also der Fraktion der Rechten an.

Mehr aus Traditionsbewusstsein als aus religiöser Überzeugung war Max Warburg aktiv in der Hamburger jüdischen Gemeinde tätig – beispielsweise im Vorstand des Israelitischen Krankenhauses –, engagierte sich aber ebenso in überkonfessionellen Wohltätigkeitsprojekten.

Durch die Vermittlung seines Freundes Albert Ballin (1857–1918), dem Chef der HAPAG, mit dem Warburg jeden Tag einmal um die Binnenalster spazierte und mit dem er so oft telefonierte, dass sie sich eine private Leitung legen ließen, erhielt er Zugang zur deutschen Großindustrie und zu Kaiser Wilhelm II. Warburg saß im Aufsichtsrat der HAPAG, im Vorstand von Deutschlands führender Schiffswerft Blohm + Voss und initiierte gemeinsam mit Senator Werner von Melle 1907 die Gründung der „Hamburgischen Wissenschaftlichen Stiftung", Basis für die geplante Gründung einer Hamburger Universität, die erst 1919 erfolgte. Er war Mitglied der Deutschen Kolonialgesellschaft, und die Warburg-Bank beteiligte sich an kolonialen Besitzerwerbungen.

Nach dem Ersten Weltkrieg nahm Max Warburg an den Verhandlungen zum Versailler Vertrag teil, die er jedoch vorzeitig verließ, da er die gestellten Bedingungen als nicht zumutbar empfand. Seit 1924 war er Mitglied des Reichsbankrates. 1928 hieß es im „Hamburger Fremdenblatt", M. M. Warburg & Co sei die „repräsentativste deutsche Bankfirma", „die glücklichste und erfolgreichste Verkörperung besten hanseatischen Kaufmannsgeistes". 1932 war Warburg in 20 Aufsichtsräten vertreten.

Dann kam die Zeit des Nationalsozialismus. Die Warburg-Bank wurde „arisiert". Die Rückkehr Max Warburgs und seiner Frau und Tochter von einer USA-Reise wurde durch den Novemberpogrom von 1938 und die Verhaftung seines Bruders Fritz unmöglich gemacht (siehe S. 306 f.).

Else Hoffa und der Römische Garten als moderner Architekturgarten

Else Hoffa, eine der ersten Gärtnerinnen

Im Jahr 1910 übernahm Max Warburg die Leitung der Bank sowie den Kösterberg-Landsitz, wo er zunächst die „Arche Noah" bewohnte. 1911 ließ sein Bruder Paul das „Rote Haus" errichten, in das Max wenig später umzog. Hier auf dem Kösterberg empfingen Max Warburg und seine Frau Alice „alles, was in Hamburg einen Namen, Geld oder Geist hatte". Alice Warburg (geb. Magnus, 1873–1960) empfing die Gäste „in königlicher Haltung wie eine regierende Fürstin" und war berühmt für ihre kunstvollen Blumenarrangements. Die arkadengeschmückte Loggia vor dem Roten Haus vermittelte den Gästen ein südländisches Flair, das noch verstärkt wurde, wenn sie durch den Park zum Römischen Garten hinuntergingen, um hier einer Aufführung im Freilichttheater beizuwohnen. Manchmal spielte auch eine Musikkapelle zum Tanz auf, und später zog man mit brennenden Fackeln durch den Park.

Verantwortlich für die gärtnerische Ausgestaltung des Landsitzes war Else Hoffa (1885–1964), die von Max und Alice Warburg 1913 als neue Obergärtnerin eingestellt worden war. Solange Else Hoffa Max Warburg nicht mit Sorgen behelligte, bekam sie von ihm eine zehnprozentige Zulage, die „Ärger-Prämie". Else Hoffa verwandelte in den nächsten Jahren den südlichen Teil des Warburg-Grundstücks in den Römischen Garten, ein einzigartiges Beispiel Hamburger Reformgartenkunst, voller Zitate aus der Gartengeschichte.

Es war noch nicht lange her, dass Frauen sich zur Gärtnerin ausbilden lassen konnten, waren sie doch im Laufe des 19. Jahrhunderts aus der gerade entstehenden bürgerlichen

Im Jahr 1910 übernahm Max Warburg die Leitung der Bank sowie den Kösterberg-Landsitz, wo er zunächst die „Arche Noah" bewohnte. Ein Jahr später ließ sein Bruder Paul das sogenannte Rote Haus errichten, in das Max Warburg mit seiner Frau Alice wenig später umzog.

Öffentlichkeit systematisch ausgeschlossen worden. Doch seit den 1860er-Jahren klagten Frauen, zunehmend organisiert in einer Vielzahl von Vereinen, den Zugang zu Bildung und Arbeit ein, Bemühungen, die um 1900 erste Erfolge zeitigten, so zum Beispiel den Zugang zum Studium ab 1907. Ende des 19. Jahrhunderts begann auch der Kampf um die Ausbildung zur Berufsgärtnerin. Vorreiterinnen waren die Frauen im angloamerikanischen Raum: 1870 hatte bereits die erste „Gardening School for Women" eröffnet, und 1898 gründete die Gräfin von Warwick in England ihr „Studley College for Women".

Insofern ist es auch kein Zufall, dass die erste bedeutende Gartenbauschule für Mädchen im deutschen Kaiserreich von einer Frau gegründet wurde, die in den USA gelebt hatte: Elvira Castner (geb. 1844), die in Amerika Medizin studiert hatte und seit 1880 in Berlin als Ärztin praktizierte, gründete

Else Hoffa (1885–1964), hier mit einem Gärtner am Seerosenbecken des Römischen Gartens in Blankenese, hat ab 1913 als Obergärtnerin der Warburgs mit der Anlage des Römischen Gartens einen frühen Beitrag zur Hamburger Reformgartenkunst geleistet. Solange Else Hoffa Max Warburg nicht mit Sorgen behelligte, bekam sie von ihm eine zehnprozentige Zulage, die „Ärger-Prämie".

1894 eine Obst- und Gartenbauschule für Mädchen. Der Zulauf war enorm: 1919 meldete sich bereits die tausendste Schülerin an. Noch vor dem Ersten Weltkrieg hatten sich auch die ersten Lehr- und Fortbildungsbetriebe für Gärtner dem weiblichen Geschlecht gegenüber geöffnet.

Else Hoffa, die aus Würzburg stammte, hatte 1912/13 die Möglichkeit, in der traditionsreichen und angesehenen Königlichen Gärtnerlehranstalt zu Berlin-Dahlem zu hospitieren, die 1823 von dem berühmten preußischen Gärtner Peter Joseph Lenné (1789–1866) in Berlin-Schöneberg und Potsdam gegründet worden war und 1903 nach Dahlem umzog. Hier waren Generationen von Gärtnern ausgebildet worden, die die Gärten der preußischen Könige und deutschen Kaiser pflegten. Zu Beginn des 20. Jahrhunderts prägten die Anstalt darüber hinaus bedeutende Vertreter der Gartenreformbewegung, unter ihnen Otto Linne (1869–1937), von 1914 bis 1933 der erste Garten- und Friedhofsdirektor in Hamburg, und Harry Maasz (1880–1946), der dem damals immer noch verbreiteten Ideal des englischen Landschaftsgartens seine

Vision vom „Volkspark der Zukunft" entgegenhielt, die von ihm als Antwort auf die sozialen Probleme der Jahrhundertwende konzipiert worden war.

Die Gärtnerlehranstalt Berlin-Dahlem gehörte auch zu den ersten Einrichtungen, die die modernen Ideen des Gärtners Karl Foerster (1874–1970) aufgriffen, an denen Else Hoffa sich offenkundig orientiert hat. Foerster hatte die Stauden für die Anlage von Gärten entdeckt: Pflanzen, die unterirdisch überwintern und jedes Jahr aufs Neue eine betörende Farbenvielfalt hervorbringen. Seit 1911 gibt es in Bornim bei Potsdam einen Mustergarten, der bis heute Besuchern offensteht.

Else Hoffa kommt nach Hamburg und entwirft
für die Warburgs einen modernen Architekturgarten

Als Else Hoffa 1913 nach Hamburg kam, war hier der Streit um den richtigen Gartenstil entbrannt. Anlass war nicht zuletzt die Diskussion um die Anlage eines Stadtparks der Stadt Hamburg, deren Notwendigkeit sich für ihre Fürsprecher aus der zunehmenden Bevölkerungsdichte vor allem im Nordosten der Stadt ergab. Der Kunsthallendirektor Alfred Lichtwark, ein vehementer Verfechter eines Stadtparks, plädierte für ein „Raumkunstwerk, damit der Park bewohnbar werde". Er befürwortete somit, unterstützt von so bekannten Gartenarchitekten wie Leberecht Migge (siehe S. 119 ff.) sowie seit 1909 auch durch den neuen Hamburger Baudirektor Fritz Schumacher (1869–1947), ein weitgehend architektonisches Parkkonzept, das sich bewusst von der englischen Landschaftsparktradition des späten 18. und des 19. Jahrhunderts absetzte.

In den reformorientierten Kreisen der Jahrhundertwende versuchten eine Reihe von Gartenarchitekten mit ihren Konzepten eine Antwort auf die Ende des 19. Jahrhunderts

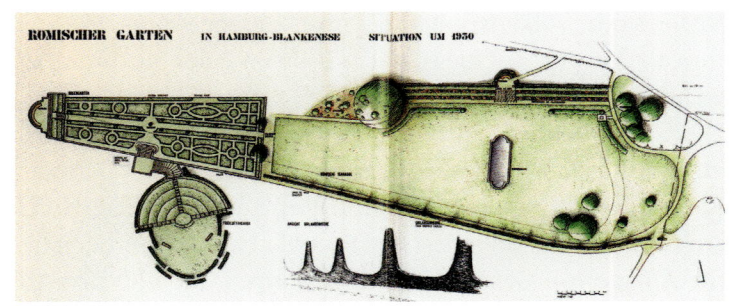

Der Plan zeigt die verschiedenen „Gartenzimmer" des Römischen Gartens: den (nicht erhaltenen) Rosengarten, das Naturtheater und die Römische Terrasse mit der charakteristischen Thujahecke, dem Seerosenbecken und den Staudenbeeten.

virulente sogenannte soziale Frage zu geben. Es gab aber auch diejenigen, die mit der Einrichtung von Parkanlagen fürs Volk im Reformstil die „deutsche" Gartenkultur in Stellung brachten; der Gartenarchitekt Otto Linne zum Beispiel entwarf die Erweiterung des Ohlsdorfer Friedhofes in Hamburg „deutsch-national". Fritz Schumacher, unter anderem Architekt des Museums für Hamburgische Geschichte, knüpfte an die Pläne von Lichtwark und Rudolph Jürgens an und entwarf schließlich den Hamburger Stadtpark als grüne Idealstadt mit vielfältigen Funktions- und Erholungsangeboten. Der Stadtpark war nicht mehr wie noch der englische Landschaftsgarten als Wandergarten, sondern vielmehr als Ort „zum angenehmen Bewohnen" und zur Erholung für große Menschenmassen konzipiert.

Else Hoffa ließ in Blankenese ab 1913 einen vollendeten Architekturgarten entstehen, indem sie die (ehemals Richter'sche) Römische Terrasse veränderte und darüber hinaus weitere „Gartenzimmer" schuf. Ein diagonal zum Hang verlaufender, mit blühenden Obstbäumen und japanischen Schwertlilien kunstvoll gestalteter Weg verband den Kösterberg, der auch weiterhin im Stil eines englischen Landschaftsgartens angelegt war, mit dem Römischen Garten.

Die Römische Terrasse erweiterte Else Hoffa um einige (tendenziell noch heute erhaltene) Charakteristika: Quasi senk-

Das parallel zur Girlandenhecke verlaufende Terrassenbeet im Römischen Garten wurde von Else Hoffa mit den gerade für die Gartenkunst entdeckten Stauden bepflanzt.

Das Terrassenbeet des Römischen Gartens ist in der Mitte von einer Exedra, also einer halbrunden Wandnische, unterbrochen, in der eine Rundbank platziert ist.

recht zur Thujahecke legte sie in der Mitte ein Seerosenbecken an. Hinzu kam ein den horizontalen Verlauf des Gartens betonendes, parallel zur Thuja-Girlandenhecke verlau-

1953 wurde der Römische Garten unter diesem Namen der Öffentlichkeit zugänglich gemacht. Ein Gartenzimmer, der Rosengarten, wurde allerdings aufgelöst. Mit der Anlage eines breiten Hauptweges entstand zudem zwar eine „falsche" Blickachse im Garten, dafür aber auch erstmals ein durchgehender Elbhöhenweg.

fendes Terrassenbeet am gegenüber gelegenen Hang, das in der Mitte von einer halbrunden Wandnische mit einer erhöhten Rundbank unterbrochen wurde. Das Seerosenbecken wiederum verband als Querachse die Rundbank mit der Mitte der Thujahecke. All dies sind, ebenso wie der Verlauf des Gartens längs einer zentralen Fluchtachse, typische Merkmale eines Renaissancegartens, die hier von ihr zitiert wurden.

Die Treppenanlage, die in das von Else Hoffa in den 1920er-Jahren kreierte Naturtheater des Römischen Gartens führt, stammt von den Architekten Alfredo Puls und Emil Richter. Vorbild war die Wallterrasse in der Würzburger Residenz.

Nicht mehr vorhanden ist die skulpturale Ausstattung des Parks, zu der Kopien von berühmten Kinderplastiken gehörten, die ursprünglich Johann Peter Wagner im 18. Jahrhundert geschaffen hatte und die – gerühmt für ihre Lebendigkeit – den Hofgarten in Würzburg und Veitshöchheim zierten. Zum einen war Würzburg die Heimatstadt von Else Hoffa, zum anderen war es auch Mode, die Zeit des Rokoko zu zitieren. In Berlin-Dahlem wiederum gab es um 1900 einen Garten, in dem neobarocke Kinderplastiken Steinbänke rahmten, von denen aus der Besucher einen Staudengarten und ein Seerosenbecken betrachten konnte. Else Hoffa hat sich hier offensichtlich inspirieren lassen. Auch sie bepflanzte das lang gestreckte Terrassenbeet mit Stauden, die im Sommer eine farbenfrohe Blütenpracht entfalten, die nach der Rekonstruktion des Gartens inzwischen wieder zu erleben ist.

Darüber hinaus schuf Else Hoffa zwei komplett neue Gartenzimmer, den Rosengarten und das Naturtheater. Der Rosengarten, der von 1925 bis 1952 existierte, war ehemals ein duft- und blütendurchwirkter Wohnraum unter freiem Himmel. Niedrige Buchsbaumhecken gliederten viele einzelne Rosenbeete. Am westlichen Eingang stand früher eine zweite Rundbank, von der aus ein gerader Mittelweg durch den Rosengarten verlief, der auf beiden Seiten von zu Kugeln geschnittenen Eiben flankiert wurde.

Von der Rundbank verlief eine Sichtachse durch den Rosengarten und durch ein Tor bis in die Mitte des Seerosenbeckens im angrenzenden Gartenzimmer. Das schmiedeeiserne Tor, umrankt von rotorange blühenden Amerikanischen Klettertrompeten, befand sich mittig in einer Feldsteinmauer (die Mauerreste sind noch zu sehen), die die Abgrenzung zwischen den Gartenzimmern bildete. Heute gibt der erst in den 1950er-Jahren verbreiterte Weg entlang der Girlandenhecke dem Besucher allerdings eine „falsche" Sichtachse vor.

Eine kleine Steinsäule mit einer Sonnenuhr aus Bronze markierte ehemals eine „Wegkreuzung" im Rosengarten, ging hier doch der Querweg in Richtung Naturtheater ab. Die Abgrenzung zwischen Letzterem und dem Rosengarten bildet eine Einheit aus spätbarocker Treppenanlage und bastionsartiger Stützmauer, damals geschmückt mit Terrakotta-Kübeln und großen bauchigen Vasen sowie Weinstöcken und

In dem Naturtheater des Römischen Gartens lauschen die Zuschauer auf Rasenbänken sitzend den Schauspielern, deren Stimmen vom Wind zu ihnen getragen werden. Die gestaffelten Heckenwände aus Eiben können als Ein- und Abgänge genutzt werden.

Glyzinien, die an Spalieren befestigt waren. Heute erinnern an die einstige Pracht nur noch ein paar verrostete Metallanker in der Mauer. Am Fuß der Treppenanlage, die von den Architekten Alfredo Puls und Emil Richter 1920 nach dem Vorbild der Wallterrasse in der Würzburger Residenz erbaut worden war, stand die Figur der Schalmeienspielerin.

1924 wurde das Naturtheater eingeweiht: Rasenstufen bildeten die Sitzbänke für das Publikum, gestaffelte Heckenwände aus gestutzten Eiben die Kulissen mit Ein- und Abgängen für die Schauspieler. Um den Boden zu verbessern, hatte man zuvor Schlick aus den Rückhaltebecken des Altonaer Wasserwerks hinauftransportiert. Wie in den großen Naturtheatern der Antike trug der immer vom Wasser her wehende Wind die Stimmen der Schauspieler dem Publikum entgegen. Hier spielten einst die Warburgs und befreundete Familien wie Mönckeberg und Liebermann privat Theater. Seit einigen Jahren finden hier im Sommer wieder Aufführungen statt, inzwischen allerdings öffentlich.

Antisemitismus und Exil der Familie Warburg

Vierzig Jahre bewohnten die Warburgs den Kösterberg, bis sie ihn unter den Nationalsozialisten verlassen mussten. Mit der rechtlichen Gleichstellung von Juden im Kaiserreich ging ein Prozess ihrer gesellschaftlichen Integration einher. Gleichzeitig entwickelte sich jedoch ein moderner Antisemitismus, dessen Vertreter im Unterschied zum religiös begründeten Antijudaismus betonten, dass das Jüdische weder durch Religionswechsel noch durch Assimilation verschwinde. Vielmehr bemühten Antisemiten die Naturwissenschaften, vor allem die vergleichende Anthropologie und Rassentheorien, um einen biologischen Unterschied zwischen Deutschen und Juden zu behaupten. Der Begriff Antisemitismus wurde von Akademikern wie dem Historiker Heinrich von Treitschke (1834–1896) propagiert und gesellschaftsfähig gemacht.

Der Antisemitismus wurde benutzt, um die Emanzipation der Juden anzugreifen, er galt aber auch als eine Art kultureller Code, um antiliberale und antimoderne Gesinnungen zum Ausdruck zu bringen. Da die jüdische Minderheit zu den Gewinnern der Modernisierung gehörte, konnten Juden zum Symbol der Moderne werden: Kritiker von Kapitalismus, Liberalismus und Sozialismus bedienten sich antisemitischer Stereotype. Aby Warburg beobachtete, man habe es bei den Antisemiten „mit Parvenues des Nationalgefühls zu thun", die „sich ihrer selbst noch nicht sicher" seien. Er erkannte hellsichtig eine weitere Funktion des Antisemitismus: Dieser dient der Herstellung der eigenen Nation durch Abgrenzung vom „Anderen" beziehungsweise dessen Ausgrenzung.

Noch 1916 kritisierte Max Warburg in einem Aufsatz, dass Juden trotz formal-rechtlicher Gleichstellung weder Reserveoffiziere werden, noch in höhere Staatsämter aufsteigen könnten. Nach dem Krieg müsse dieses Problem entschieden angegangen werden. Doch es kam anders: Nach dem verlorenen Ersten Weltkrieg wurde die sogenannte Dolchstoßlegende, der zufolge die Niederlage des „im Felde unbesiegten" deutschen Heeres auf Angriffe ziviler Kräfte in der Heimat zurückzuführen sei, schnell antisemitisch unterlegt, und schon zu Beginn der Weimarer Republik wurde ein jüdischer Vertreter der jungen Demokratie, der Reichsaußenminister Walther Rathenau (1867–1922), Opfer eines rechtsradikalen Anschlags.

In Hamburg war der Antisemitismus in den mittelständischen Schichten weit verbreitet und in den Oberschichten – wie im Nationalclub, einem Treffpunkt Hamburger Honoratioren und Überseekaufleute – salonfähig. Der Warburg-Bank wurde so massiv gedroht, dass 1923 offiziell die Bewaffnung von acht Angestellten genehmigt wurde. Nach dem 30. Januar 1933 begann auch in Hamburg sofort der Ausschluss der Juden. Die gängige Annahme, in Hamburg seien die Entrechtung und Verfolgung von Juden vergleichsweise mild verlaufen, entbehrt leider jeder Realität. Ende 1933 konnte die Kulturwissenschaftliche Bibliothek Warburg gerade noch rechtzeitig nach London ins Exil überführt werden.

Für Max Warburg begann ein Leben in gesellschaftlicher Isolation: „Es wurde still in unserem Betrieb. Auf meinem Weg in die Bank traf ich nicht einen einzigen Bekannten, während ich früher dauernd den Hut zum Grüßen hatte ziehen müssen. Gewiß: Es gab außer Reusch auch andere unter meinen Freunden, die Civilcourage zeigten. Die Geschäftstage spielten sich monoton ab. Eine Auslandskorrespondenz gab es kaum noch infolge der Zensur, aber auch die deutsche Korrespondenz wurde dürftig, denn Briefe, die man an ein jüdisches Haus richtete, waren kompromittierend."

Max Warburg unterstützte seine jüdischen Mitbürger, wo es ging: Durch persönlichen Einsatz im Hilfsverein der Juden in Deutschland, dessen Vorsitzender er seit 1928 war, sowie mithilfe seiner Bank und einer Reihe von Mitstreitern gelang es ihm, bis 1938 über 75 000 Juden zur Flucht zu verhelfen. 1937 begannen der systematische Boykott und die „Arisierung" jüdischer Geschäfte, 1938 überschrieb Max Warburg die Bank einem Freund und nahm Abschied von seinen Angestellten. Im Sommer 1938 besuchten die Warburgs ihre Kinder in den USA. Am 9. November wurden in Deutschland Synagogen angezündet, jüdische Geschäfte demoliert, Juden ermordet und in Konzentrationslager verschleppt. Der spätere Bürgermeister Dr. Kurt Sieveking (1897–1986), der seit 1936 in der Warburg-Bank arbeitete, warnte die Warburgs telegrafisch vor einer Rückkehr nach Deutschland. Max und Alice Warburg sahen Hamburg nie wieder. Zwei Cousinen aus Altona, die in Hamburg praktizierende Ärztin Dr. Betty Warburg (1881–1943) und ihre Mutter Gerta – sie waren noch 1940 vor den Repressalien der Nazis in die Niederlande geflüchtet, die zwei Tage später von deutschen Truppen besetzt wurden – starben im Vernichtungslager Sobibor. Betty Warburgs Sohn Pius hat seiner Mutter zu Ehren das Betty-Stift gegründet, ein Wohnheim für ältere Damen, das noch heute existiert. Else Hoffa emigrierte nach London und arbeitete dort auf diversen Landsitzen und in den Königlichen Botanischen Gärten „Kew Gardens". Nach ihrem Tod 1964 würdigte Eric (eigentlich Erich) Moritz Warburg (1900–1990), der Sohn von Max und Alice, die Obergärtnerin seiner Eltern mit den Worten: „Ihr Leben galt anderen Menschen und der Natur. Das Andenken an sie wird weiterleben wie ihre Gärten."

Der Römische Garten nach 1938

Der verlassene Kösterberg wurde von der Stadt Hamburg konfisziert und sollte durch den Architekten Konstanty Gutschow neu gestaltet werden. Im Krieg wurden Gebäude und Gärten zweckentfremdet. Als Eric M. Warburg 1945 als ame-

rikanischer Offizier nach Hamburg zurückkam, war die Römische Terrasse ein Kartoffelacker. Aufgrund seiner Initiative
wurde der Kösterberg jetzt ein Ort der Zuflucht für Waisen-
kinder, die aus den Konzentrationslagern befreit worden oder
aus ihren Verstecken hervorgekommen waren und hier auf
die Auswanderung nach Palästina vorbereitet wurden.

1948 gab die Stadt Hamburg den Kösterberg den Warburgs
zurück, die wiederum 1951 der Stadt die Römische Terrasse,
den Rosengarten und das Naturtheater schenkten. Im Ge-
genzug erhielten die Warburgs Baugenehmigungen für den
Rest des Kösterbergs, womit die ursprüngliche Einheit der
Gartenanlage zerstört wurde. Entsprechend wurden die zwischen dem Römischen Garten und dem Rest des Kösterbergs bestehenden Wegeverbindungen gekappt, bevor die
drei Gartenzimmer 1953 als Römischer Garten der Öffentlichkeit zugänglich gemacht wurden. Der Rosengarten war
allerdings zuvor aufgelöst worden, und mit der Anlage eines
breiten Hauptweges wurde in die ehemalige Gartengestaltung erheblich eingegriffen. Gleichzeitig erfüllte sich jedoch
ein Herzenswunsch des Hamburger Bürgermeisters Max
Brauer, der schon als Altonaer Oberbürgermeister gemeinsam mit dem damaligen Bausenator Gustav Oelsner zur Zeit
der Weimarer Republik für die Erhaltung der Grünanlagen,
ihre öffentliche Nutzung und einen öffentlichen Elbhöhenweg gekämpft hatte: Endlich konnte dieser zwischen Blankenese und Wittenbergen angelegt werden.

Der Elbhöhenweg führt heute durch den – nach einer langen
Phase des Verfalls erst Ende der 1990er-Jahre zu großen Teilen
wiederhergestellten – Römischen Garten, vorbei an einem Ge-
denkstein, der an Max M. Warburgs Mutter Charlotte Warburg,
geb. Oppenheim, erinnert.

Der Garten ist der letzte Luxus unserer Tage,
denn er erfordert das, was in unserer Gesellschaft
am kostbarsten ist, Zeit, Zuwendung und Raum.
Dieter Kienast (1945–1998)

Der Sven-Simon-Park

Der Weg zum Sven-Simon-Park führt über das Areal des Falkensteins, dessen Kuppe sogar den Süllberg überragt. Das bis in die Mitte des 19. Jahrhunderts noch sandige und fast baumlose Gelände wurde erst durch den „Südsee-König" Johann Cesar VI Godeffroy aufgeforstet und nach dem Wappentier der Familie – ein blauer Falke auf weißem Grund – benannt (siehe auch S. 239).

Nach dem Konkurs des Godeffroy'schen Unternehmens 1879 musste auch der Falkenstein veräußert werden, den 1887 die Brüder Georg Friedrich und Karl Wilhelm Stucken gemeinsam mit ihrem Geschäftspartner Karl Andresen erwarben. Die Geschäftsleute, die bislang mit dem Import von Kaffee hohe Gewinne erzielt hatten, nutzten geschickt die mit der 1883 erfolgten Fertigstellung der Bahnlinie Altona-Blankenese-Wedel nunmehr gegebenen infrastrukturellen Vorteile des Gebiets westlich von Blankenese: Zum einen verkauften sie parzellenweise Grundstücke, die zur Bebauung freigegeben waren, zum anderen begannen sie mit dem Abbau von Kies, ein lukratives Geschäft zu Zeiten erhöhter Bautätigkeit gerade auch in den Vororten von Hamburg.

Die Kiesgruben sind längst verschwunden, geblieben ist ein ausgedehntes Mischwaldgebiet, in dem vereinzelt Villen liegen und durch das der Höhenwanderweg zum Sven-Simon-Park führt. Auf der rechten Seite erhebt sich hier (Grotiusweg 53/55) bis heute über dem Park die Villa Fritz Stucken, 1907 von E. P. Dorn erbaut, die an die Erschließung des Falkensteiner Höhenzuges um 1900 erinnert.

Der Sven-Simon-Park, der durch lange Blickachsen im landschaftlichen Teil und Natursteinmauern sowie Staudenbeete in der Nähe der Gebäude gekennzeichnet ist, wurde in den 1950er-Jahren von Gustav Lüttge (1909–1968) als Privatgarten für den Hamburger Verleger Axel Springer (1912–1985) entworfen. Lüttge, der unter anderem bei Karl

Der Sven-Simon-Park wurde in den 1950er-Jahren von Gustav Lüttge für den Hamburger Verleger Axel Springer angelegt, der das große Parkgelände auf dem Falkenstein 1982 in Erinnerung an seinen früh verstorbenen Sohn Sven Simon der Öffentlichkeit zugänglich machte.

Foerster in Bornim bei Potsdam gelernt hatte, begann 1933 in Hamburg seine Karriere als selbstständiger Gartengestalter. Bekannt wurde Lüttge für die Anlage des Alsterparks, der 1953 im Rahmen der Internationalen Gartenbauausstellung (IGA) entstand.

Die Umwandlung der ehemals privaten Gärten in ein der Öffentlichkeit zugängliches Alstervorland ist wiederum der Initiative des damaligen Hamburger Bürgermeisters Max Brauer zu verdanken. Das große Parkgelände auf dem Falkenstein wurde 1982 als Sven-Simon-Park in Erinnerung an den Fotografen und Journalisten Sven Simon (1941–1980), den früh verstorbenen Sohn Axel Springers, der Öffentlichkeit übergeben.

Die im Park gelegene Villa Michaelsen wurde 1923 bis 1925 von dem Hamburger Architekten Karl Schneider (1892–1945) für die Bildhauerin Ite (Elise) Michaelsen (geb. 1883) und ihren vermögenden Mann Hermann errichtet. Das moderne Landhaus auf dem Falkenstein entwickelte sich schon

Die im Sven-Simon-Park gelegene Villa Michaelsen, ein herausragendes Beispiel des Neuen Bauens in der Weimarer Republik, wurde 1923 bis 1925 von dem Hamburger Architekten Karl Schneider für die Bildhauerin Ite (Elise) Michaelsen errichtet. Heute beherbergt sie Elke Dröschers „Puppenmuseum Falkenstein".

bald zum gesellschaftlichen Mittelpunkt der Hamburger Kunstszene. Die Villa, ein herausragendes Beispiel des Neuen Bauens in der Weimarer Republik, gehört zu den frühesten Bauten in Deutschland, in denen kubistische Formelemente realisiert wurden. Mit ihr legte Karl Schneider, nachdem er zunächst als Assistent von Walter Gropius (1883–1969) in Berlin und später gemeinsam mit den Architekten Peter Behrens (1868–1940) und Fritz Höger (1877–1949) tätig gewesen war, den Grundstein für seine kurze Karriere in Hamburg. Schneider, der 1930 zum Professor an der Hochschule für bildende Künste berufen wurde, musste in der Zeit des Nationalsozialismus emigrieren: 1938 floh er nach Chicago.

Elke Dröscher rettete das Gebäude vor dem Verfall und eröffnete 1986 in der Villa das „Puppenmuseum Falkenstein". Zudem ist hier ihre Galerie „Kunstraum Falkenstein" mit einem anspruchsvollen Ausstellungsprogramm zur klassischen Moderne und zur zeitgenössischen Kunst untergebracht.

Vom Sven-Simon-Park hat man einen herrlichen Blick auf die Elbinseln. Der Park ist durch einen Teich, ein Feuchtbiotop und seinen lichten Mischwaldbestand gekennzeichnet.

Vom Sven-Simon-Park aus bieten sich herrliche Blicke über ausgedehnte Mischwälder auf die Elbe, und der unterhalb gelegene Wittenbergener Strand lädt zum Sonnenbaden und zu ausgedehnten Strandspaziergängen ein. Vom Leuchtturm Wittenbergen führt ein Weg entweder direkt am Wasser entlang oder aber über den Otto-Schokoll-Höhenweg an die Landesgrenze nach Wedel.

Lustvolle leidvolle Elbe! Lustvolles leidvolles Leben! Aber dann kommen die unauslöschlichen, die unaustilgbaren, die unvergeßlichen Stunden, wo abends die jungen Menschen, von der Sehnsucht nach Abenteuern randvoll, auf den geheimnisvollen Holzkästen stehen, die den geheimnisvollen Namen Ponton haben, einen Namen, der schon drucksend und glucksend all ihr zauberhaftes Heben und Senken vom Atem des Stromes verrät.

Und wenn wir abends auf den wiegenden Pontons stehen – dann sagen wir: Elbe! Und wir meinen: Leben! wir meinen: Ich und du. Wir sagen, brüllen, seufzen: Elbe – und meinen: Welt!

Wolfgang Borchert (1921–1947)

Dank

Dank

Dieses Buch hätte nicht ohne die vielen Vorarbeiten entstehen können. Neben dem bis heute – in der Detailgenauigkeit unübertroffenen – Werk „Die Elbchaussee" von Paul Theodor Hoffmann, das 1937 erstmals erschien, gehören dazu unter anderem eine Reihe von Veröffentlichungen der Hamburger Historischen Museen, von denen allerdings viele inzwischen vergriffen sind.

Ich danke all jenen, die meine Vorträge besucht haben und somit dazu beigetragen haben, die Grundlage für dieses Buch zu schaffen. Ich danke Paul Ziegler und Professor Dr. Jürgen Weber, Elbparkexperten, die sich freundlicherweise bereit erklärt haben, Teile des Manuskripts durchzusehen. Ohne die Vermittlung von Professor Dr. Weber wäre dieses Buch wohl nie entstanden. Ich danke Marita Ellert-Richter und Gerhard Richter für ihr Interesse und die freundliche Aufnahme, die ich bei ihnen fand. Dafür danke ich auch Annette Krüger, die dem Text den letzten Schliff gegeben hat. Danken möchte ich zudem Professor Dr. Marie-Elisabeth Hilger und Professor Dr. Franklin Kopitzsch, die mich zuverlässig mit dem neuesten Material zur Hamburg- und Gartengeschichte versorgt haben und meine Arbeiten seit Jahren kritisch begleiten.

Meine Freunde wissen, dass ich nichts lieber in meiner Freizeit mache, als an der Elbe entlangzuradeln und in den Parks spazieren zu gehen. Ich danke ihnen allen für ihre Geduld mit mir und ihre Bereitschaft, Teile des Manuskripts wohlwollend und kritisch durchzusehen. Vor allem danke ich Dr. Anne Friedrich, Dr. Gabriele Himmelmann und Bettina Reeg. Ich danke von ganzem Herzen meinen Eltern, Dr. Peter Schmersahl und Anke Schmersahl, die mich immer unterstützt und meine Arbeiten interessiert, sachkundig

und kritisch begleitet haben. Und ich danke Barbara Emme, die mir die Gegend am Hohen Elbufer auf langen Touren gezeigt hat und mit der ich immer wieder die Schönheit der Gärten auch jenseits aller Geschichte genossen habe.

Auf der Höhe des Leuchtturms Wittenbergen ist bis heute sehr gut zu sehen, dass der Geesthang ursprünglich aus sandig-lehmigen, steil abfallenden Abbruchkanten bestand: Witte Sandberge, also weiße Sandberge, bildeten vor den 1780er-Jahren den Großteil des Elbufers. Der Leuchtturm wurde erstmals 1899 als Stahlgitterturm errichtet und steht seit 2004 unter Denkmalschutz. Der Wittenbergener Strand lädt das ganze Jahr über zu ausgedehnten Spaziergängen ein. Hier der Blick Richtung Osten nach Blankenese.

Besucher und Besucherinnen haben vom Baurs Park oder von einem der höher gelegenen Häuser im Blankeneser Treppenviertel einen weiten Blick über das sich pittoresk an den Hang schmiegende ehemalige Fischerdorf Blankenese und über die unter Naturschutz stehenden Elbinseln Schweinesand und Neßsand ins Alte Land. Zu sehen ist auch der Süllberg, immerhin für Hamburger Verhältnisse stolze 75 Meter über der Elbe. Ein Restaurant lädt zur Einkehr ein.

Abgestempelt. Judenfeindliche Postkarten, auf der Grundlage der Sammlung Wolfgang Haney, eine Publikation der Museumsstiftung Post und Telekommunikation u. des Jüdischen Museums Frankfurt/M., Ausstellungskatalog, Heidelberg 1999.

Ahrens, Gerhard: Caspar Voght und sein Mustergut Flottbek. Englische Landwirtschaft in Deutschland am Ende des 18. Jahrhunderts, Hamburg 1969.

Aust, Alfred: Mir ward ein schönes Loos. Liebe und Freundschaft im Leben des Reichsfreiherrn Caspar von Voght, Hamburg 1972.

Baark, Katharina: Hamburger Häuser erzählen Geschichten, Hamburg 1991.

Barabas, Ildiko/Frank, Joachim: Panorama des Elbufers von Hamburg bis Blankenese a. d. J. 1857, Hamburg 1989.

Bauer, Ingrid/Bohnsack, Jochen u. a.: Armut, Arbeit und bürgerliche Wohltätigkeit: Johann Daniel Lawaetz und seine Zeit, hg. von der Behörde für Arbeit, Jugend und Soziales, Hamburg 1987.

Baumüller, Barbara/Kuder, Ulrich u. a. (Hg.): Inszenierte Natur: Landschaftskunst im 19. und 20. Jahrhundert, Stuttgart 1997.

Baurs Park. Entwicklungsplanung für Baurs Park in Hamburg-Blankenese von EGL – Entwicklung und Gestaltung von Landschaft GmbH (Dr. Jörgen Ringenberg und Jörg Matthies), unveröff. Manuskript, Hamburg 2005.

Bechtoldt, Frank-Andreas/Weiß Thomas (Hg.): Weltbild Wörlitz: Entwurf einer Kulturlandschaft, Stuttgart 1996.

Behr, Karin von: Die Ohlendorffs. Aufstieg und Fall einer Hamburger Familie, Bremen 2010.

Beier, Brigitte/Fischer, Norbert u. a.: Die Elbvororte. Flottbek, Othmarschen, Nienstedten, Hamburg 1993.

Berger, Julia/Hedinger, Bärbel (Hg.): Franz Gustav Forsmann. Eine Hamburger Architektenkarriere, 1795–1878, Neumünster 2006.

Berger, Julia/Hedinger, Bärbel (Hg.): Joseph Ramée. Gartenkunst, Architektur und Dekoration. Ein internationaler Baukünstler des Klassizismus, München, Berlin 2003.

Biographisches Handbuch zur Landschaftsarchitektur des 20. Jahrhunderts in Deutschland, Berlin, Hannover 1997.

Bischoff, Charitas: Amalie Dietrich, Berlin 1909.

Blumenroeder, Sabine: Von der Schönheit des Nützlichen, Hamburg 1990.

Borchert, Wolfgang: Das Gesamtwerk, 7. Aufl., Reinbek bei Hamburg 2005.

Bracker, Jörgen (Hg.): Frieden für das Welttheater. Goethe – ein Mitwirkender, Beobachter und Vermittler zwischen Welt und Theater, Politik und Geschichte, Hamburg 1982.

Bracker, Jörgen/Prange, Carsten (Hg.): Alster, Elbe und die See. Hamburgs Schiffahrt und Hafen in Gemälden, Zeichnungen und Aquarellen des Museums für Hamburgische Geschichte, 2. Aufl. Hamburg 2000.

Bracker, Jörgern: Unser Strom. Hamburg und die Niederelbe von Lauenburg bis Cuxhaven, Hamburg 1995.

Brandenburg, Hajo: Der Altonaer Bahnhof im Wandel der Zeiten, Hamburg 2001.

Brandenburg, Hajo/Rauert, Matthias H. (Hg.): 400 Jahre Mennoniten in Altona und Hamburg, Hamburg 2001.

Breitfeld, Oliver: Campagna am Elbhang. Der Römische Garten in Hamburg-Blankenese, Hamburg 2006.

Brenken, Anna/Kossak, Egbert: Hamburg Spaziergänge, 7. überarb. und aktualisierte Aufl., Hamburg 2000.

Brenken, Anna/Kluyver, Urs: Hamburgs schönes Ufer. Von Altona bis Wittenbergen, Hamburg 2004.

Bunge, Hans/Kähler, Gert (Hg.): Villen und Landhäuser. Bürgerliche Baukultur in den Hamburger Elbvororten von 1900 bis 1935, Hamburg 2012.

Bürgerverein Flottbek-Othmarschen e.V. (Hg.): Flottbek Othmarschen einst und jetzt, Hamburg 2000.

Buttlar, Adrian von: Der Landschaftsgarten, München 1980.

Buttlar, Adrian von/Meyer, Margita M.: Historische Gärten in Schleswig-Holstein, Heide 1996.

Buttlar, Florian von (Hg.): Peter Joseph Lenné. Volkspark und Arkadien, Berlin 1989.

Chernow, Ron: Die Warburgs. Odyssee einer Familie, Berlin 1994.

Clifford, Derek: Geschichte der Gartenkunst, München 1966.

Crusius, Reinhard: Der Jenisch-Park. Ein Spaziergang durch seine Geschichte und die Jahreszeiten, Hamburg 2006.

Literaturverzeichnis

Das Blankeneser ABC, Hg. von Klaus Schümann, Hamburger Klönschnack, 1. Sonderheft, Hamburg 2000.

Das Elbufer, Historisches und Menschliches – ein Einblick auf das schönste Stück Ufer, Hamburger Klönschnack: Die schönsten Ecken von Hamburg, Bd. 3, Hamburg 2002.

Der Hirschpark. Hintergründe, Verträumtes, Geheimnisse, Hamburger Klönschnack: Die schönsten Ecken von Hamburg, Bd. 1, Hamburg 2000.

Der Jenischpark, Hamburger Klönschnack: Die schönsten Ecken von Hamburg, Bd. 2, Hamburg 2000.

Die Elbchaussee. Die Prachtstraße der Hansestadt, Hamburger Klönschnack: Die schönsten Ecken von Hamburg, Bd. 4, Hamburg 2006.

Doerge, Kristina in Zusammenarbeit mit der Conrad Hinrich Donner Bank AG: 200 Jahre Conrad Hinrich Donner Bank: 1798–1998, Hamburg 1997.

Dossier Frauen und Gärten, in: Emma, Juli/Aug. 2009.

Dücker, Elisabeth von/Frühauf, Anne u. a.: Altonaer Hafen: Fische und Fabriken, hg. vom Museum der Arbeit, Hamburg 1993.

Ehrenberg, Richard: Aus der Vorzeit von Blankenese und den benachbarten Ortschaften Wedel, Dockenhuden, Nienstedten und Flottbeck, Hamburg 1969 (unveränd. Nachdr. der Aufl. Hamburg 1897).

Ehrenberg, Richard: Das Haus Parish in Hamburg, Jena 1905.

Engels, Hans-Werner/Freitag, Hans Günter: Altona. Hamburgs schöne Schwes-

ter, 2. Aufl., Hamburg 1991.

Engels, Hans-Werner: „Freye Deutsche! singt die Stunde ...“ Carl Friedrich Cramers Hamburger Freunde feiern ein Freiheitsfest. Ein Beitrag zur norddeutschen Aufklärung, in: Rüdiger Schütt (Hg.): „Ein Mann von Feuer und Talenten.“ Leben und Werk von Carl Friedrich Cramer, Göttingen 2005, S. 245–270.

Essen, Manfred von: Johann Daniel Lawätz und die Armenkolonie Friedrichsgabe, Neumünster 1992.

Frevert, Ute: Frauen-Geschichte. Zwischen Bürgerlicher Verbesserung und Neuer Weiblichkeit, Frankfurt/M. 1986.

Frevert, Ute (Hg.): Bürgerinnen und Bürger: Geschlechterverhältnisse im 19. Jahrhundert, Göttingen 1988.

Gerndt, Siegmar: Idealisierte Natur. Die literarische Kontroverse um den Landschaftsgarten des 18. und frühen 19. Jahrhunderts in Deutschland, Stuttgart 1981.

Goecke, Michael: Stadtparkanlagen im Industriezeitalter. Das Beispiel Hamburg, (in der Reihe Geschichte des Stadtgrüns hg. von Dieter Hennebo, Bd. 5), Hannover, Berlin 1981.

Gossler, Claus: Œuvre und Ökonomie eines zugereisten Architekten. Auguste de Meuron (1813–1898) und seine Kundschaft der ‚haute volée‘ Hamburgs, in: Hamburger Wirtschafts-Chronik, Neue Folge Bd. 2, 2001/02.

Grobecker, Kurt: Louis C. Jacob. Zwei Jahrhunderte Restaurant- und Hotel-Geschichte, Hamburg 1996.

Grolle, Inge: Die freisinnigen Frauen. Charlotte Paulsen, Johanna Goldschmidt, Emilie Wüstenfeld, Bremen 2000.

Grundmann, Günther: Jenischpark und Jenischhaus, Hamburg 1957.

Grüner, Julie: Erinnerungen an das Haus meiner Grosseltern Baur im dänischen Altona, Hamburg 1965.

Grützner, Winfried: Blankenese, Herford 1994.

Hahn-Godeffroy, Joh. Diederich: Als der Falkenstein noch Teil der Godeffroy'schen Forsten war, hg. vom Blankeneser Bürger-Verein, Hamburg 1984.

Haney, David H.: When modern was green. Life and work of landscape architect Leberecht Migge, London, New York 2010.

Hatje, Frank/Zabeck, Jürgen: Johann Georg Büsch (1782–1800) – wirtschaftliches Denken und soziales Handeln, Hamburg 1992.

Hauschild-Thiessen, Renate: Zwischen Hamburg und Chile: Hochgreve & Vorwerk, Santiago de Chile 1995.

Heckmann, Hermann: Sonnin. Baumeister des Rationalismus in Norddeutschland, Hamburg 1977.

Hedinger, Bärbel: Die Elbe malerisch gesehen, Hamburg 1992.

Hedinger, Bärbel (Hg.): C. F. Hansen in Hamburg, Altona und den Elbvororten: ein dänischer Architekt des Klassizismus, München, Berlin 2000.

Hedinger, Bärbel (Hg.): Rainvilles Fest. Panorama – Promenade – Tafelfreuden. Ein französischer Lustgarten im dänischen Altona, Hamburg 1994.

Hennebo, Dieter: Gärten des Mittelalters, Hamburg 1962 (= Hennebo, Dieter/Hoffmann, Alfred: Geschichte der deutschen Gartenkunst in drei Bänden, Bd. 1).

Henze, Eva: Hamburgs Grün zwischen Tradition und Trends. Streifzüge durch Parks und Naturlandschaften, hg. von der Behörde für Stadtentwicklung und Umwelt, Hamburg 2007.

Hermann Reemtsma Stiftung (Hg.): Das Landhaus Baur von Christian F. Hansen in Altona, Hamburg 2005.

Hertz, Richard: Das Hamburger Seehandelshaus J. C. Godeffroy und Sohn 1766–1879, Hamburg 1922.

Hielscher, Kej/Hücking, Renate: Pflanzenjäger. In fernen Welten auf der Suche nach dem Paradies, 2. Aufl., München, Zürich 2003.

Hipp, Hermann: Freie und Hansestadt Hamburg. Geschichte, Kultur und Stadtbaukunst an Elbe und Alster, 2. Aufl., Hamburg 1990.

Hipp, Hermann/Jaeger, Roland u. a. (Hg.): Haus K. in O. 1930–32. Eine Villa von Martin Elsaesser für Philipp F. Reemtsma, Berlin 2005.

Hirsch, Erhard: Die Dessau-Wörlitzer Reformbewegung im Zeitalter der Aufklärung, Tübingen 2003.

Hirschfeld, Christian Cay Lorenz: Theorie der Gartenkunst, 5 Bände (Leipzig 1779–1785), Nachdruck Hildesheim 1990.

Hirschpark – Pflege- und Entwicklungsplan von Bontrup/Meyer/Schramm – Garten- und Landschaftsarchitekten, unveröff. Manuskript, Hamburg 2011.

Hobhause, Penelope: Illustrierte Geschichte der Gartenpflanzen, Bern, München, Wien 1999.

Hoffmann, Alfred: Der Landschaftsgarten, Hamburg 1963 (= Hennebo, Dieter/ Hoffmann, Alfred, Geschichte der deutschen Gartenkunst in drei Bänden, Bd. 3).

Hoffmann, Gabriele: Das Haus an der Elbchaussee. Die Godeffroys – Aufstieg und Niedergang einer Dynastie, 4. Aufl., Hamburg 2002.

Hoffmann, Gabriele: Max M. Warburg, Hamburg 2009.

Hoffmann, Paul Theodor: Neues Altona, 2 Bände, Altona 1929.

Hoffmann, Paul Theodor: Die Elbchaussee. Ihre Landsitze, Menschen und Schicksale, (1. Aufl. 1937), 9. Aufl., Hamburg 1982.

Hoffmann, Paul Theodor: Die Elbchaussee. Ihre Landsitze, Menschen und Schicksale, (1. Aufl. 1937) 2. Aufl., Hamburg o. J.

Höhns, Ulrich: Moderne im Park. Der Architekt Helmut Riemann im Reemtsma Park in Hamburg, Hamburg 2009.

Hoppe, Peter/Volckens, Wilhelm: Neumühlen und Övelgönne, Altona 1895.

Horbas, Claudia (Hg.): Die unaufhörliche Gartenlust. Hamburgs Gartenkultur vom Barock bis ins 20. Jahrhundert, Hamburg 2006.

Institut für die Geschichte der deutschen Juden (Hg.): Das jüdische Hamburg. Ein historisches Nachschlagewerk, Göttingen 2006.

Jochmann, Werner/Loose, Hans-Dieter: Hamburg. Geschichte der Stadt und ihrer Bewohner, 2 Bände, Hamburg 1982/86.

Johannsen, Werner: Wer sie waren ... wo sie ruhen. Ein Wegweiser zu bemerkenswerten Grabstätten auf dem Friedhof Nienstedten, Hamburg 1992.

Kaplan, Marion/Meyer, Beate (Hg.): Jüdische Welten. Juden in Deutschland vom 18. Jahrhundert bis in die Gegenwart, Göttingen 2005.

Kaufmann, Gerhard (Hg.): Louis C. Jacob. Restaurant und Hotel an der Elbchaussee (Ausstellung und Katalog von Bärbel Hedinger und Alexandra Köhring), Hamburg 1995.

Klee Gobert, Renata: Die Bau- und Kunstdenkmale der Freien und Hansestadt Hamburg. Band II, Altona, Elbvororte, 2. Aufl., Hamburg 1970.

Kleßmann, Eckart: Barthold Hinrich Brockes, Hamburg 2003.

Kleßmann, Eckart: Geschichte der Stadt Hamburg, Hamburg 2002.

Kleßmann, Eckart: M. M. Warburg & Co. Die Geschichte eines Bankhauses, Hamburg 1998.

Kloth, Heinrich: Vor den Toren Altonas, Hamburg 1952.

Kopitzsch, Franklin: Grundzüge einer Sozialgeschichte der Aufklärung in Hamburg und Altona. Hamburg 1982, 2. Aufl., Hamburg 1990.

Kopitzsch, Franklin/Brietzke, Dirk (Hg.): Hamburgische Biografie: Personenlexikon Hamburg. Bd. 1–5, Hamburg, Göttingen 2001, 2003, 2006, 2008, 2010.

Kopitzsch, Franklin/Tilgner, Daniel (Hg.): Hamburg-Lexikon. Die Stadt und ihre Geschichte, Hamburg 2010.

Kossak, Egbert: Hamburg. Die grüne Metropole. Hamburg 1996.

Kranz, Helene (Hg.): Das Museum Godeffroy 1862–1881. Naturkunde und Ethnographie der Südsee, Hamburg 2005.

Kulenkampff, Angela: Caspar Voght und Flottbek. Ein Beitrag zum Thema „Aufklärung und Empfindsamkeit", in: Zeitschrift des Vereins für Hamburgische Geschichte, Bd. 78 (1992), S. 67–101.

Kulturstiftung Dessau-Wörlitz (Hg.): Louise Fürstin von Anhalt-Dessau (1750–1811), München 2008.

Kunz, Wolfgang/Zehle, Sibylle: Blankenese, Hamburg 1988.

Kunz, Wolfgang/Zehle, Sibylle: Die Elbchaussee, Hamburg 1985.

Lachmund, Fritz: Das alte Blankenese, Hamburg 1968.

Lachmund, Fritz: Von Mottenburg nach Blankenese. Die Elbvororte in alten Fotos und Bildpostkarten, Hamburg 1979.

Lange, Günther: Alexis de Chateauneuf, ein Hamburger Baumeister, Hamburg 1965.

Leip, Hans: Altona – Die Stadt der Parks an der Elbe, 1930.

Leip, Hans: Die unaufhörliche Gartenlust, Hamburg 2004 (zuerst erschienen 1953).

Lund, Hakon/Küster, Christian L. (Bearb.): Architekt Christian Frederik Hansen 1756–1845, Hamburg 1968.

Michelis, Peter (Hg.): Der Architekt Gustav Oelsner. Licht, Luft und Farbe für Altona an der Elbe, Hamburg 2008.

Möller, Kurt Detlev: Caspar v. Voght, Bürger und Edelmann, 1752–1839, in: Zeitschrift des Vereins für Hamburgische Geschichte, 43 (1956), S. 166–195.

Möring, Maria: 175 Jahre Conrad Hinrich Donner, Hamburg 1973.

Museum für Hamburgische Geschichte (Hg.): Gärten, Landhäuser und Villen des hamburgischen Bürgertums. Kunst, Kultur und gesellschaftliches Leben in vier Jahrhunderten, Hamburg 1975.

Nath-Esser, Martina (Hg.): Hamburg Grün. Die Gärten und Parks der Stadt, Hamburg 1998.

Nicolaisen, Dörte/Spallek, Johannes: Övelgönne Neumühlen, Hamburg 1975.

Ohff, Heinz: Der grüne Fürst. Das abenteuerliche Leben des Hermann Pückler-Muskau, 3. Aufl., München 1991.

Pückler-Muskau, Hermann Fürst von: Andeutungen über Landschaftsgärtnerei, Frankfurt/M. 1988.

Rednak, Dieter: Heinrich Christian Meyer (1797–1848), genannt „Stockmeyer": Vom Handwerker zum Großindustriellen, eine biedermeierliche Karriere, Münster 1992.

Renger-Patzsch, Albert: Parklandschaften. 60 Fotos für die Warburgs, hg. von Oliver Breitfeld, Hamburg 2005.

Roberts, Richard: Schroeders. Merchants & Bankers, London 1992.

Schambach, Sigrid: Aus der Gegenwart die Zukunft gewinnen. Die Geschichte der Patriotischen Gesellschaft von 1765, Hamburg 2004.

Scheps, Birgit: Das verkaufte Museum – Die Südsee-Unternehmungen des Handelshauses Joh. Ces. Godeffroy & Sohn, Hamburg, und die Sammlungen „Museum Godeffroy", Göttingen 2005.

Schröder, Hans Joachim: Die Brüder Augustus Friedrich und Gustav Adolph Vorwerk. Zwei Hamburger Kaufleute, Hamburg 2007.

Schröter, Jan/Marut-Schröter, Katharina: Die Elbvororte Blankenese, Rissen, Sülldorf, Iserbrook im Wandel I, Hamburg 1992.

Schröter, Jan/Marut-Schröter, Katharina: Die Elbvororte Nienstedten, Flottbek, Othmarschen und Övelgönne im Wandel II, Hamburg 1993.

Schröter, Jan/Marut-Schröter, Katharina: Altona, Ottensen, Neumühlen im Wandel, Hamburg 1993.

Schwarz, Ullrich (Hg.): Christian Frederik Hansen und die Architektur um 1800, München, Berlin 2003.

Schwarze, Reinhard: Lucas Andreas Staudinger – Thünens Lehrer und Freund, in: Hamburgische Geschichts- und Heimatblätter Bd. 13, H. 1, 1992, S. 1–12.

Sieveking, Georg Heinrich: Das Handlungshaus Voght und Sieveking, in: Zeitschrift des Vereins für Hamburgische Geschichte, Bd. 17 (1912), S. 54–128.

Sieveking, Heinrich: Georg Heinrich Sieveking. Lebensbild eines Hamburgischen Kaufmanns aus dem Zeitalter der französischen Revolution, Berlin 1913.

Skrivan, Ales: Das hamburgische Handelshaus Johan Cesar Godeffroy & Sohn und die Frage der deutschen Handelsinteressen in der Südsee, in: Zeitschrift des Vereins für Hamburgische Geschichte, Bd. 81, S. 129–155.

Smidt, Heinrich: Hamburger Bilder. Wirklichkeit im romantischen Gewande, 3 Bände, Hamburg 1836/37.

Sorge-Genthe, Irmgard: Hammonias Gärtner. Geschichte des Hamburger Gartenbaus in den letzten drei Jahrhunderten, Hamburg 1973.

Stein, Irmgard (Hg.): Loeser Leo Wolf. Ein jüdischer Kupferstecher in Hamburgs Franzosenzeit, Hamburg 2002.

Stephan, Inge/Winter, Hans Gerd (Hg.): Hamburg im Zeitalter der Aufklärung, Hamburg 1989.

Stiftung Fürst-Pückler-Park Bad Muskau (Hg.): Fürst Pückler. Parkomanie in Muskau und Branitz. Ein Führer durch seine Anlagen in Sachsen, Brandenburg und Thüringen, Hamburg 2006.

Tenschert, Ruth: Das Landhaus Donner in Altona, wiss. Hausarbeit, Universität Hamburg 1999.

Thietje, Giesela: Der Eutiner Schlossgarten, Neumünster 1994.

Timm, Christoph: Altona-Altstadt und -Nord, Hamburg 1987.

Verein zur Erforschung der Geschichte der Juden in Blankenese (Hg.): Kirschen auf der Elbe. Erinnerungen an das jüdische Kinderheim Blankenese 1946–1948, Hamburg 2006.

Vieth, Harald: Hamburger Bäume 2000. Geschichten von Bäumen und der Hansestadt, Hamburg 2000.

Vieth, Harald: Hamburger Sehenswürdigkeiten: Bäume, Hamburg 2011.

Voght, Caspar und sein Hamburger Freundeskreis. Briefe aus einem tätigen Leben, hg. von Anneliese Tecke, Bd. 1–3, Hamburg 1959, 1964 und 1967.

Voght, Caspar: Flottbeck in ästhetischer Sicht, hg. von Charlotte Schoell-Glass, Vorwort von Michael Diers, Hamburg 1990.

Voght, Caspar: Lebensgeschichte, hg. von Charlotte Schoell-Glass, Hamburg 2001.

Volckens, Wilhelm: Die Landhäuser der Flottbecker Chaussee auf Othmarschener und Övelgönner Gebiet im 19. Jahrhundert, in: Mitteilungen des Vereins für Hamburgische Geschichte, Bd. XIII, H. 3 (1919), S. 199–226.

Volkov, Shulamit: Antisemitismus als kultureller Code. 10 Essays, 2. Aufl., München 2000 (zuerst erschienen als dies., Jüdisches Leben und Antisemitismus im 19. und 20. Jahrhundert. 10 Essays, München 1990, in Englisch bereits 1978 veröffentlicht).

Vorwerk, Alfred (Bearb. Renate Hauschild-Thiessen): Der Kaufmann Georg Friedrich Vorwerk (1793–1867) und seine Ehefrau Christiane geb. de Voß (1809–1885), Hamburg 1991.

Walloch, Karl-Heinz: Die Elbchaussee: Geschichte und Geschichten von Hamburgs schönster Straße, Hamburg 1998.

Was nützet mir ein schöner Garten ... Historische Parks und Gärten in Hamburg, Redaktion: Hesse, Frank Pieter, hg. von der Patriotischen Gesellschaft von 1765, Hamburg 1990.

Wasmuth, Arne Cornelius: Hanseatische Dynastien. Alte Hamburger Familien öffnen ihre Alben, Hamburg 2001.

Weckel, Ulrike/Opitz, Claudia/Kleinau, Elke: Tugend, Vernunft und Gefühl. Geschlechterdiskurse der Aufklärung und weibliche Lebenswelten, Münster u. a. 2000.

Wegner, Matthias: Hanseaten. Von stolzen Bürgern und schönen Legenden, 2. Aufl., Berlin 2002.

Weiss, Thomas (Hg.): Das Gartenreich Dessau-Wörlitz – Kulturlandschaft an Elbe und Mulde, 4. Aufl., Hamburg 2004.

Weiss, Thomas: Sir William Chambers und der englisch-chinesische Garten in Europa, Ostfildern 1997.

Wiborg, Susanne: Albert Ballin, Hamburg 1989.

Wiborg, Susanne: Salomon Heine. Hamburgs Rothschild – Heinrichs Onkel, Hamburg 1994.

Wiborg, Susanne/Wiborg, Jan Peter: Salomon Heine, Hamburg 2012.

Wietek, Gerhard/Knupp, Christine (Bearb.): J. A. Arens. Ein Hamburger Architekt des Klassizismus, Hamburg 1972.

Wietek, Gerhard: Maler sehen Blankenese und die Elbe, Hamburg 1971.

Zachau, Monika: Zwangsläufig oder abwendbar? Auffassungen von Armut in Hamburg innerhalb und außerhalb der „Hamburgischen Gesellschaft zur Beförderung der Künste und nützlichen Gewerbe" zwischen 1788 und 1840, Hamburg o. J.

Autorin

Katrin Schmersahl, geb. 1964 in Hamburg, ist promovierte Historikerin und begeisterte „Elbläuferin". Sie arbeitet freiberuflich als Autorin, Fotografin und Dozentin. Informationen unter www.elbblicke.de

Bildnachweis

Fotos Katrin Schmersahl, Hamburg, außer:

Adobe Stock: S. 320/321
Archiv Ellert & Richter: S. 114 u., 152, 281
Archiv Schmersahl: S. 34, 114 u., 148, 158, 268
bpk: S. 55, 59
Hamburger Kunsthalle: S. 12
Museum für Hamburgische Geschichte: S. 191
Privatbesitz: Cover u. Mi., S. 218, 219
Schoppe + Partner, Hamburg: S. 300
SHMH-Altonaer Museum: Cover u. li., S. 27, 30 (Inv.-Nr. AB02621), 31, 39, 52, 87, 105, 130, 141, 237, 258, 259, 264
Staatsarchiv Hamburg: S. 42, 71, 143, 187 o., 200, 203 o., 280
Stadtteilarchiv Altona: S. 89
Zapf, Michael: S. 33, 270/271, 288 o., 288 u., 319
sowie aus:
Anmut des Nordens. Wilhelm Heuer und sein graphisches Werk, Neumünster 1996: S. 83 o., 205
Baurs Park 2005: S. 265
Berger/Hedinger 2003: S. 54, 202, 251 re.
Breitfeld 2006: S. 298°
Deutsches Geschlechterbuch Bd. 127 (1961): S. 83 u.
Die großen Deutschen im Bilde (1936): S. 77
Ehrenberg 1905: S. 203 u.
Flottbek, Othmarschen, einst und jetzt, Hamburg 1981: S. 111 o.
Flyer zum Tag des offenen Denkmals 2006 der Denkmalstiftung und Kulturbehörde Hamburg: S. 120 u.
Goecke 1981: S. 121 u.
Grützner 1994: S. 287 o.
Hedinger 1994: S. 43
Hermann Reemtsma Stiftung 2005: S. 193
Hielscher/Hücking 2003: S. 231
Hipp/Jaeger 2005: S. 123, 125, 127
Hoffmann, Paul Theodor: Die Elbchaussee. Ihre Landsitze, Menschen und Schicksale. 9. Aufl., Hamburg 1982: S. 108
Hoffmann 2009: S. 292 o.
Horbas 2006: S. 16, 106, 112
Jaacks, Gisela: Hamburg in Zeichnungen und Aquarellen des 19. Jahrhunderts, Hamburg 1980: S. 191
Klee Gobert 1970: S. 82, 197
Kleßmann 1998: S. 292 u.
Kossak 1996: S. 262/263, 283
Kranz 2005: S. 227, 234
Lachmund, Fritz: Das alte Barmbek, Hamburg 1976: S. 121 o.
Lange 1965: 242
Monographien deutscher Städte, Bd. 27 (1928): Altona: S. 19
Roberts 1992: S. 107 u.
Schröter/Marut-Schröter, Elbvororte: S. 98 o. (Bd. II), 240 (Bd. I)
Schwarz 2003: S. 216
Sieveking 1913: S. 73
Stein 2002: S. 195 o.
Voght 1990: S. 158

Impressum

Bibliografische Information der Deutschen Nationalbibliothek
Die Deutsche Nationalbibliothek verzeichnet diese Publikation in der Deutschen Nationalbibliografie; detaillierte bibliografische Daten sind im Internet über http://dnb.d-nb.de abrufbar.

ISBN 978-3-8319-0782-3

© Ellert & Richter Verlag GmbH, Hamburg 2024

Dies ist die überarbeitete Neuauflage des alten Titels „Hamburger Elbblicke" von 2012.

Text und Bildlegenden: Katrin Schmersahl, Hamburg
Lektorat: Annette Krüger, Hamburg
Gestaltung: BrücknerAping, Büro für Gestaltung, Bremen
Lithografie: SMS Scheer Medien Service GmbH, Bremen
Gesamtherstellung: Druckerei Florjancic, Maribor, Slowenien

www.ellert-richter.de
www.facebook.com/Ellert-RichterVerlag